A SHORT HISTORY OF THE WORLD

世界簡史

Herbert George Wells
赫伯特·喬治·威爾斯——著
唐婉——譯

導讀｜劉增泉

五南圖書出版公司 印行

譯者序言

當你打開這本書時，我會迫不及待地想告訴你：「沒錯！這就是你想要的！」威爾斯的這本《世界簡史》作為通俗世界史的扛鼎之作，它就像小說一樣好看、迷人，會讓人忍不住一口氣把它讀完。

歷史的寫法有很多種，人們通常看到的是那種枯燥史料的堆砌，老生常談的剖析，按照時間的發展和朝代的順序寫成的歷史，沒有嶄新的見解，沒有靈感的迸發，對於歷史事件的敘述是那樣死氣沉沉。

這些歷史書會給我們帶來沉悶無趣的印象，歷史學家都好像是從遠古走來的老學究，語言也幾乎沒有什麼親切感。然而赫伯特．喬治．威爾斯的書不是這樣，他寫的歷史另闢蹊徑。

赫伯特．喬治．威爾斯（一八六六－一九四六）是英國著名作家、歷史學家和社會學家，他畢業於英國皇家學院，曾是一名教師，但卻以新聞和文學創作聞名於世。他所著的《世界簡史》向人們展現了一種立體化多層次的歷史。這本歷史書有很多優點和特點，知識豐富，視野開闊，語言簡潔通俗，站在較為客觀的高度上將影響世界歷史的大事件娓娓道來。歷史能寫得平易近人而且具有趣味性，這本身就是了不起的嘗試和優點。

這本書名為《世界簡史》，其開端不是從世界文明的發源地開始敘述，而是討論了時空中的地球，探討人類生活在怎樣的宇宙中，我們的文明又是建立在怎樣的自然世界中。雖然威爾斯所提及的一些科學見解和研究在今天看來已經落伍，但他將物理學、天文學、地理學、生物學等多領域的科學知識引入歷史書，在當時他所生活的時代絕對是一個創舉，也對我們今天的歷史研究有很大的啓發。

世界歷史從來就是紛亂複雜的，從地球產生、物種起源、人類進化、文明產生，一直到第一次世界大戰的爆發，其間出現的政治、經濟、文化、種族、宗教、戰爭、國家、工藝、科技等等，若是事無巨細地寫出來，恐怕沒有哪本書能夠承載那麼龐大複雜的內容。事實上，威爾斯的《世界簡史》章節不多，文字也不具備長篇大論的特點，這可能也是它被稱爲「簡史」的原因。但這並不能影響其內容的含金量，世界簡史並不是歷史的簡單羅列拼湊，而是將複雜的世界歷史作爲參照物，對於那些影響今天的科學發現和歷史事件，做出一個全面而又立體的論述和闡釋。威爾斯所要強調的歷史事件，不只強調其有多麼耀眼顯赫，更多談到的是對今天人們的生活有何等重要的影響。

我們能夠從《世界簡史》中看到一個較爲清晰的歷史脈絡，那些歷史上著名的人物，蘇格拉底、柏拉圖、亞里士多德、老子、孔子、耶穌、達摩、亞歷山大大帝、阿育王、俄國沙皇等歷史人物串聯起世界歷史，我們可以跟隨威爾斯流暢的筆觸穿越歐洲大陸、亞洲古國、美洲部落，從而進入一個又一個精妙絕倫的人類文明領域。威爾斯恬淡、簡約的文字描述並不是要將讀者束縛其中，而是令我們驚歎於人類文明奇葩的同時，將我們引入人類歷史進程中。

威爾斯的《世界簡史》出版至今已翻譯成多種語言，在全世界廣泛流傳，中文譯本也不止一種，而我們新譯的版本相較其他版本也有全新的特點。

第一，我們將原本出現的引文進行嚴格的核對，《世界簡史》引用最多的是《聖經》原文，我們參照中文和合本《聖經》進行翻譯核對，並注重宗教名詞的嚴謹性，以免造成錯譯和誤解。

第二，對原本出現的相關科學研究的結論做了簡單注釋，科技發展日新月異，威爾斯生活的時代對很多現象無法做出科學理性的解釋，此譯本對此有一定的補充和關注。

第三，此譯本更注重譯句的簡約流暢，力圖打造出一本人人都能看懂的《世界簡史》，可以讓讀者們更加喜愛世界歷史。

導讀：總結地球和生命史的時間科學知識

淡江大學歷史系教授　劉增泉

威爾斯（H. G. Wells）在一八六六年九月二十一日生於英國肯特郡的布朗利，一九四六年八月十三日在倫敦去世。他的父親是板球運動員，在他參加的比賽中，還得到一些報酬，後來成為一名店主。他的母親則是幫傭。在威爾斯七歲的時候，由於一場運動場上發生的意外事故，他的一條腿斷了，於是不得不待在家裡一段時間，為了打發時間，他開始閱讀小說，並熱衷於新的閱讀世界，就在那時，他開始喜歡寫作。隨後，他進入了托馬斯．莫利（Thomas Morley）商業學院，這是一所一八四九年成立的私立學校。那裡的教學太過侷限，正如威爾斯後來所描述的那樣，它特別側重於書寫和算術，對於從事商業的人而言是有用的。他在那裡繼續學業一直到一八八〇年。但在一八七七年的時候，他的父親約瑟夫．威爾斯碰到一次運動傷害，他的大腿骨折使他不得不放棄體育生涯，而體育生涯卻是他們家庭主要收入的重要部分。這事件也令威爾斯蒙上了一層陰影。他的父母無法再承受家庭沉重的經濟負擔，於是讓他們的孩子作不同行業的學徒。此時威爾斯為了糊口，在一家布店當了二年的學徒。後來這一經歷激勵他著手撰寫《機遇之輪》和《基普斯》，這兩本小說描述了一個從事紡織品行業的學徒的生活，批判性地評論世界財富的分配不均。

威爾斯的父母關係似乎不是很好，他的母親是一名新教徒，也是一個自由思想家。二人之間常發生爭吵。因此，她的母親回到了蘇塞克斯莊園（Uppark）當管家，而這個莊園工作條件之一就是不允許她為丈夫和子女提供生活空間。然後他們分居，但沒有離婚。隨後，威爾斯也在蘇塞克斯找到一份藥劑師助手工作；離開這工作後，他在此地成為一名小學老師。在此期間，他會不定期到莊園探訪母親，在莊園裡有一座宏偉的圖書館，他常溜到裡面並沉浸其中，他閱讀了經許多經典作品，例如：柏拉圖《理想國》、托馬斯．莫爾的《烏托邦》和丹尼爾．迪福《魯賓遜漂流記》等作品。這是威爾斯涉足文學的開端。

赫胥黎進化論思想之啓發

一八八四年，威爾斯獲得一筆獎學金得以進入南肯辛頓科學師範學校（後來的英國皇家科學院）；在那裡，生物學老師是著名的進化論科學家赫胥黎（T. H. Huxley），而他的進化論研究更是激發他撰寫科幻小說的動力。

在與堂姊短暫而失敗的婚姻之後，他於一八九五年與他的一個學生凱薩琳．羅賓斯結婚；他們有兩個孩子。威爾斯在烏托邦小說中探索自由戀愛的理想，如《彗星時代》（一九〇六年）和現實主義色彩鮮明的《安．維羅妮卡》（一九〇九年）二部作品，他的妻子容忍了他的外遇；此時威爾斯與小說家多蘿西．理察森（Dorothy Richardson）、伊麗莎白．亞寧（Elizabeth von Arnim）和蕾貝卡．韋斯特（Rebecca West）等人皆有染。

由於年少時期的生活艱辛，威爾斯對於資本主義的批判不遺餘力。因而他成為一個社會主義者和費邊社的成員，但他並不信仰馬克思主義，他熱衷於改良主義，自稱是保守的社會主義者。

威爾斯曾三次訪問俄羅斯：一九一四年、一九二〇年和一九三四年。在第二次訪問中，經由老友高爾基幫助下，他見到了列寧。威爾斯在他的《陰影中的俄羅斯》一書中，將俄羅斯描繪成從澈底的社會崩潰中恢復過來，「這是任何現代社會組織所經歷最澈底的考驗。」一九三四年七月二十三日，在訪問美國總統羅斯福之後，威爾斯前往蘇聯，並爲《新政治家》雜誌採訪了史達林三個小時，這在當時是極爲罕見的。他告訴史達林，他是如何看待「健康人的快樂面孔」的，這與他一九二〇年訪問莫斯科的經歷形成鮮明的對比。然而，他也譴責了無法無天、階級歧視、國家暴力和缺乏言論自由。史達林很喜歡這次談話，並作了相應的回答。作爲總部設於倫敦的筆會主席，威爾斯希望自己的蘇聯之行能夠贏得史達林的支持，該筆會保護作家的寫作權利，而不會受到恐嚇。離開莫斯科前，他意識到蘇聯未來不會有任何改革。

第一次世界大戰後，他致力於世界和平，並撰寫了雄心勃勃的宣言，例如《將結束戰爭的戰爭》（一九一四）、《世界史綱》（一九二〇）和《工作，財富》，以及《人類的幸福》（一九三一）。第二次世界大戰結束後，他對於人權的倡導，在聯合國的成立中也發揮了重要作用。

他的某些早期小說被稱爲「科學浪漫史」，諸如《時光機器》、《莫羅醫生之島》、《隱形人》、《世界大戰》、《沉睡者醒來》、《月球上的第一批人》。他還撰寫了受到好評的寫實小說，包括《基普斯》和《托諾—邦蓋》（*Tono-Bungay*）；《托諾—邦蓋》是威爾斯撰寫的半自傳小說，於一九〇九年首次以書本形式出版，被稱爲最有藝術性的書。威爾斯還寫了幾十篇短篇小說和中篇小說，其中包括《奇異蘭花的盛開》，這有助於將達爾文革命性的植物學思想帶給更廣泛的公眾；《盲人的國家》（一九〇四年）也獲讀者熱烈迴響。

詹姆斯・岡恩（James Gunn）認爲，威爾斯對科幻小說類型的主要貢獻之一，就是他的研究方法，並稱之爲「新的思想體系」。他認爲，即使作家和讀者都知道某些要素是不可能的，作者仍應努力使故事盡可能可信，從而使讀者接受那些可能眞正發生的想法，即今天所稱「似乎不可能的」和「懷疑的中止」。儘管隱形人和時空旅行在投機小說中都不是新事物，但威爾斯給讀者不熟悉的概念增添了一種現實主義感。他想到了使用一種允許操作員有目的地行駛並有選擇地在時間上向前或向後行駛的車輛。威爾斯創造的「時光機器」一詞，現在幾乎普遍用來指稱這樣一種交通工具；他解釋說，在寫《時光機器》（*Time Machine*，一八九五年）時，他意識到：「我講的故事越不可能，場景就越普通，而我現在設定『時空旅行者』的環境就是我能想到的一切。」

著迷於現實世界和科幻想像世界的各類作品

《時光機器》是他最早一部廣受歡迎並有先見之明的「科學浪漫小說」，它預見了原子的分裂、月球旅行和空戰。他還寫了無政府主義和喜劇性的當代小說，捍衛小男人（和婦女）反對階級壓迫。

在「威爾斯定律」中，科幻小說中的故事應該只包含一個特別的假設。他意識到魔術的概念已經從社會中消失了，因此，他用科學的思想和理論代替了魔術來爲不可能的事情辯護。威爾斯對「定律」最著名的陳述，出現在他一九三四年出版的作品集的前言中：一旦魔術完成，科幻作家的全部工作就是保持一切眞實和人性。平淡無奇的細節是必要的，並嚴格遵守假設。任何超出基本假設的額外幻想，都會立即給這項發明帶來不負責任的愚蠢之舉。

《隱形人》中的格里芬博士是一位傑出的科學家，他發明了一種隱形的方法，但發現自己無法逆轉這一過程。格里芬熱衷於隨意和不負責任的暴力行爲，已經成爲恐怖小說中的一個標誌性人物。在《莫羅醫生之島》中，有一個沉船的人被留在莫羅醫生島上，莫羅醫生是一個瘋狂的科學家，他經由活體解剖從動物身上創造出類人的混合生物。這部小說最早描述了道德境界的提升，描寫的是許多哲學主題，包括痛苦和殘酷、道德責任、人類身分和人類對自然的干涉。

雖然《托諾－邦蓋》不是一部科幻小說，但放射性衰變在其中起著很小但很重要的作用。放射性衰變在世界上扮演著更大的角色（一九一四年）。這本書肯定包含了他最大的預言性「打擊」，其中首次描述了核武器。當時的科學家們，都很清楚鐳的自然衰變在數千年中以緩慢的速度釋放能量；釋放速率太慢，沒有實用價値，但釋放總量巨大。威爾斯的小說圍繞著一項（未指明的）發明展開，這項發明加速了放射性衰變過程，製造出的炸彈爆炸力不超過普通烈性炸藥，但卻「持續爆炸」了好幾天，他寫道：「沒有什麼比沒有戰爭變得如此迅速……但是直到核子彈在他們摸索的手上爆炸，他們才看到這一點。」一九三二年，核連鎖反應的物理學家和構想者西拉德（Leó Szilárd）讀了《世界解放》（同年查德威克發現了中子），他說這本書給他留下了深刻的印象。

威爾斯還寫了非小說。他的第一本非小說類暢銷書是《機械和科學進步對人類生活和思想的反作用之預期》（一九〇一年）。最初在雜誌上連載時，它的標題爲「預言中的實驗」，被認爲是他最明確的未來主義作品。它提供了立即的政治信息，即社會的特權階層繼續禁止其他階層有才幹的人晉升，直到戰爭迫使他們需要僱用最有才幹的人而不是傳統的上層階級作爲領導人；他還預計到公元二〇〇〇年世界將是什麼樣子，這是一本引人入勝的書（其預測包括了：導致人口從都市分散到郊區的火車和汽車；隨著男女尋求更大的性自由，道德限制下降；德國軍國主義的失敗，以及歐盟的存在）。

儘管他以其科學的浪漫史而著稱，並爲現代科幻小說的發展鋪平了道路，但他在政治、社會、科學和歷史方面的著作頗豐。他對現實世界和他的想像世界一樣著迷，一戰結束後他對歷史教科書的質量感到不滿意，於是他承擔起了寫世界史的任務。

大衆化的《世界簡史》——總結地球和生命史的時間科學知識

《世界簡史》是威爾斯於一九二二年首次出版的非虛構歷史作品。它最初於一九三六年在企鵝出版社出版，後來的版本發行了有關世界大事的最新報導。該書於二〇〇六年以「企鵝經典」（Penguin Classics）作品重新出版。這本書的主要靈感來自於威爾斯一九一九年早期的作品《世界史綱》；《世界史綱》總共有一千三百二十四頁，共三卷，是一部巨著，且成爲最暢銷的著作，它開創了一個大衆化的世界歷史新紀元。專業歷史學家對此褒貶不一。然而，它在普通群衆中非常流行，並使威爾斯成爲一個富人。

這本濃縮的著作是對人類身體、精神和智力進化的不朽記載，並記錄了人類發展的關鍵事件。更重要的是，他揭示了歷史的連續性，並引發了人們對於科學和知識進步的未來影響的思考。

它總結了有關地球和生命史的時間科學知識。它從起源開始，接著解釋地球的發展和地球上的生命，從文明的搖籃到原始思想和人類的發展。這本書以第一次世界大戰、一九二一年的俄羅斯饑荒和一九二〇年的國際聯盟的成立作爲結尾。一九三四年，愛因斯坦（Albert Einstein）推薦本書作爲研究歷史的一種手段，以解釋文明的進步。

他認爲歐洲發現的第一批眞正的人類似乎分屬於兩個不同的種族，其中一個種族有碩大的腦袋、很高的體型，已經是很高級的人種了。在已經被發現的一個女性頭骨中，其腦容量超過了當今普通男性頭蓋骨；一具男子骨骼的高度超過六英尺（克魯馬儂人），體型類似於北美印第安人，他們是原始人，但已經是等級很高的原始人。從一九二二年威爾斯出版的《世界簡史》中，我們得知眞正人類的產生；人類到達離地球最遠的距離是七英里，僅三萬七千英尺；地球年齡猜測僅是二十億年。地球上有機生命的起源仍然鮮爲人知。但是，由於威爾斯的天才和自信以及對科學的廣泛興趣，他提出了對當時有關地球和地球上人類存在的知識狀態的調查。威爾斯要求讀者閱讀《世界史綱》要和《世界簡史》兩部書，「幾乎就像讀小說一樣，直截了當。」如前所述，事實上，這個地球的故事，從它的形成和人類的出現，到俄國革命和第一次世界大戰後的重建，讀者讀起來像是驚心動魄的冒險故事。儘管《世界簡史》實際上已經被後來的學術著作所取代，但這仍然是一部引人入勝的歷史書籍，一部現代科幻小說之父的經典科學事實。

對當時及後世英國和世界的科學幻想小說發展之影響

科幻歷史學家克盧特（John Clute）將威爾斯描述爲「該類型迄今所見過的最重要的作家」，並指出他的作品對英美科幻小說都至關重要。科幻小說的作家和評論家布德瑞斯（Algis Budrys）說，威爾斯「仍然是希望和絕望的傑出詮釋者，它們既體現在技術中，又是我們生活中的主要事實」。他曾於一九二一年、一九三二年、一九三五年和一九四六年獲得諾貝爾文學獎提名，雖然沒有獲獎，但他在文壇地位早已被肯定。此外，威爾斯對火星的探索對人們產生了巨大的影響，以至於月球上的一個撞擊坑就以他的名字命名。

在英國，威爾斯的作品是「科學浪漫史」的主要典範，而其他作家如斯塔普頓（Olaf Stapledon）、貝雷斯福德（J. D. Beresford）、賴特（S. Fowler Wright）和娜奧米．米奇森

（Naomi Mitchison）都借鑑了威爾斯的榜樣。他對於英國科幻小說也有重要影響，克拉克（Arthur C. Clarke）、阿爾迪斯（Brian Aldiss）對威爾斯的作品表示敬佩。在當代英國科幻小說作家中，巴克斯特、普里斯特和羅伯茨都承認威爾斯對他們寫作的影響；這三個人都是威爾斯協會（H. G. Wells Society）的副主席。

在美國，格恩斯貝克（Hugo Gernsback）在紙漿雜誌《神奇故事》（*Amazing Stories*）上轉載了威爾斯的大部分作品，將威爾斯的作品視爲「對自我意識新流派至關重要的文學」。後來的美國作家，如布拉德伯里（Ray Bradbury）、阿西莫夫（Isaac Asimov）、赫伯特（Frank Herbert）和烏蘇拉・勒金（Ursula K.Le Guin）都回憶起受到威爾斯作品的影響。諾貝爾文學獎辛克萊・劉易斯（Sinclair Lewis）的早期小說受到威爾斯現實主義社會小說的影響，例如《波利先生的歷史》；劉易斯還以作者的名字命名了他的第一個兒子威爾斯。

在接受《巴黎評論》採訪時，俄國作家納博科夫（Vladimir Nabokov）將威爾斯描述爲他小時候最喜歡的作家和「偉大的藝術家」。他接著列舉了《熱情的朋友》、《安・維羅妮卡》、《時光機器》和《鄉村》等作品，認爲它們比威爾斯同時代的英國作家所寫的任何東西都優越。納博科夫在明顯暗示了威爾斯的社會主義和政治主題時說：「他的社會學思考當然可以被安全地忽略，但他的浪漫和幻想是極好的。」

威爾斯被譽爲科學和社會先知，是一位多產的小說家，雖然他主要以科幻小說和寫實主義著稱。然而，他還是創作了許多社會諷刺小說、前瞻性作品、政治社會思考，以及有關生物學、歷史和社會問題的流行著作的作家，更是一位有說服力的社會主義者。

《世界簡史》可以說是一本眞正的歷史書籍，它是《世界史綱》更完整和更明確的著作的序言，思維縝密、結構嚴謹，內容從遙遠的時代、從生命的黎明，到一九一四—一九一八年世界衝突後世界的政治和社會重建；此外，還有早期文化、早期航行、希臘、孔子和老子、歐洲文藝復興、法國大革命和君主復辟、歐洲的軍備競賽時期、一九一四—一九一八年的第一次世界大戰，等等，博學多才的威爾斯為我們提供了一個精湛的歷史課程，一個時而生動、嚴肅的，時而引人注目、活潑的，始終令人興奮的課程。他再次邀請我們回到過去，雖然身為科幻小說家，但是這本書表現出他「歷史學家」頭銜的才華。

劉增泉書於淡江大學文學院研究室

目錄

第一章　空間中的地球

人類生活在地球上，然而，人類對這個世界的了解卻十分有限。大約在二百年前，我們也才知道了人類最近三千年的歷史。至於之前的歷史，我們僅能靠傳說和人類豐富的想像加以闡釋。很多人認爲，我們的世界是在公元前四〇〇四年被突然創造出來的。而持有這種想法的人，大多是從父輩那裡得到了這一信息，然後又將這信息灌輸給下一代。

然而，即使他們都認爲世界是突然創造出來的，他們也有分歧：一些人認爲世界創造於春天，一些人則認爲是秋天。他們對此爭論不休，而用來支持他們觀點的證據卻十分荒謬，要麼是猜想，要麼是對希伯來人《舊約》的生硬解釋。顯然，這種爭論是毫無意義的。現在，學者們也早已摒棄了這種不科學的見解。

如今，隨著科學的發展，人們開始越來越客觀地觀察這個世界，研究各種自然現象。最終，人們認爲，我們的世界早就存在，早到我們無法想像的年代。當然，正如在房間中面對面各擺放一面鏡子，我們在鏡子中就看不到房間的盡頭一樣，在我們所見到的自然現象中，也有可能會讓我們產生錯覺。但是，可以肯定的是，人類的生存歷史絕不只短短的六千多年。所以說，人類歷史始於公元前四〇〇四年的觀點，是不科學的，應該澈底推翻。

現在，我們都知道地球是一個兩端稍扁、呈橘狀的球體，直徑爲八千英里（一英里≈一．六一公里）。雖然地球是球體這一觀點，在大約二千五百年以前少數的權威人士就已認可，然而，因為沒有足夠的證據證明，所以在很長的一段時間內，人們都相信地球是一個平面。為了反駁地球是一個球體的觀點，人們還以天空、恆星和行星為地面參照物，以日升月落、繁星高掛等世界各地都一樣的自然現象來辯駁。

現在，我們知道了，地球上之所以會出現晝夜交替的現象，是因為地球每天圍繞地軸自轉一周；之所以出現季節變化，是因為地球順著橢圓形軌道每年繞太陽公轉一周。當地球與太陽的距離為九千一百五十萬英里時，便達到了兩者之間的最近距離，距離為九千四百五十萬英里便是最遠的距離。

地球繞著太陽公轉，而體積比它小得多的月球，則以二十三萬九千英里的軌道半徑繞地球公轉。當然，太陽系中除了地球、月球外，還有許多星球也是圍繞太陽運行的，比如距離太陽三千六百萬英里的水星，距離太陽六千七百萬英里的金星，距離太陽一億四千一百萬英里的火星，距離太陽四億八千三百萬英里的木星，距離太陽八億八千六百萬英里的土星，距離太陽十七億八千二百萬英里的天王星，距離太陽二十七億九千三百萬英里的海王星等。

其中，水星和金星屬於內行星，它們比地球更靠近太陽；後五者為外行星，位於地球繞太陽公轉軌道外圍。為了便於大家理解，我們將太陽與其他行星的大小、距離等，按照一定的比例縮小到一定尺寸。

首先，我們假設地球是一個直徑為一英寸（一英寸≈二·五四釐米）的小球，那麼太陽就是一個直徑為九英寸的大球。兩者大約相距三百二十三碼（一碼≈九一·四釐米），相當於五分之一英里——大約四五分鐘的步行距離。地球是小球，而月球就只有豌豆大小了，它與地球的距離為二·五英尺（一英尺≈〇·三〇五米）。水星和金星這兩顆內行星處在地球和太陽之間，它們與太陽的距離分別是一百二十五碼和二百五十碼。

圍繞這些星體的是茫茫無垠的宇宙空間，一直延伸到距離地球一百七十五英尺的火星。木星的直徑爲一英尺，它與地球的距離約爲一英里。在距地球二英里處，是體積稍小的土星；距離地球四英里的是天王星，距離地球六英里的是海王星。海王星以外的數千里空間中，只有懸浮的稀薄氣體和細微的塵埃。就是按照縮小後的比例，恆星離地球最近也遠在四萬英里之外。

上演生命之劇的宇宙是多麼的浩渺空曠啊——這是我們對以上這些數字產生的一個形象認識。偌大的宇宙，浩瀚無垠，而我們所熟悉的僅是地球表面的生物。從地表至地心，其平均距離大約爲四千英里，而存在生物的空間卻不過是地下三英里到地表以上五英里的範圍。而其餘的茫茫宇宙，顯然是空洞、無生命的空間。

生活在地球上的人們，雖然不斷探索，但其深入海底不超過水平面下五英里處❶，飛機在空中飛行也只能低於四英里❷。不錯，的確有人乘坐氣球升到七英里高之處，但他在空中卻遭受了常人難以想像的困難。且不說人類，單說經常翱翔天際的鳥兒們，至今仍未發現有哪種鳥兒可以飛到五英里的高空，那些被裝上飛機的小鳥和昆蟲，早在飛機飛到這個高度前就已經失去知覺了。

---

❶ 一九五七年，蘇聯科學院海洋研究所的海洋考察船對馬里亞納海溝進行了詳細的探測，並用超聲波探測儀探測出一條特別深的海淵，其中最深處達到一萬一千零二十二米，這是迄今為止已知世界海洋中最深的地方。——譯者注

❷ 從目前的飛行技術來看，航天飛機的飛行高度可達十萬米，偵察機的飛行高度達五萬米。普通大型民航客機飛行高度可達九千—一萬米，商務飛機可達一萬五千米。——譯者注

第二章　時間中的地球

在最近的五十年，科學家對地球的年齡和起源這兩方面做了一些有價值和有趣的推測。由於這些推測包含著深奧的數學和物理上的問題，所以我們在此不能加以概括描述。事實上，如今的天文學和物理學的發展程度，還沒達到能使這樣的科學研究成果擺脫主觀的猜想和推斷。

從目前的情況來看，早在二十億年以前，地球就以一個獨立旋轉的星球存在了，並且已經開始圍繞太陽公轉了。但是，這只是目前的一個推測，或許有一天科學可以證明，地球存活的時間比這更悠久，甚至都超出了我們的想像。

在久遠的年代裡，圍繞太陽公轉的地球和其他行星早已獨立存在了。它們的形成過程基本一樣，也許，它們最開始只是太空中的一些彌散物，因長時間旋轉凝聚，才最終變成現在的樣子。透過望遠鏡，我們可以看到太空中有些閃光的東西呈現螺旋狀，都圍繞著一個中心旋轉，這就是所謂的「螺旋星雲」。經過天文學家的推測，太陽和其他行星在形成今天的形狀以前，也曾經像這些渦旋物質一樣，是不斷凝聚而成的。而這個聚結歷經了悠久的歲月，正是我們推測出的亙古時期，地球和月球有了雛形。它們在那個時候，離太陽的距離要近得多，自轉和繞太陽公轉的速度也更快，太陽在宇宙中原本就是一個大火球，而那些行星的表面狀態很可能都在燃燒和熔解。

如果我們可以回到遙遠的過去，那麼我們可以目睹地球的最初形態，那種景象和現在肯定是截然不同的：地球表面岩漿滾動，像熔爐的爐膛一樣炙熱難耐；地球表面找不到液態水，但其可能混雜在硫黃、金屬蒸氣中；在大量氣霧的下方，是熔岩翻滾沸騰的海洋；天空中，各種蒸氣在太陽的照耀下，彷彿燃燒了一般，一團團「火焰」在天空中飛掠而過。

在這之後幾百萬年裡，地球經歷了各種變化，最後終於穩定了下來。此時，地球的溫度降下來了；天空中的水蒸氣凝結成雨，落在地面上；空氣中的氣體變輕了；海洋中的岩漿活動逐漸減弱，熔岩在下沉時帶走大量落在其上的漂浮物。漸漸地，地球遠離了太陽和月亮，旋轉的速度也慢了下來。至於月球，它也遠離了太陽，球體逐漸冷卻，交替反射或遮擋太陽光，於是地球上便有了滿月和日食現象。如今月球總以同一面朝向地球，但或許當初它是以不同角度面向地球的。

就這樣，地球歷經悠久的歲月，以極爲緩慢的速度變化著。然而，人類還未誕生，因爲此時地球上仍沒有大量液態水。此時，隨著水蒸氣的上升遇冷，凝結成雲，又化爲雨水落到地表的岩石上。即使這樣，在此後漫長的歲月中，地表的液態水仍十分有限，大部分水仍以水蒸氣的形式存在於空氣中。直到有一天，逐漸凝固的岩石上出現了小溪流，溪水奔騰向前，又匯聚成了江河湖泊，岩屑和沉澱物被沖刷著湧了進去。

最後，就形成了人類繁衍生息的家園了。然而，那個時候地球上的環境依然十分惡劣：狂風暴雨肆虐，遍地熔岩，沒有土壤，沒有草木，沒有動物和人類。爲了迎接生命的到來，地球繼續進行著劇烈的活動，傾盆暴雨夾雜著岩石碎屑，逐漸匯聚成洪流，沖刷地球表面，溝壑和峽谷就是這樣形成的。與此同時，地球開始進行新一輪的地殼運動，地震和火山不斷爆發，而太陽和月亮對地球的作用，又加劇了這種運動的激烈程度。

幾百萬年又過去了，地球的年齡越來越大，地球的氣候也越來越溫和。久而久之，氣候也不那麼惡劣了，狂風暴雨終於也不那麼頻繁，強度也不那麼大了。而此時，最初的海洋也逐漸形成了。

然而在那個時候，仍然沒有任何生命存活於地球上，茫茫的海洋也沒有生命，岩石上也是一片荒蕪。

第三章　生物的產生

衆所周知，對於那些在有人類記載和傳說之前的生物知識，人們大都是憑藉層岩中生命體遺留的足跡和化石才得以了解的。人們發現的遺留下來的大量骨骼、根莖、纖維、貝殼、果實、爪印、足跡等類似的東西，幾乎都存在於頁岩、砂岩、板岩、石灰岩等物體中。另外，人們還發現了一些較爲特殊的化石，如原始雨水沖刷形成的窪坑、原始潮汐留下的波痕等。人類之所以能夠了解完整的古生物史，源於科學工作者們對這些岩石孜孜不倦的研究。

由於沉積岩中的化石所受破壞較少，所以它們往往成爲人們研究古生物化石的首選材料。但是，沉積岩也有其自身侷限性，由於在地殼運動中受到擠壓、扭曲等，它們不是一層一層整齊地排列著的，而是相互疊加、混亂不堪的。爲此，大批學者傾注了畢生精力。根據科學推斷，這些岩層大約記錄著過去十六億年的歷史，以下便是一些簡單介紹。

地質學家把紀錄中最古老的岩石稱爲原生岩，是因爲從中看不到任何的生命跡象。我們在北美洲發現了很多裸露的原生岩，地質學家從它們的厚度推斷其最起碼經歷了八億年之久。在岩石上面，人們發現了一些潮汐和暴雨留下的印記，卻沒發現任何生命跡象。這也就是說，透過這些岩石可以得知：從地球上形成海洋和陸地後的八億年裡，地球上都是沒有生命的。

當我們對其他岩層的岩石進行更深一步的探究時，漸漸發現了一些早期生命的痕跡。地質學

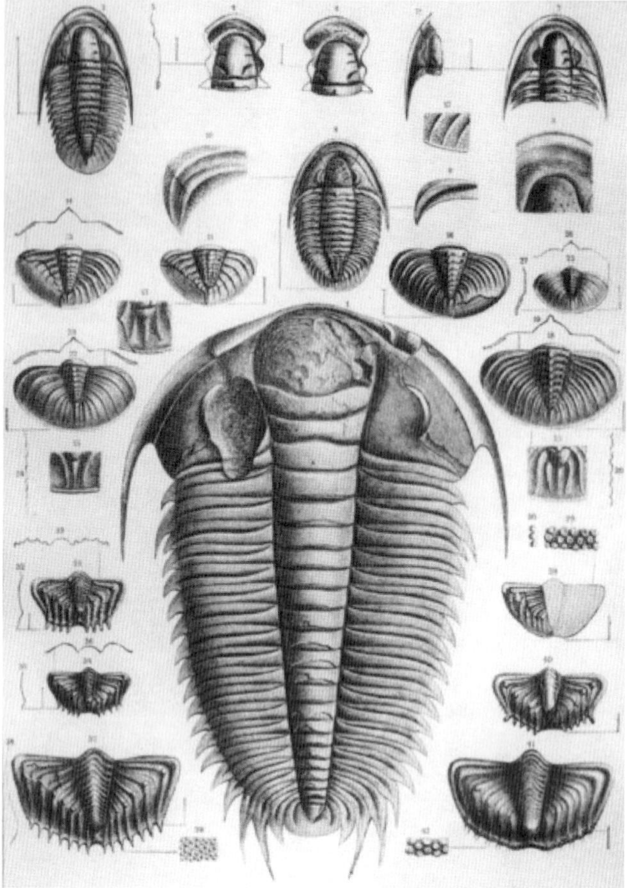

古生代早期最具代表性的生命——三葉蟲

家將這種最早出現古生物痕跡的時期，稱爲「古生代早期」。這一時期，出現了海藻、貝殼、海蟲、植形動物和甲殼蟲等低等生物，以及最具有代表性的三葉蟲。三葉蟲是迄今爲止人類發現的最早的動物，其貌似蚜蟲，能和蚜蟲一樣將自己蜷成球狀。在此後數百萬年，海蠍子等動物相繼誕生，與最初的生物相比較，這些生物生命力更強、更靈活，適應性更好。

在生命剛誕生之時，動物的軀體都比較小，身長大約九英尺的海蠍子就已經算是「龐然大物」了。不管是植物的還是動物的，我們在這個時期都沒有看到陸地生命的跡象，也同樣沒發現脊椎動物和魚類的跡象，只有些淺水和潮汐漲落留下的生物痕跡而已。我們只要從岩屑、岩窪中找來一滴水，放在顯微鏡下觀察，就可以知道古代早期生物的模樣，透過顯微鏡我們會驚訝地發現，除了體積上有所差異，這滴水中的小貝殼、小海蠍、海藻及植形動物的特徵，與那些曾經是地球上生物之王的、又大又笨拙的古生物比起來，相似到了極點。

然而，我們必須清楚，雖然古生代早期的岩石向人們展示了生命的存在，但是其卻無法告訴我們生命的起源。一個化石的形成，必須具備以下基本條件：生物體必須有堅硬的部分，如骨骼、外殼等；生物體必須足夠重，能在泥土或是岩石上留下痕跡。否則，生物體就無法留下化石，無法告訴人們牠們曾在地球上生存過。就好像今天地球上的許多小型軟體動物，牠們也無法在滅絕前，在地球上留下痕跡，以向未來的科學家證明自己曾經存在過。所以說，在人們所不知道的時間裡，或許有成百上千萬種無數的動物在地球上繁衍生息，但是牠們沒有在地球上留下一點痕跡，最終滅絕了。或許在所謂的「無生代」的湖泊以及海洋的溫暖的淺水域中，曾經生活著大量低等的軟體動物、數量驚人的綠色浮藻，卻沒有留下化石。

就像銀行存摺無法完全顯示人們的生活水準一樣，化石對生命的記錄，也不是完整的，所以不能把它視爲過去生物的完整紀錄冊。生物想要被載入史冊，不考慮外部條件的話，其自身必須有堅硬的針骨、甲殼等，或是能分泌出蟲管，或是有支撐的莖。不過，人們還在比常見化石岩層更古老的岩石中發現了石墨，它是一種分離狀態的碳。一些專家推測，或許這種物質，是透過其自身的旺盛的活動，從而在化合狀態中分離出來的。

第四章 最初的魚類

「世界只有幾千年的歷史」——當人們錯誤地懷有這樣的見解的時候，同時也會以爲世界上的動植物從誕生之日起就是它們現在所呈現的樣子，從來沒有變化過。然而，當人類發現了化石並對其展開研究後，人們逐漸意識到自己認識上的錯誤，並且摒棄了原來的觀點。這時候，人們開始懷疑，這些物種在漫長的歲月中有著緩慢的進展和變化，正是這種質疑，最終有了「生物進化」的理論，就是說地球上的一切動植物都是從無生代（即前太古代）海洋中一些近似於沒有組織的生物體、極爲簡單的原始生物，經過持續而緩慢的進化後，逐漸變成今天高級的生物體的。

不管過去還是現在，生物進化的問題一直是人們爭論的焦點，人們對這個話題的熱衷程度完全不亞於「地球到底幾歲了」這一古老話題。曾經有一段時間，生物進化論思想由於一些說不清的原因，被正統基督教、伊斯蘭教和猶太教視爲異端邪說。當然那個時代已經過去了。現在，無論天主教、基督教、猶太教還是伊斯蘭教教徒，都已經能夠坦然接受生物進化論的理論，基本認同了萬物同源的觀點了。如今，人們基本已經認清這一事實：世界上沒有一種生物是突然誕生的，它們都是經過長時間的演變而生成的。人們清楚地意識到，生命最早誕生於海洋，在經歷了無數個日升月落之後，它們才逐漸演變成強大的、有意識的自由個體。

毫無疑問，生命是由諸多有機個體組成的。這些個體既不是可以無限延伸的靜止不動的晶體，也不是團狀或是塊狀的非生物體，而是一種有機生物體。與非生物體相比，這種有機生物體具有明顯的特徵：第一，有機生物體能夠將其他物質攝入體內，並將其轉化為自身的一部分；第二，有機生物體具有生命活力，可以繁衍後代。不過，生物體雖然能繁殖出新個體，但新個體與其母體之間並不是完全一致的，它們在保持「種族」相似性的同時，又存在著一定的差異性。而且，這種差異性不僅存在於母體與新個體之間，同時也存在於新個體與新個體之間。而這種規律適用於任何物種及其生命的任一階段。

為什麼生物體的後代和母體之間既有相似性又有差異性？關於這個問題，科學家們至今仍無法給予我們合理的解釋。事實上，我們大可不必以科學的角度來探討這個問題，只需從常識的角度來分析便可。對生物體而言，如果其生存的條件發生了變化，生物體本身也必然會發生相應的變化。任何生物體，其中總有部分個體異於其他個體，使得它們能更好地適應其所處的環境；也總有部分個體由於其本身的原因，難以在新環境中生存下來。這兩類個體相較而言，前者具有更強的適應能力，壽命更長，繁殖能力也更強，從而使得該種族透過它們得以繁衍，並且提高了該種族的平均適應性，讓該種族向著更有利的方向發展。這種生物體與環境的相互選擇過程，就是「自然選擇」。

關於自然選擇，它不是一種科學假設，而是一種建立在生物個體差異與繁衍基礎上的推測結果。在物種的進化及滅絕過程中，或許不止「自然選擇」一種力量在支配，但迄今為止，科學家們仍無法一一解答。如今，人們唯一能夠肯定的就是，自生物誕生之日起，「自然選擇」就一直伴隨著生物體而存在——只有那些缺乏基本常識和無視生命基本規律的人，才會否認這一基本事實。

至於生命的起源問題，許多科學家都提出了生動而有趣的推測，可是到了今天，也沒有關於生命起源的明確說法和令人信服的理論。不過，幾乎所有的權威人士都認可這樣一個觀點：最初的生命誕生於光照充足的海洋淺水區中的泥沙裡，隨著潮起潮落，這些生命四下散開，被從淺水區帶到了海岸、潮間區以及大海深處。

在原始的世界裡，潮水的活動極爲劇烈。微弱的個體生命不斷遭受著潮水毀滅性的打擊。在潮水的湧動中，一些生命被捲進深海，因缺乏陽光和空氣而死亡；一些生命被帶到了岸邊，因太陽的炙烤而死去。在這樣惡劣的生存環境下，生命個體不得不向著有利於其生存繁衍的方向發展：有的生命選擇生根，避免被潮水沖走；有的選擇長出外殼，避免被陽光曬乾脫水。爲了生存下來，這些生命個體還逐漸具備了一些能力，依靠味覺的敏感來尋找食物，依靠身體某部分對陽光的敏感從深海裡、洞穴中爬出來或是逃離險象環生的淺灘。

可見，那些最早長出硬殼與甲冑的生物，牠們之所以選擇這樣的外形，不是爲了抵禦外敵，而只是爲了防止自身因乾燥脫水而死亡。與此同時，一些動物還進化出牙齒、爪子等生理「利器」，如前文提到的遠古時期的海蠍子，其身上不僅擁有堅硬的外殼，還有利爪——這讓牠在很長的一段時間裡稱霸生物界。之後，一種生命力更頑強的物種出現了，牠們長有眼睛和牙齒，而且還會游泳。此

古生代海洋生物的典型代表——海蝎子

時大約是在「志留紀時代」，很多地質學家認爲志留紀時代是在五億年以前。而這種新生的物種就是我們已知的最早的脊椎動物，也就是最初的魚類。

志留紀時代之後，地球進入了「泥盆紀」，這一時期脊椎魚類的數量明顯增加了。正因爲魚類在泥盆紀空前繁盛，所以泥盆紀又被人們稱爲「魚類時代」。如今，地球上已經見不到這些古老魚類的身影了，唯一可以知道的是，牠們的身形與今天的鱘魚、鯊魚等極爲相似。當時，牠們在浩瀚無垠的海洋中來回穿梭，一會兒覓食於海藻間，一會兒跳出水面，一會兒又相互追逐嬉戲。牠們的到來，爲古老的海洋帶來了無限生機。以今天的標準來衡量的話，這些古老魚類的個頭都不算大，除了一種身長可達二十英尺的魚種外，絕大多數魚種的身長都不超過二三英尺。

關於這些古老的魚類，人們無法透過化石找到牠們的祖先，牠們好像是憑空出現的，與更古老的物種之間不存在絲毫聯繫。雖然如此，但動物學家們卻透過一些特殊渠道的考察，以及對現存的與牠們有血緣關係的魚卵進行研究後，得出一些有趣的觀點。他們認爲，這些古老脊椎動物的祖先應該是軟體動物，或是從嘴及其四周長出牙齒一類「利器」的小型水生動物。魚類誕生之後，經過很長的時間，牠們才進化爲有牙齒、全身長滿齒狀鱗片的動物，如鰩魚和角鯊等。而齒狀鱗片的形成，使牠們得以擺脫黑暗，朝著有陽光照耀的地方游去，最早的脊椎動物就這樣出現在地質紀錄中了。

第五章　沼澤時期

在魚類時代的最初時期，陸地上只有裸露的岩石和高峰地帶，尚未出現生命。此時，陸地上連眞正意義上的土壤都沒有，畢竟，此時陸地上還沒有出現能夠將岩石分解爲泥土的植物，也沒有能夠促進土壤形成的蚯蚓。不要說這些較高等的生物了，就連苔蘚、地衣等低級生物都還沒有造訪陸地，生命依然僅限於在海洋中存在。

很快地，這個遍地都是裸露的岩石的世界發生了劇烈的氣候變化。導致氣候發生劇變的原因有許多，到了今天，人們也只能對變化的原因做出一些推測而已。人們認爲，地球運行軌道的改變、地球南北兩極的逐漸偏移、大陸地形的變化以及太陽溫度的驟增驟減，導致地球進入了漫長的冰凍期。在冰凍期後，地球又進入了漫長的溫暖期，這種情況持續了數百萬年。

從地球演變的歷史來看，地球的內部也發生過幾次巨變。在積聚了幾百萬年的上衝力的作用下，地殼突然隆起、火山爆發，從而導致陸地及山脈輪廓發生了翻天覆地的變化，山被提高，海洋加深，氣候變化也更加劇烈。接著，地球便又進入漫長的穩定時期。在這漫長的平靜歲月中，山峰因遭到雨水的沖刷和風霜雨雪的侵蝕，逐漸變得低平了，並且生成了大量泥土。而大量的泥土被雨水、河流帶入海洋，使得海底被抬高，海水變淺，海平面不斷擴張。許多近海陸地逐漸被海水所淹沒，慢慢變成淺海。這便是人們所說的「高而深」時代以及「低而平」時代。

有人以爲，地球外殼凝固後，地表溫度就會逐漸下降。事實上，這是一種誤解。地球是在經歷了無數次長時間的降溫期後，地殼的內部才逐漸不影響地表溫度。就算是在「無生代」時期，地球上也普遍存在「冰期」的痕跡，而正是經過這樣的降溫，地表溫度才逐漸穩定下來。

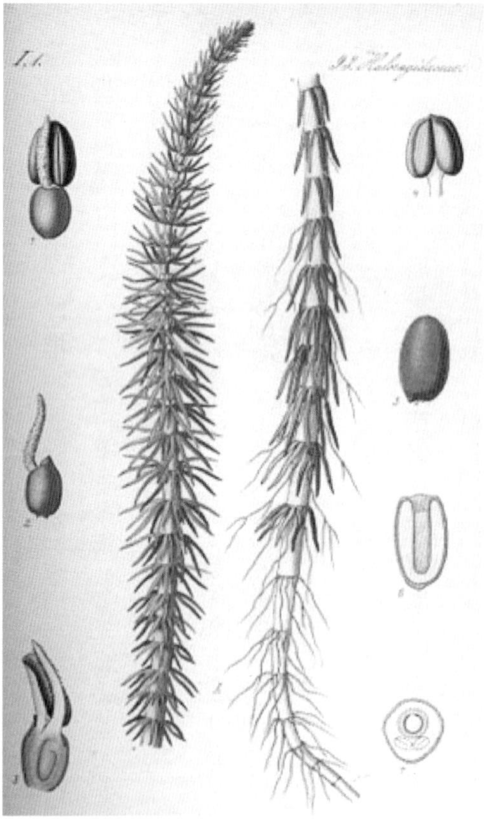
杉葉藻古來有之，常見於歐亞大陸和美國北部的酸性水域

直到「魚類時代」的後期，淺海和潟湖水域才在地球上呈現出來，各種生物才得以從水域轉移到陸地上。毫無疑問，曾經大批湧現的早期生物，都已經歷了幾千萬年的進化。現在這些生物終於盼到了屬於自己的時代了。

毋庸置疑，植物出現在陸地上的時間比動物要早，不久之後，動物也開始登上陸地。作爲陸地上的最早居民，植物首先要解決兩大問題：其一，當潮水退去後，它們依靠什麼來支撐葉子，使其獲得陽光的照射；其二，當它們離開海洋後，維持生命所需要的水分不再唾手可得，它們該如何從溼地中攝取水分。爲了解決這兩個問題，植物進化出「木質纖維組織」，其不僅可以支撐植物，而且還能承擔起輸送水分的任務。在這一時期的化石中，各種木質沼澤植物陡然增多，其中不少植物的體積還比較大，如杉葉藻、木質苔蘚和木質蕨類等。

隨著植物在陸地上生根發芽，各種各樣的動物也從水裡爬上岸，在陸地上安家落戶。牠們中有百腳綱動物、倍足綱動物、原始的昆蟲等，還有海蠍及古代鱟魚的近親，後兩者演變為最早的陸地蠍和蜘蛛。與此同時，脊椎動物也出現在陸地之上。

陸地上早期出現的原始昆蟲，其個頭都非常龐大，甚至出現過一種長達二十九英寸的蜻蜓。

這些新的物種，用各自的方式呼吸著陸地上的空氣。呼吸是動物必備的技能，在上岸之前，牠們就已經學會了呼吸水中的空氣。一旦登陸之後，牠們就必須想盡一切辦法，讓自己擁有攫取水分的能力。即使是今天，一個人的肺如果完全處於乾燥狀態，那這個人就會立即窒息而死。只有當肺的表面處於溼潤狀態，空氣才能夠通過肺部進入到血液當中。為了適應陸地上的呼吸，登陸的動物必須有所改變，或者讓其體內某器官進化出可以防止水分蒸發的功能，或者乾脆進化出一個深藏於體內的新器官，如能獲得分泌液滋潤的管狀器官、新呼吸器官等。

在遠古時期，靠鰓呼吸的脊椎魚類無法在陸地上生存，因為牠們的呼吸方式不適用於陸地。為了適應新的生存環境，這類動物開始不斷地進化，終於形成了藏於體內的新呼吸器官，即「肺」，實際上就是「魚鰾」。關於這種變化，從水陸兩棲動物中就能看得出來。比如青蛙和蠑螈，牠們原本是誕生於水中靠鰓呼吸的動物，就像許多魚類進化出魚鰾一樣，後來牠們才在咽喉上進化出一個袋狀肺，以適應新的呼吸環境，此後才能夠在陸地上生活。漸漸地，由於使用得少了，牠們的鰓也就退化了，鰓裂也消失了（其中一個鰓演變為連接耳和鼓膜的通道）。從此以後，牠們就只能生活在陸地上，只在產卵繁衍下一代時才回到水中去。

在沼澤時代，所有這些靠大氣呼吸的脊椎動物、植物都具有兩棲性。當時所有的此類動物都與今天的蠑螈極為相似，只是牠們中的一些軀體比較大而已。這些動物實際上已經稱得上是真正的陸地動物了，但是牠們依舊需要生活在沼澤或是其他潮溼地帶。與早期的陸地動物一樣，早期的陸地植物也具有兩棲性。此時，樹木等的種子還未進化至僅靠雨露的滋潤就能生根發芽，它們只有把孢子落入水中才能繁衍後代。

生物為了生存，往往會具備複雜而又神奇的適應能力。為了研究這種頗具魅力的適應能力，從而產生了一門美妙的學科：比較解剖學。地球上所有的生物，不管植物還是動物，最初都是生活在水中的。例如，所有比魚類高等的脊椎動物（包括人在內），在其胚胎發育過程中或是出生之前，都要經歷一個鰓裂消失的階段。又如，魚類之所以永遠睜著眼睛，是為了保護眼睛，避免眼睛乾燥。而比魚類更高級的動物，則擁有更好的護眼能力，牠們進化出眼瞼和能夠分泌液體的腺體，讓眼睛保持溼潤。為了感受空氣中微弱的聲音震動，動物還進化出耳膜。由此可見，動物為了更好地生活在陸地上，其身體器官都發生了相似的演變和調整。

在石炭紀的兩棲類時期，淺灘、潟湖以及沼澤之中，都生活著大量生物。這一時期，各類生物的生活範圍大大拓寬了，然而在山峰和高地處仍是一片死寂，毫無生命氣息。歸根結底，雖然生物已經學會在陸地上呼吸了，但是牠們依舊需要回到水中繁殖後代，這決定了牠們無法在遠離水域的山峰及高地生活。

第六章　早期的爬行動物

地球在經歷了生物空前繁盛的石炭紀後，又進入了一個漫長的、乾旱的嚴冬時代。根據該時期的岩層顯示，這一時期的生物化石較少，但沙石之類的沉積物卻顯得很厚。該時期，地球上的氣候再次出現劇烈的變化，地球多次進入冰期，大地被嚴寒所包圍。於是，繁榮一時的沼澤植物消失了，它們被壓在了新的沉積層下方，開始了另一段旅程：壓縮和造礦。如今我們所發現的大多數煤礦，就是這樣形成的。

在惡劣的氣候條件下，生物經受了最嚴峻的考驗，也獲得了極具價值的經驗。隨著地球的回暖、潮溼，一系列新的生物出現了。人們在這一時期的岩層中發現了卵生脊椎動物的印跡。與孵化後需先在水中生活一段時間的蝌蚪不一樣，新的卵生脊椎動物在孵化完成前就已幾乎發育完全了，孵化後便可在空氣中生活。其所導致的結果則是：這類動物再不會有鰓這一器官了，此時，鰓裂僅是胚胎發育過程的一個步驟。這類不必經過蝌蚪期的新型動物，被人們稱爲爬行類動物。

在動物發生改變的同時，陸地上各種能結果的樹木也得到了進化，它們不必再依賴沼澤和湖泊來繁衍後代了，因爲它們已經能做到獨立傳播種子了。雖然此時陸地上尚未出現草及能開花的植物，卻已經有像棕櫚一般的蘇鐵類植物，還有一些熱帶松柏類植物。

另外，各種蕨類植物也大量湧現。此時，陸地上雖然還沒有蝴蝶和蜂類，但已經出現甲蟲了。不管怎樣，各種新的動植物已在這漫長而又嚴酷的寒冷時代裡基本形成了，它們只是在等待時機，一旦時機成熟，它們便能迅速繁衍。

隨著時光的流逝，地球也在經歷了無數次滄桑巨變之後，終於進入了一個平穩的緩和期。在地球軌跡的改變、地軸與地球軌道之間的角度變化、地殼的頻繁運動等一系列因素的共同作用下，地球終於迎來了一段氣候溫暖的時期，這個時期持續了很長一段時間，人們推測其大約為兩億年，而將這一漫長的平和時期稱為「中生代」，用以區別在此之前的「古生代」和「無生代」（共十四億年）以及其後延續至今的「新生代」。由於中生代早期的爬行動物種類繁多、數量巨大，所以中生代又叫作「爬行動物時代」。大約在八千萬年前，中生代結束。

相對而言，如今地球上爬行動物的種類少了許多，而且分布範圍也小得多。但是，與那些在石炭紀時代主宰一時的兩棲動物的殘存後代比起來，牠們的種類還是很多。如今，地球上依舊能看到一些原始物種的身影，比如鱷魚、蜥蜴、蛇、鱉和海龜等。這些動物都有一個共同的特徵：無法忍受嚴寒的考驗，需要常年溫暖的氣候。事實上，幾乎所有的中生代爬行動物都有這樣的侷限性，牠們是生活於溫暖叢林裡的「溫室動物」，經受不了霜凍的洗禮。在中生代，真正乾燥地帶的動植物群已存在，其與地球生物全盛時期的沼澤、溼地等動植物相比起來，差別很大。

像大烏龜、大海龜、巨鱷以及眾多的蜥蜴和蛇等，牠們在當時都是盛極一時，除了這些我們熟悉的爬行動物以外，還有很多已經滅絕的奇異種類，如品種繁多的恐龍。此時，蕨類、蘆葦等多種植物已開始向陸地上的低平地帶擴展，在新的領地繁衍生息，隨之而來的便是那些食草的爬行動物——在這些繁茂的植被的吸引下，牠們也踏上了這一片土地。在中生代最繁榮的時期，這些動物都長成了龐然大物，其中一些超越以往任何陸地動物，甚至能與鯨魚一較大小。比如，當

白堊紀時期，魚龍（左）作為最高的水生食肉動物被蛇頸龍（右）取代

時有一類被稱爲梁龍的恐龍，從其口鼻到尾部足有八十四英尺長。巨龍比梁龍更加龐大，長達一百英尺。另外，當時陸地上還有一種體型能與這些巨獸相提並論的動物，那便是以這些巨獸爲食的食肉恐龍，如霸王龍——很多書中都將其描繪成空前絕後的兇殘而可怕的爬行動物。

中生代時期，在樹林裡相互追逐、覓食的爬行動物中，有一個特殊的物種——已經滅絕的翼手龍。翼手龍擁有蝙蝠狀的前肢，當牠們伸展前肢時，不僅僅是爲了捕捉昆蟲，有時也是爲了捕食牠們自己的同類。最初，牠們只是在林間跳躍，逐漸地，牠們利用前肢乘風滑翔，變成能在樹杈之間飛翔的動物。翼手龍是世界上最早的能夠飛翔的脊椎動物，而牠們的這種飛翔能力標誌著脊椎動物的能力發展到了一個新的里程碑。

同時，這期間還有些爬行動物返回海洋，三種會游泳的巨形爬行動物回歸牠們祖先生活的海裡，分別是滄龍、蛇頸龍及魚龍。牠們中的一些體型十分龐大，與今天的鯨魚一般大小。魚龍水性良好，能很好地在海洋中生活。至於蛇頸龍，現在已經找不到牠的同類動物了。蛇頸龍擁有龐大而強壯的身軀，小腦袋長在長蛇似的、比天鵝的長頸還要長得多的頸上，長著鰭狀肢，常在沼澤中、淺水裡爬行或游泳。蛇頸龍的捕食方式很特別，或像天鵝一樣在游動過程中捕捉獵物，或透過潛水伺機偷襲過往的魚類及其他獵物。

以上提到的便是中生代時期最重要的陸地動物。以我們現在的標準來衡量，中生代的動物比之前物種要高級許多，牠們的軀幹更大，力量更強，適應能力更佳，分布範圍更廣，比地球上以往的動物更具有生命活力。

與陸地相比，海洋中的動物演化程度較弱，但也出現了大量的新型物種。那時，淺海區域中出現了種類繁多的菊石類動物，形狀像介殼類烏賊，還把身體的大部分蜷縮在殼中。其實，早在古生代時期，菊石類動物的祖先就已經生活在海洋中了，直到中生代的到來，牠們才發展至鼎盛階段。如今，這種海洋生物已經滅絕了，但在熱帶水域中還生活著一種與之親緣關係較近的動物，即珍珠鸚鵡螺。還有一種新生的魚類，牠們有更強的繁殖能力，牠們的鱗片比以往的片形和齒形更加輕薄，牠們繁盛而經久不衰，在湖海江河中享有優勢地位。

第七章 原始鳥類和哺乳動物

我們在前幾章給大家展現了一幅美妙的畫卷，描述了中生代大量的爬行動物和茂盛的植物的鼎盛時期。當時，陸地上的主宰者是恐龍，潮溼地帶和熱帶雨林中到處都有牠們的身影，翼手龍揮著牠們的羽翼在森林中發出陣陣尖銳的叫聲，穿梭於無花灌木或喬木中捕捉各種昆蟲。在這些統治者四周還生活著許多處於弱勢的、不顯赫的物種，爲了避開統治者，牠們不斷掌握新的生存本領，學會了忍辱負重。直到有一天，太陽與大地不再溫和與仁慈，值此生死存亡之際，牠們的這些本領的價值就被突顯出來了。

在恐龍家族中，有一群擅長跳躍的弱小爬行動物，由於天敵的殘害和生存競爭的威脅，牠們中的一部分走向了滅亡，剩下的那些則不得不遷移至寒冷的海邊或山峰上，並努力適應新環境。然而，正是這種被迫逃亡的經歷，使得這些動物有了新的進化，牠們先是長出了可拉長爲翎羽狀的鱗片，後來又將這種鱗片進化爲最初的羽毛。層層疊疊的羽毛狀鱗片比以往一些爬行動物的外殼更具有保暖性，能更有效保持體溫，有了這層羽毛的保護，牠們便能在寒冷的地區生存下來了。對於以往的爬行動物而言，牠們不太需要擔心自己的卵，因爲陽光及季節氣溫會幫助牠們孵化下一代，但對這些移居至寒冷地區的生命新分支而言，情況就大爲不同了。牠們需要更關心牠們的卵，學會保護牠們的卵，並且用自己的體溫孵化卵，從而完成傳宗接代的使命。

在寒冷的氣候環境中，這些原始鳥類不斷改變自身生理特徵，以求生存。漸漸地，牠們演化爲恆溫動物，不再需要依靠陽光來獲取溫暖。最初的鳥類大概都是海鳥，靠捕食魚類維持生命，於是牠們的前肢逐漸從翅膀演變爲鰭狀肢，就像企鵝一樣。有一種奇特的原始鳥類，牠雖然有著一種極其簡單的羽毛，但牠不會飛，看起來也不像是從會飛的祖先那裡進化成的，這便是紐西蘭鷸鴕。在鳥類的進化史上，羽毛比翅膀出現得要早，當羽毛演化成形以後，爲了使羽毛能輕盈地舒展開來，翅膀也必然形成了。

從一隻鳥的化石中，至少能發現牠的嘴裡有爬行動物的牙齒，還有一條爬行動物的尾巴，身上還長著一對翅膀，很顯然，牠們能夠飛翔，曾經混雜在中生代的翼手龍中間。但是，在「中生代」時期，鳥類的數量和種類都非常有限，如果有人能返回中生代，就算他走上幾天，也只能在蘆葦和蕨類植物中看見很多的昆蟲和翼手龍，但看不到一隻鳥，甚至都聽不到鳥的叫聲。

與鳥類比起來，原始的哺乳動物要早出現幾百萬年，但在那時牠們還十分渺小、稀少，人們對牠們知之甚少。

與早期的鳥類一樣，早期的哺乳動物同樣也面臨著敵人的迫害和生存競爭的威脅。爲了生存，牠們做出了與鳥類相同的選擇，遷徙至氣候惡劣的地區，培養出了適應嚴寒的能力。牠們身上的鱗片也逐漸演變爲羽毛狀，這種羽狀鱗片可有效防止熱量的外散，有助於其保持體溫。經過長時間的進化後，牠們也終於成爲不用依賴陽光取暖的恆溫動物了。與鳥類不同的是，牠們的羽狀鱗片最終進化爲毛髮，而不是羽毛。鳥類有護卵行爲，哺乳動物也有，只不過哺乳動物是將卵保護在其溫暖的身體內，直到卵發育成熟。

絕大多數哺乳動物都是胎生的，幼體從離開母體那一刻起就是一個活生生的生命。在下一代誕生之後，父母輩還要負責養育、呵護幼小的生命。今天，多數哺乳動物都有乳房，就是其爲哺育後代而進化出的器官。然而也不是所有的哺乳動物都是胎生並擁有乳房的，如針鼴鼠和鴨嘴獸，牠們都是卵生動物，而且不具備乳房。針鼴鼠和鴨嘴獸都是靠皮下分泌的養料來哺育幼崽的，針鼴鼠產卵後，會將卵裝進腹部下方的育兒袋中，直到針鼴鼠幼崽孵化出來。

然而，就像一個遊客前往中生代參觀，可能花上幾天直至幾個星期都無法尋找到鳥的蹤跡一樣，也很難見到哺乳動物的蹤影，除非他知道尋找的方向及地點。這並沒有什麼稀奇的，畢竟在中生代，鳥類和哺乳動物都不是占主導地位的動物。

根據推測，爬行動物的繁盛時期大約維持了八千多萬年。如果我們用人類有限的知識去觀察這一漫長的歲月，或許我們會以爲：這個充滿陽光、生物繁盛的世界，將會永遠延續下去；盤踞在沼澤地上的恐龍以及展翅飛翔的飛龍，也會一直繁衍下去。然而，這種一廂情願的想法，很快便被宇宙中積蓄已久的神祕力量打破了。

幾百萬年過去了，地球不僅沒有向前發展，甚至還出現了倒退現象，環境變得越來越惡劣，海洋、陸地和高山都發生了極大的變動。從岩層變化中可以看出，地球在經歷了中生代的繁榮後，進入了一個衰落期。在這一時期裡，地球的環境接連不斷地發生了巨大的變化，生物的種類也因此產生了極大的改變——一些新的奇特的物種出現了。此時，許多物種面臨著種群滅絕的威脅，爲了應對這一情況，它們不得不想方設法地提高自己的適應性。例如，菊石類動物就在中生代的晚期衍生出許多奇特的變種。而在平穩的環境中生存的物種就漸漸地失去了動力，常常處於停滯狀態，因此，它們的適應性就遭到了抑制。而那些已存在的生物恰恰是最能適應環境的。在新環境下，舊有的種族備受折磨，但那些得以演化的新物種，它們的生存和發展卻有了更好的前景……

岩石紀錄在這裡中斷了幾百萬年。直到今天，仍然有一層揭不開的面紗，整個物種進化的輪廓被罩得嚴嚴實實。當人類再次揭開這層神祕的面紗時，爬行動物時期已告終結。無數的菊石類動物以及恐龍、魚龍、翼手龍和蛇頸龍都已滅絕。曾經，牠們遍布地球，然而後來牠們卻滅絕了，連一個後代都沒有留存。這是因爲牠們的進化速度跟不上環境的變化速度，環境的惡劣程度遠遠超出了牠們的承受範圍，所以牠們才無法在新環境中生存。就這樣，中生代的物種遭到了持續的、澈底的毀滅。接著，地球便呈現出一番新氣象：地球上出現了一批生命力更加頑強、更富生機的動植物。

現在，地球上生命的歷史又重新翻開了一頁，但展現在我們面前的依然是一片荒涼的陸地。後來，開花的植物、灌木及喬木逐漸取代蘇鐵類和熱帶松柏類植物，日益增多的鳥類與哺乳動物，也逐漸出沒於以往爬行動物生活過的地方。

第八章　哺乳動物的發展期

中生代結束之後，地球上又拉開一個偉大的序幕，這就是「新生代」時期。此時，地殼活動頻繁，地面不斷隆起，火山活動活躍。阿爾卑斯山脈、喜馬拉雅山脈、落磯山脈與安第斯山脈等巨大山脈都在這一時期崛起；如今的大洋和大陸板塊的基本雛形也是在這一時期形成的。這一時期的世界版圖，與現在地圖的輪廓基本相似。據估測，從新生代到現在，其中的時間跨度爲四千萬到八千萬年之間。

在新生代的初期，地球上的氣候極爲惡劣，後來才逐漸變得溫暖舒適起來。當氣候回暖並穩定後，地球又迎來了一個生命繁榮期。接著，地球上的氣候又突然發生巨變，經歷了一輪又一輪的極寒週期——冰期。現在我們所生活的世界，就是從冰期逐漸形成的。

即使到了今天，人們仍無法預測未來的氣候變化趨勢，因爲人們尚不清楚引起氣候劇烈變化的具體原因。所以，地球上可能會擁有更充分的光照，也可能再次陷入新一輪的冰期；地球上的火山活動和造山運動可能會更爲劇烈，也可能逐漸減弱。但是，由於缺乏相關的科學依據，這些都只是人們的猜測，我們對未來的氣候變化一無所知。

地球進入新生代後，禾本科植物出現了，草原隨之誕生。那些曾經默默無聞的哺乳動物此時也得到了長足的發展，一些進化爲以草爲食的食草動物，一些則進化爲以動物爲食的食肉動物。

最初，這些早期的哺乳動物就特徵而言，跟此前在地球上繁盛一時的，後來又滅絕的食草、食肉的爬行動物很相似。所以，一些粗心的觀察者便以爲，地球上的這一物種繁盛的溫暖時期，不過是大自然歷史的重演，不過是食草、食肉的哺乳動物取代食草、食肉的恐龍成爲世界的主宰而已。然而，這種認識太過於膚淺。宇宙的變化沒有盡頭，也永不停息，它時時刻刻都處於變化進程中。歷史絕不會重演，世界上不存在完全一樣的事物。「新生代」和「中生代」生物間的差異性，遠遠比牠們之間的相似性意義更爲深刻。

心理上層次的差距是這兩個時期生物最根本的區別，主要體現在哺乳動物與後代的接觸程度方面。哺乳動物與後代接觸得十分頻繁，這與較低等的鳥類有一定的相似性，卻與爬行動物相去甚遠。爬行動物中除極少的特例外，大多數都不會管理自己的卵，任由其自行孵化，孵化出的幼崽並不知道自己的父母是誰。如果牠們存在心理活動的話，那也僅限於其自身的經歷，牠們能夠容忍其他動物的存在，卻從不與其他動物交流，牠們獨來獨往，從不模仿誰，也從不向誰學習，更不用說會與誰結盟了。然而，新生的哺乳動物和鳥類，因爲其特有的哺育和撫養後代的習性，使得個體間的學習、交流等成爲可能。牠們透過模仿，實現了學習；透過示警的鳴叫聲或其他協作行爲，實現了交流，進而實現了控制和教育。如此一來，一種「可以教育」的生物就在陸地上誕生了。

新生代時期，早期的哺乳動物的大腦，其大小只比那些活躍的食肉恐龍稍大一點而已。但是我們從岩石紀錄中往下看，就會發現無論哪一個種類的哺乳動物，牠們的腦容量都在普遍而穩定地增長。例如，在新生代的早期生活著一種叫作「雷獸」的動物，其生活習性與需求都與今天的犀牛極爲接近，但是牠的腦容量卻不及犀牛的十分之一。

早期的哺乳動物，牠們在哺乳期結束後，可能會與下一代分開。但是一旦牠們理解溝通的能力顯現出來，那麼繼續保持聯繫的能力也就變得十分有益了。於是，我們明顯地發現，哺乳動物已經顯現出眞正的生活的特徵，牠們可以容納彼此，能成群結隊地在一起生活，相互照應，相互模仿，還透過不同的叫聲和動作傳情達意。這樣的情況，在以往的脊椎動物群體中從未出現過。雖然之前的魚類和爬行動物也是成群結隊的，可這都源於牠們大量的繁殖和條件相似的原因才這樣的。而對社會性群居的哺乳動物來說，牠們的聯繫不只表現在外在的力量上，而是憑藉內部的情感來維繫的。不僅是因爲牠們彼此相像，才同時同地聚在一起，而是發自內心地喜歡，彼此樂意聚在一起。

爬行動物與人類之間存在很大的思維差異，鑒於這種差異，人類很難對爬行動物產生好感。對於爬行動物那些簡單而急切的本能想法，比如食慾、恐懼和憎惡等，人類往往無法理解。與牠們不同，人類不會憑藉簡單的衝動就做出決定，人類更在意結果，做什麼事情都會權衡利弊。所以，人類無法理解，更無法認同爬行動物。哺乳動物和鳥類卻有所不同，牠們和人類一樣擁有一定的自制力，能克服自己的衝動，會顧及同伴，也會有社會性的訴求。

正因爲如此，人類才能和幾乎所有的哺乳動物和鳥類建立起一定的聯繫，會受牠們的行爲或叫聲的感染。因爲彼此之間存在著某種共鳴，所以人類喜歡將牠們當作寵物，而牠們也樂於接受人類的馴養，變得既聽話又懂事。

在新生代時期有一個至關重要的事實：動物大腦迅速發育，其速度之快完全超出了人們的想像。這標誌著生物個體之間新建立起一種相互交流與相互依存的關係，也預示著人類社會即將誕生，我們立即就會談及此事。

隨著新生代的推移，地球上的動植物也不斷地進化，與現在的動植物越來越接近。如今，地球上已經見不到雷獸、恐角獸等體形巨大而笨拙的動物了，牠們早就滅絕了。另一方面，一些新的物種卻誕生了，牠們都是從那些既怪異又笨的祖先逐漸演變而來的，這些新物種有駱駝、象、長頸鹿、馬、虎、獅、鹿、犬等。在這些動物中，馬的進化最具有代表性，這從大量有關馬的化石中便能看出來。從新生代初期小貘狀的原始馬開始，其進化過程中各個階段的馬化石都可以找到。此外，人類對羊駝和駱駝的演化過程也十分了解，因爲牠們各時期的化石也較爲完整。

第九章　猿人、類人猿、亞人

自然學家根據解剖學上的相似性，不考慮心理、智力方面的因素，將哺乳動物的種類，又細分成很多目，如狐猿、猿、類人猿以及人類在內的靈長目，這些都位於哺乳動物綱的前面。

如今，我們幾乎無法從化石中考察靈長類動物的進化歷史了。同狐猿和長毛猴一樣，大多數的靈長類動物都生活在密林裡，有一些則像狒狒一樣生活在裸露的岩壁上，牠們幾乎不可能溺死，進而被沉積物掩埋，其數量也不多，所以牠們不像馬和駱駝等動物的祖先那樣經常出現在化石中。但我們知道，在「新生代」的初期，也就是在大約四千萬年前，地球上已經出現了最初的猿和狐猿類動物了，不過，牠們的大腦不能像後代一樣有著專門的分工，牠們的大腦還沒發育成熟。

經過漫長的歲月洗禮後，地球終於迎來了新生代中期。這是生物史上另外兩大繁盛時期——「石炭紀盛期」和漫長的「爬行類盛期」之後又一個鼎盛時代。後來地球上又出現了新一輪的冰河時代。那段時間，氣候極其寒冷，儘管中間有過一段回暖期，但隨之而來的還是冰雪天氣。在曾經溫暖的氣候裡，河馬在茂密的亞熱帶叢林裡相互追逐嬉戲；擁有鋒利的劍狀牙齒的劍齒虎，在如今記者蜂擁的弗利街（倫敦附近）捕獵食物。接著，嚴寒一波又一波地襲擊地球，一大批動物因無法適應這極端的天氣而滅絕，只有長毛犀、象的長毛表親——巨大的猛獁、北極的麝牛和馴鹿等能夠適應寒冷氣候的動物逃過了此劫。一個又一個世紀過去了，在酷寒且毫無生機的大冰凍期裡，北極的冰帽不斷地擴張至南部——在英國，其延伸至泰晤士河；在美國，其蔓延到了俄亥俄州。雖然在這寒冷的大時代裡，曾經出現了幾次數千年的回暖時期，但隨之又進入更加寒冷的嚴冬時代。

這漫長的嚴寒時代，被地質學家分成了四個冰河期，即第一、第二、第三、第四冰河期，而介於每兩個冰河期的回暖時期則稱爲「間冰期」。如今我們所居住的世界，正是經歷了冰期，遭受了嚴寒摧殘而留下的滿目瘡痍的世界。第一冰河期距今約有六十萬年之久，而第四冰河期則大約於五萬年前達到嚴寒頂峰。就在地球經受嚴寒的考驗時，一種與人類相似的動物誕生了。

在新生代中期，各種類人猿就已經出現在地球上了。此時的類人猿，生長著與人類相似的腿骨和顎骨。但是，在直到臨近冰期的遺蹟中，人們才發現了牠們的蹤跡。我們所說的「遺蹟」並不是指類人猿的骨骸，而是指牠們曾用過的工具。

在歐洲的一些地方，人們在五十萬年到一百萬年的沉積岩中，發現了一些邊緣銳利的燧石和石片，顯然這是某些有手的動物有意識地削磨製造出來的，可以用來敲打、削平其他東西，或是戰鬥。這類工具，被人們稱爲「原始石器」。然而，關於打造這些石器的動物，人們並沒有在歐洲發現牠們的骨骸，也沒有發現有其他遺蹟，牠們唯一留下的就是這些石器。

有確切的證據顯示，製造這些石器的根本不是人類，而是一些聰明的猿猴。不過，人們卻在爪哇的特里尼爾地區這一時期的沉積岩中，發現了某種猿人的一片頭蓋骨、一些牙齒和骨頭。這種猿人的頭蓋骨比此前發現的所有類人猿的頭蓋骨都要大，這種猿人似乎還能直立行走，所以人們稱其爲「直立猿人」。然而，能幫助人們了解原始石器製作者的資料，也僅限於這幾片骨頭而已。

在大約二十五萬年前的砂岩層中，我們終於找到了亞人類遺留下來的別的痕跡，在岩石紀錄中，我們能夠看到大量的石器，這些石器的質量明顯有了很大的改良，不再是之前發現的那種粗糙的原始石器了，而是經過一番精心打磨製造而成的樣式較爲精巧的工具。不僅如此，人們還發現，與後來眞正人類製造的同類工具相比，亞人類所打造的工具要大得多。

後來，人們又在德國的海德堡的沙坑中，發現了一塊粗大的、沒有下頜的顎骨，其與人類顎骨極爲相似。與人類的顎骨相比，該顎骨要重得多，也更窄小。人們因此認爲，這種動物還不能夠自如地轉動舌頭，也不能發出清晰的聲音。依據這塊顎骨的大小，科學家們推測其主人應該是一種巨型的類人怪物，牠擁有龐大的身軀和粗壯的四肢，全身長滿毛髮。因爲這種類人動物的顎骨發現於海德堡，所以人們便將其命名爲「海德堡人」。

我認爲，在海德堡發現的這塊顎骨，是世界上最能勾起人們好奇心的東西了。看著牠，就彷彿是透過一面已經損壞了的玻璃去洞悉過去，我們只能隱約看到一個動物的模

海德堡人想像復原圖

糊身影：牠在荒野中緩慢地行走著；為了逃避劍齒虎的襲擊，牠不得不攀爬躲藏；為了提防長毛犀的攻擊，牠時時刻刻都保持著警惕。當人們想更進一步了解牠時，牠卻突然消失不見了，僅留下其打製的不可磨滅的石器工具。

更讓人意想不到的是，我們找到了一種距今大約有十萬年到十五萬年之久的動物遺骸。儘管曾有部分科學家推測，這些珍貴遺骸的歷史要比海德堡顎骨的歷史更為悠久，但事實上這種動物的生活年代距今僅有十五萬到十萬年。另外，人們還在該沉積層中發現了一些亞人類的頭蓋骨，其比現存的所有的類人猿的頭蓋骨都大得多。除此之外，人們還發現了一片近似猩猩的顎骨的東西，但至於其是否來自猩猩的身體，至今尚無定論。同時，人們還找到一塊棍狀象骨，其上有一個鑿開的小洞，顯然是精心加工製作而成的。人們還發現了一塊刻畫過的像是符木的鹿的腿骨。以上這些東西，都是人們在皮爾丹發掘出來的。

這個曾經在地上坐著，會在骨頭上鑿開小洞的，到底是什麼動物呢？

關於這種動物，科學家將他們命名為「曙人」。曙人是一個十分特殊的群體，其有別於他們的親族，與海德堡人和現存的類人猿更有極大的區別。之後，人們再沒有發現他們的一絲一毫的遺蹟。不過，在接下來十萬年的砂礫層和沉積層中，大量的燧石及其他石器工具陸續發現。這些石器不再是粗糙的「原始石器」了，而是有精細分工的工具，考古學家們已經能夠從中辨別出刮刀、小刀、斧頭、鑽子、標槍和擲石等各類工具了。

寫到這裡，我們所講述的內容已經越來越接近人類了。接下來，我們將會對尼安德塔人展開論述。雖然尼安德塔人尚不是真正的人類，但他們與人類已經十分接近了，是人類最奇特的祖先。在這裡，我們最好先聲明一下：科學家們都認為，海德堡人或曙人只是與人類親緣關係最為接近的種族而已，並不是人類的直接祖先。

第十章　尼安德塔人、羅德西亞人的地球

大約在五六萬年前，也就是第四冰河期嚴寒巔峰尚未來臨之際，地球上生存著一種酷似人類的動物。由於其與人類實在是太相似了，以至於在一些年以前，人們錯將他們的遺骸當成是眞正人類的遺骸。我們找到了他們的頭蓋骨、骨骼以及大量他們打造並使用過的大型工具。當時，他們已經懂得用火了，也知道棲息在洞穴內避寒，甚至懂得剝下動物的毛皮圍在自己身上。和現在的人類一樣，他們也習慣用右手。

但是，人類學家已經告訴我們，這些動物還不算是眞正的人類，而是與人類不同的種族的同一屬類。他們的前額低平，眉骨隆起，下顎厚而突出；他們的拇指不能像人類的手指那樣，可以和其他的手指相對；他們的脖頸較爲奇特，無法完成回頭或是抬頭的動作。他們很可能是屈身前俯著行走的，一走起來，腦袋就向前傾。他們的顎骨與海德堡人的極爲相似，也沒有下頷，這也是其與人類明顯不同的地方。另外，他們的牙齒也跟人類的有很大的差別，其臼齒的結構遠比人類的複雜，這一點往往令人覺得不可思議；人類的臼齒有長長的牙根，但他們的臼齒卻沒有；人類通常都長有犬齒，但他們卻不長。他們頭蓋骨的大小十分接近人類的，他們的腦部後部大而前部低，智能結構異於人類。因此，不管從生理上還是從心理上來看，他們和人類都不屬於同一種族——他們不可能是人類的祖先。

這種早已滅絕的原始人的頭蓋骨及其他骨骼，最早發現於德國的尼安德塔河谷地區，所以人們便稱之爲「尼安德塔人」。人們猜想，他們應該在歐洲的土地上生活了幾百年甚至數千年。

當時，地球上的氣候、地質情況完全不同於現在。那個時候，歐洲的許多地方都被冰雪包圍著，南至泰晤士河、俄羅斯境內以及德國中部，都包裹在冰雪之下；英國與法國之間也沒有橫著一條英吉利海峽，地中海和紅海都還只是大峽而已，在峽谷較低的地方分布著許多湖泊；一個巨大的內海，從現在的黑海開始，穿過俄羅斯南部，一直延伸到中亞地區。當時，雖然不是整個歐洲都被冰雪覆蓋了，如西班牙就沒有被冰雪覆蓋，但那時的歐洲是一個氣候比拉布拉多半島*還要惡劣的荒蕪高原。從歐洲南行，直到北非氣候才逐漸溫暖。在歐洲南部寒冷的草原上，不僅稀疏生長著一些寒帶植物，而且還生活著以這些植物爲食的大量耐寒動物，如大野牛、長毛犀、猛獁、馴鹿等。尼安德塔人於是開始了大規模的遷徙，他們隨著植物的生長季節而遷徙覓食，秋天回來，春天就遷到北方。

就這樣，尼安德塔人不斷遷徙，漂泊不定。他們以小鳥、獸、植物的根莖及果實爲食。從他們平整而細密的牙齒來看，他們平時主要嚼食嫩枝和根莖，是素食者。但是，從他們生活過的洞穴中，我們發現了一些被敲碎且被吸食了骨髓的大型動物的長髓骨。從他們所使用的石器來看，他們還無法跟這些大型動物公開對陣，那麼他們又是如何捕獲這些動物的呢？多數時候，他們是趁獵物渡河不便時，用矛偷襲獵物，或是設下陷阱來誘捕獵物；他們也可能偷偷跟蹤獸群，當群獸發生混戰並出現死傷者時，他們便順手獵取死傷者；他們有時也等待當時尚存的劍齒虎的「幫忙」，坐享

---

*位於北美洲，極地長寒氣候。——譯者注

其成。據推測，尼安德塔人儘管有長期的素食習慣，但或許是因為冰期的生存條件過於惡劣，使他們不得不改變生活習性，開始捕食猛獸。

至於尼安德塔人的長相，至今人們仍未弄清楚。他們可能全身長滿長毛，完全沒有一點人的樣子。他們或許連直立行走都做不到，爲了支撐身體，他們極有可能手足並用。他們可能是單獨行動，也可能是小家庭一起行動。從顎骨的結構來看，他們應該還沒辦法使用語言。

在幾千年的歲月中，尼安德塔人是歐洲地區已發現的動物中最高級的。接著，在距今約三萬或三萬五千年前的時間裡，隨著氣候趨暖，一種更聰明、更能幹、會說話、懂協作的與尼安德塔人同類的物種，從南方源源不斷地湧入尼安德塔人的棲息地。這些新居民不僅與尼安德塔人爭奪食物，將後者驅逐出他們的洞穴和居住地，甚至還挑起戰爭，消滅了後者。

至今，我們還無法確切知道，這些來自南方或是東方的新居民的發源地到底在哪兒。但是，我們能肯定的是：這些新來者就是與我們有血親關係的最初的人類。從解剖學的角度來看，他們的頭蓋骨、脖頸、牙齒和拇指，都和人類的相同。在克魯馬儂和格里馬迪的洞穴中，人們發現了一些他們的碎骨，這是至今爲止，人們所發現的最早的眞人遺骸。

岩石紀錄上終於有了人類的足跡，人類將走向歷史舞臺。

那個時候，地球上的氣候雖然還十分惡劣，卻越來越接近我們現在的情況了。在歐洲，冰期的冰川開始逐漸消退，法國和西班牙的大草原日益繁茂，越來越多的馬群出現在草原之上，逐漸取代原來生活於此的馴鹿。猛獁象在南歐也越來越少見到，牠們最終都遷徙到了北方。

人類的發源地究竟在哪兒？關於這個問題，人們至今仍無法給出確切答案。然而，一九二一年夏天，人們在南非的布羅肯希爾發現了一個頭蓋骨和若干骨骼碎片。從各種特徵來看，遺骸的主人是介於尼安德塔人與人類之間的第三種動物種類。從該頭蓋骨中可以看出，這一種族的腦部特徵與尼安德塔人的不一樣，他們的腦部是前部大、後部小，頭蓋骨直直地長在脊椎上——這一點跟人類很像。同時，他們的骨骼和牙齒結構也和人類的相同。但是，他們的臉型卻和類人猿的十分相似，眉骨高聳，沿著頭蓋骨的中部隆起。事實上，他們已經算得上是眞正的人類了，只是相貌還與尼安德塔人那樣的類人猿相似。人們稱之爲「羅德西亞人」，他們比尼安德塔人更接近眞正的人類。

在很大程度上，繼尼安德塔人之後發現的羅德西亞人是第二種亞人類種族。從冰河時代開始，這些亞人類種族就已經生活在地球上，並延續了很久，直到他們共同的後代，同時也是他們共同的終結者——眞正的人類誕生。從羅德西亞人的頭蓋骨來看，羅德西亞人生活的年代不會太久遠，但直到這本書寫成之時，人們還無法得知他們生活的年代。直到近代，在南部非洲的某些地區，似乎還生活著這種亞人類動物。

第十一章　眞正人類的產生

直到今天，西歐國家，特別是西班牙和法國境內，是科學家發現最早人類遺蹟最多的地方。種種跡象表明，留下這些骸骨和石器的是與我們有親緣關係的最早的人類。在法國和西班牙，都有骨骼、武器、有劃痕的骨頭和岩石、雕刻過的骨片、岩壁及洞穴壁畫等發現。據推測，這些珍貴的遺蹟大約形成於三萬年前。從目前的情況來看，西班牙是擁有最早人類遺蹟最豐富的國家。

不過，人類對這些遺蹟的蒐集只是剛剛開始。我們迫切希望，將來會有更多的研究者，去澈底探究每一個相關史料，到現在考古學家所不能涉及的國家去進行詳盡的考察。直到今天，還沒有一個訓練有素的考古愛好者，到過亞洲及非洲的大部分地區探險，並且自由地對那些地方進行探索。所以，我們要謹慎對待我們的發現，不要妄下定論說：定居西歐的這些物種就是人類的祖先，這一地區就是他們最早的生活地。

或許，在亞洲、非洲及現今已沉入海底的某些地方，埋藏著比我們已發現的遺蹟內容更豐富、歷史更悠久的人類遺蹟。在這裡，我們之所以沒有提到美洲，是因爲至今爲止人們尙未在美洲發現任何高等靈長類的遺蹟——不要說是人類遺蹟，就連類人猿、亞人類、尼安德塔人的遺蹟都未曾發現。如此看來，生命進化好似止步於舊大陸*。直到舊石器晚期，人類才跨越如今被白令海峽阻斷的陸路，抵達美洲大陸。

在歐洲發現的最早的人類似乎至少分屬於兩個不同的種群。而且，其中一種有碩大的腦袋、高挑的身材，已經是很高級的人種了。在已經發現的一個女性的頭蓋骨中，我們可以看出其容積要大過現在男性的頭蓋骨；其中還有一具男性的骨架的身長竟然超過了六英尺。北美的印第安人的體型與他們非常相似。由於這些骨骸最早發現於克魯馬儂洞穴中，所以他們被稱爲「克魯馬儂人」。雖然人們認爲他們只是原始人，但是他們已經是高級的原始人了。另外一個種族的遺蹟，是在格里馬迪的洞穴中找到的，並且有明顯的黑色人種特徵。現今，與他們最接近的種族，就是南非的霍屯督人和布什曼人。

由此可見，從人類歷史一開始，人類就至少分成兩個重要種群，這的確十分有趣。對此，人們還做了一些猜測，前者可能屬於褐色人種而不是黑色人種，他們可能來自東方或是北方；後者的膚色是黑色的而不是棕褐色的，他們可能來自赤道附近。

與當今的人類相比，這些大約四萬年前的原始人已經很相像了。他們懂得把顏料塗在自己的身上，知道把蒐集好的貝殼串成項鍊，還會在石頭和骨頭上雕刻圖案，而且懂得把野獸簡單卻很生動的圖案畫在光滑的岩洞四壁和岩石醒目的位置上。他們製作的工具各式各樣，尼安德塔人製作的工具都比不上他們製作的精巧。現在，他們製作的大量的工具和岩畫以及小雕塑等物品，在我們的博物館中都有保存。

---

*哥倫布發現美洲前，歐洲認識的世界，包括歐洲、亞洲和非洲。——譯者注

這些原始人類主要靠捕獵一種長有鬍鬚的小型野馬爲生，是狩獵者。這種小型野馬是逐草而居的，原始人爲了獲得食物，不得不跟著馬群遷徙。除了小型野馬外，他們也捕食野牛。他們應該十分了解猛獁，這從他們留下的惟妙惟肖的猛獁圖畫中就可以看出。從保留至今的一個模糊不清的圖畫上，我們可以確定，曾經的他們一定設過陷阱捕捉過猛獁。

當時，他們大都用長矛和擲石捕殺獵物，弓箭這種武器似乎還沒有出現。他們沒有獵狗，無法判斷他們是不是已經開始馴養動物了。在他們留下的畫作中，有一幅刻有一個馬頭，還有一兩幅展現的是套著轡頭的馬，轡頭是用獸筋或獸皮製成的。但是，當時該地區的野馬體型極小，根本無法用來當原始人的坐騎，所以牠們即使是被馴化了，也不過是用來馱運東西。另外，他們是否學會喝動物的奶汁，這一點值得懷疑，但又似乎不太可能。

據估計，他們可能懂得了用獸皮搭建帳篷，卻還不會建造房屋。他們知道用黏土捏泥人，但是還不懂得製作陶器。因爲缺少炊具，所以他們做飯的方法應該很原始，甚至根本不懂得做飯。除此以外，他們對農耕、編織和織布等仍沒有

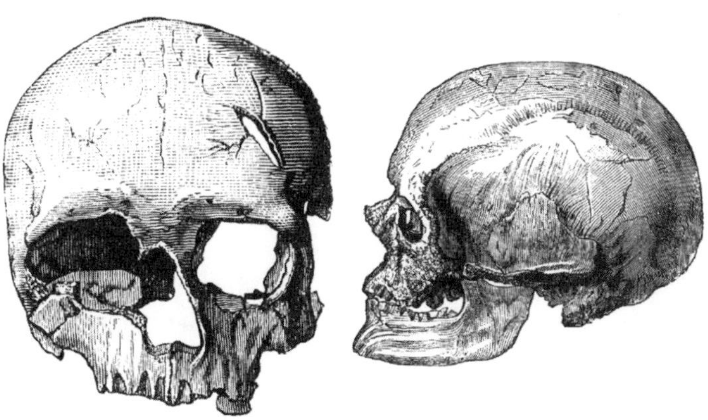

原始遺址中的克魯馬儂人頭蓋骨——女（左）、男（右）

概念。除了在身上披上獸皮，他們還在自己赤裸的身上塗滿顏料。他們就是這樣的一群原始人。

現在，我們知道的這些人類的祖先，在歐洲廣闊的草原上以狩獵爲生，已經持續了大約一百個世紀了。氣候在不斷地變化，他們也踏上了漂泊遷徙的道路。時光匆匆而過，歐洲的氣候開始變得溫潤起來。此時，馴鹿逐漸向北、向東遷徙，野馬、野牛也朝著相同的方向撤退。與此同時，自然環境也發生了變化，草原被森林取代了，野馬和野牛則被赤鹿代替了。在這樣的大背景下，工具的用途和性質也有了很大的變化，當人類日益依賴河流湖泊中的魚蝦爲生時，骨製工具的製作也就日益增多。關於這些骨針，德．莫蒂雷曾評價說：「這一時期的骨針比後來製作的——甚至包括文藝復興前所有歷史時期所製作的所有骨針，都要更加精巧。就以羅馬爲例，任何時期的羅馬人都沒打造出能與這一時期相媲美的骨針。」

大約在一萬五千年或一萬二千年前，一個全新的種族遷徙至西班牙南部地區，並在當地露天的岩壁上留下了大量的令人歎爲觀止的岩畫。他們便是「阿濟爾人」（根據其生活的洞穴馬斯．阿濟爾岩洞命名）。阿濟爾人已經開始使用弓箭，喜歡在頭上裝飾羽毛。他們很擅長畫畫，他們的畫栩栩如生，他們甚至懂得用簡約的符號來代表畫中之物，比如用一條豎線和兩三條橫線來表示一個人，而這也預示著文字觀念已經萌芽了。除了表現狩獵的速寫外，他們還刻畫一些符號似的線條，有一幅畫就是畫著兩個人用火燻蜂巢。

這些人僅僅懂得削製工具，因此我們稱他們爲「舊石器時期」的最後一批人。一種新的人類在大約一萬或一萬二千年前出沒在歐洲的大地上，他們既會削製工具，又知道磨製工具的方法，他們也懂得了農耕和勞作，「新石器時代」開始了。

令人驚訝的是，在不到一百年前的塔斯馬尼亞島，一個偏僻的小島上，還有人類的一個種族存在，不論是在體質上還是智力上，他們都輸給了那些曾在歐洲留下遺蹟的早期人類。因爲地理變遷的原因，該種群和其他種群被隔離開來，外界的影響與刺激無法傳達給他們，所以他們不僅沒有進化，反而在不斷退化。他們的生活方式仍然極爲原始，靠捕獵小野獸和撈取貝殼爲生，只有容身之處而沒有固定的住所。他們也是眞正的人類，不過，這些人類不但沒有初期人類靈巧的雙手，也不具備審美的能力。

第十二章　早期人類的思想

現在，讓我們大膽地來猜一猜：當人類出現在世界歷史舞臺上時，他們的內心有何感想？在四萬多年前，人類還不懂得耕種，主要靠狩獵爲生，四處漂泊覓食，那時候他們又是如何思考的？由於當時還沒有文字，他們的想法無法被記錄下來，所以我們只能根據今人的思維對這些問題加以推測，從而得出答案。

爲了探究早期人類的思想活動，科學家們進行了各種嘗試。近年來，人們借鑑心理分析學的研究成果——爲了讓兒童適應社會生活，需要緩解其以自我爲中心的意識和強烈的本能衝動，最好能夠採用約束、壓制、掩蓋或糾正等一系列措施——在研究原始社會歷史方面開闢了一條新道路。另外，還有一種富有成果的探索，就是研究現存的未開化人種的思維和習俗。同時，流行民間的各種古老傳說、依然存在於現今文明社會中的那些根深蒂固的迷信觀念及偏見等，也能在一定程度上體現最初人類的精神世界。此外，我們的探究途徑還可以根據現存的很多遺蹟加以推測，如塑像、繪畫、符號、雕刻以及此類的物品。離我們的時代越近，這些物品就越豐富，也越來越知道他們感興趣的事物是什麼，最值得他們再現的和記錄的是什麼事物。

原始人類的思維與兒童的思維是十分相近的，都是以一些形象的畫面串聯起來的。他們在心中勾勒出畫面，或是在腦海中浮現出某些圖像，並由此激發出個人情感，而這種情感又直接導致了他們的行為。現在的兒童及未接受過教育的人，他們也都是這樣的。顯然，人類的系統思維是在相對較晚時期才發展起來的，而其在生活中發揮重要作用則是近三千年的事兒了。即使到了今天，能眞正掌控自己思維的人也只有極少數，大部分人還是憑想像和激情生活。

在眞正人類的歷史開始之前，也就是最早的人類社會的初期，原始人的生活可能是以家族為單位的小群體，人類早期部落的形成，或許和成群結隊的早期哺乳動物一樣，由共同繁衍生息的家族組成。但是，部落的眞正形成，需要完成以下過程：必須約束個體以自我為中心的意識；讓成年人有敬畏父母的意識；讓部落中年長者收斂對年輕人的妒忌心理；作為孩子天然的保護者和指導者的母親應該學會以身作則。人類社會的進步，往往源自兩種對立卻又統一的力量：一方面是，孩子成年後離開父母尋求配偶的本能；另一方面則是，獨立生活可能遭遇的危險和不利。就是在這兩種力量的共同作用下，人類才逐漸發展起來。《原始法則》一書是天才人類學作家J．J．阿特金森的著作，書中揭示了原始人生活的習俗法則，即禁忌。這種法則是原始部落中必不可少的，這是由於當原始人類在社會中過群體性的生活時，一定要進行心理約束和調控。心理分析學家在後來的研究中，證實了阿特金森的這種可能性的闡述。

一些善於思考的作家試圖讓我們相信，原始人對長老的尊重和佩服、對年長女性保護者的情感是充滿幻想的思維和夢境所起的作用，並且受到誇大而更趨豐富，這對男神和女神概念的產生以及原始宗教的形成起到的作用是極為重要的。在原始社會裡，對於那些強而有力而且願意幫助別人的人，人們往往對其抱有極大的敬意。而當敬重的對象去世之後，這種敬意就演變為一種狂熱的膜拜和畏懼的心理，這是因為死者的形象常常出現在生者的夢境中，讓生者以為死者並未眞正死去，只是神祕地移居到一個遙遠的、更有力量的地方而已。

與成年人相比，兒童擁有更加生動逼真的夢境、想像和恐懼。在這一點上，原始人與兒童更加接近，也與動物十分相似。原始人認為，動物擁有和自己一樣的動機和情感反應。在他們的思維中，他們會將動物想像成朋友、敵人或是神靈。如果我們想要了解怪石、樹瘤、奇特的樹木等諸如此類的東西，對舊石器時代的原始人有多麼重要的意義，又有多麼重大的影響，以及關於這些東西的夢境和幻想是如何產生並演變為令人信服的故事與傳說的——那我們只有再做一回善於幻想的孩童。其中一些故事比較容易記住，也容易複述，女人們很願意講述給孩子們聽。這些故事就這樣一代一代往下傳，於是便形成了傳說。

現在，一些想像力豐富的孩子，也會編出一些很長的故事給大家聽，他們會把自己喜歡的玩具、小動物或想像出的半人半獸當作故事的主人翁。原始人或許也是這麼想，而且還深信故事的主人翁是眞實存在的。

現在我們所知道的最早的原始人，可能已經十分擅長交流了。單憑這一點，我們就能說他們要比尼安德塔人更高級，尼安德塔人很可能是一種不會發聲的動物。不過，原始人的語言很可能僅限於簡單的堆砌而已，想要表達意願想法，還需要借助身體姿勢和手勢。

不管未開化的原始人有多愚昧，他們至少都懂得因果關係。但是，原始人對因果關係的把握卻常常出現偏差，經常將某種結果與一個錯誤的原因聯繫在一起，認為「你這樣做，就會有這樣的結果」。比如，他們認為：給孩子吃有毒的莓果，孩子就會死；你吃了強大的敵人的心臟，你就會變得更強大。這兩種因果關係，前者是成立的，後者卻是不成立的。原始人類的這種因果關係思維，被我們稱為「物神崇拜」。所謂「物神崇拜」，也可以說是原始人的科學。不同於現代科學，原始人的這種「科學」是毫無系統性的，是不加批判的，從而常常出現差錯。

在許多情況下，將事物的原因和結果正確地聯繫在一起並不困難；在另外一些情況下，人們錯誤的想法可透過實踐得以逐步糾正。關於原始人類的一些極爲重要的問題，雖然他們在不斷努力地尋求正確的結論，但所獲得的答案又常常是錯誤的，而且這種錯誤在程度上又顯得非常輕微，甚至不易察覺出來。那麼，什麼事情對原始人來說是最重要的？

毫無疑問，他們最關心的就是：能不能捕獲到大量的野獸和大批的魚蝦！基於這種心理訴求，他們深信神靈是存在的，他們虔誠地認爲，想要心想事成，就必須經過成百上千次的祈禱和占卜。另外，原始人還十分重視生老病死。那個時候，時常有人因瘟疫而死亡，一些人則因患上某種疾病而生命衰竭。這些情形，常會讓原始人感到莫名的煩躁和傷感，使得他們做出瘋狂的舉動。他們像孩子一樣，極易受到驚嚇和感到恐懼。夢或幻想式的猜測，使他們對某人進行詛咒，或是求助於某個人、動物或是物體。

在原始的小部落中，那些年長而具有威望的人也會幻想，也會感到恐懼。但是由於他們比其他人更具威嚴，所以每當遇到這種情形時，他們往往比別人要顯得鎮定，並且站出來訓誡和勸導其他部落成員。他們會告訴大家，什麼事情是不可避免的，什麼是吉兆，什麼是凶兆等。精通「物神崇拜」的巫醫就是最早的祭司，他們負責訓誡、解夢和預言，也承擔施行避禍招福的巫術的責任。事實上，這種原始的宗教與我們今天所敬奉的宗教並不一樣，早期的祭司所支配的，不過是一種由個人主觀意志決定的原始的實用科學。

第十三章　農耕時代

科學家在最近的五十年，爲了研究人類開始耕作和定居的時間，花費大量的精力進行了廣泛的探索，然而直到今天，我們所知的寥寥無幾。不過，我們至少可以確定，在公元前一萬五千到一萬二千年間，當阿濟爾人在西班牙安家落戶，當殘存的狩獵部落往東和北遷徙的時候，有一些部落在北非，或西亞，或現已被淹沒的地中海大峽的區域，進行著兩種非常重要的試驗：馴養牲畜和耕種莊稼。此外，除了繼承祖先們打製狩獵器械的方法，他們還學會了打磨石器，甚至懂得用植物纖維編織粗糙的織物，並且已經能夠製作粗陋的陶器了。

此時，人類文明已經跨入了「新石器時代」，與克魯馬儂人、格里馬迪人及阿濟爾人代表的「舊石器時代」有著本質的不同。一個嶄新的時代開始了，這些新時代的居民逐漸遷移到氣候比較溫暖的地方生活。他們掌握了新的製作技術，學會了種植植物和馴養家畜，並且透過不斷的學習模仿，將技術廣泛地傳播開來。到公元前一萬年時，世界各地的人類社會都已基本跨入「新石器時代」。

對於現代人而言，耕地、播種、收穫、晾曬及磨粉是極爲正常的生產流程，這就好像說地球是圓的一樣，是自然而然的事情。或許有人會問：「不這樣還能怎樣？除此之外還有什麼其他的嗎？」這些行爲和推理在現代人眼裡是理所當然的，但是對二萬年前的原始人來說，就不是那麼淺顯了。在獲得正確有效的方法之前，他們需要經過無數次的嘗試，經歷無數次的失敗，最終才能通過考驗，獲得正確的答案。比如，在地中海的某些地區生長著野生的小麥，人們在懂得種植以前，似乎就已經懂得將它的種子碾磨成粉當成糧食。這也就是說，人類在學會播種之前，先掌握了收穫。

有一種現象特別値得我們關注：但凡存在播種和收穫的地方，都會留下播種的觀念和血祭的觀念強烈而野蠻地結合在一起的痕跡。而血祭大都以活人來獻祭，極其血腥、殘忍。對於一些好奇心重的人而言，研究播種與血祭結合的最初成因，顯然是極具誘惑力的。對此感興趣的讀者，不妨拜讀一下J．G．弗雷澤爵士的不朽之作《金枝》，從中可以得到答案。

我們必須明白，這種聯繫是無法運用推理來解釋的，這只是生活在神話世界裡的幼稚且愛幻想的原始人心中某種說不清道不明的莫名情愫。在大約一萬二千年至二萬年前的新石器時代裡，每逢播種季節，就有活人被用來獻祭。這些不幸用來做獻祭的人，都是透過精挑細選的童男童女，並不是遭到遺棄或者地位低微的人。童男往往會被看作是一位神靈，在獻祭之前，他會有非常好的待遇，還是被人們膜拜的對象。血祭活人的細節已經演變成一種固定的模式，主持血祭儀式的都是一些年長、經驗豐富的長老。

對原始人來說，確定播種和獻祭的時間是很困難的一件事。起初，原始人頭腦中的季節概念很模糊。在很大程度上，人類歷史的早期並沒有關於「年」的概念。人類最初的「年表」是以陰曆月份來計量的。根據《聖經》的記載，人類祖先是根據月亮的盈虧作爲單位來計算年齡的。巴比倫人的曆法有明確的跡象表明，爲了計算播種的時間，原始人根據陰曆的十三個月來估算。這種以太陰月計算時間的方法，至今仍影響著我們的生活。如果我們的思維沒有因爲習俗而變得遲鈍，那我們就應該會注意到這樣的事情：基督教紀念耶穌受難和復活的日期並不是固定的，幾乎每年都不一樣。其實，這便是按照每年同期月亮的盈虧而做出的調整。

我們無法判斷，最早的耕作者是不是研究過星象。一般認為，最早關注星象的人類應該是遊牧民族。對於四處遊牧的他們而言，辨別方向十分重要，而最簡單的辨別方向的方式便是借助星辰這一參照物。後來，當他們發現可以透過觀測星辰來辨別四季的時候，星象對農業的重要性也體現了出來。隨著經驗的積累，他們發現播種和獻祭的時間總是與南邊或是北邊某顆星辰有關，於是他們便對這顆星星產生了崇拜之情，神話傳說也由此誕生了。

由此我們不難想像，在新石器時代的早期社會裡，那些懂得血祭和星象知識的人，在部落中擁有何等重要的地位。

原始人對汙穢和不潔有著深深的恐懼，這就讓那些掌握了消除這種恐懼的方法的人擁有了某種權威。所以，原始社會中一直存在著男巫和女巫、男祭司和女祭司。與其說這些最早的祭司是神職人員，倒不如稱他們為實用知識專家，他們的知識大都是經驗的積累，而且這種經驗式的知識往往是錯誤的。他們為了守住這些知識，不被眾人所知，言行舉止都非常小心，但他們的職責卻是要把這些知識運用到生活中——實際上他們改變不了這一事實。

在一萬二千年到一萬五千年前，世界上只要是氣候溫暖、水源豐富的地方，就存在新石器時代的群落社會。在每一個群落中，都存在祭司階層以及祭司的傳統，有耕地，有發展起來的小村落，還有由簡單城牆圍成的小城鎮。久而久之，各個群落間的交流也就隨之增多了。艾略特．史密斯和里弗斯把這些最早的農業居民的文化命名為「日石文化」。也許，用「日石」（太陽和石頭）這個術語，不算是最妥當的，但在科學家還沒有找到一個更恰當的名詞之前，我們只好先用這個詞語來表示了。

日石文化的發源地應該是在地中海或是西亞的某個地方，而後向東傳播發展。一代傳一代，一個島嶼傳至另外一個島嶼，日石文化終於穿越了太平洋，傳到了美洲。在美洲，日石文化與那些來自北方的蒙古種族更原始的生活方式，互相融合在一起。

深受日石文化薰陶的棕色人種，無論走到哪裡，都會帶去他們全部或是大部分的行爲習慣和奇妙想法。對於他們的一些奇妙思想，如果不借助心理學家的幫助，我們根本無法明白其中的含義。也許只是爲了便於祭司觀測天象，他們便建造了金字塔和巨大的墓塚，設置巨石陣；人死後，他們將死者的整具或部分屍體製成木乃伊；他們喜歡文身，並且流行割禮文化。他們還有「擬娩」的古老風俗，也就是嬰兒出生時父親也臥床休養；他們還把卍當作幸運的象徵符號。

這些習俗被傳播到世界各地，如果我們想在當時的地圖上標出這些習俗的流行範圍，那麼我們就應該從英國的史前巨石陣開始，途經西班牙，橫穿世界直到墨西哥、祕魯，沿著溫帶和亞熱帶海岸畫一條線。不過，在赤道以南的非洲、亞洲北部和歐洲的中北部地區卻不在其內，這些地區並沒有受到這種習俗文化的影響，生活在這些地方的人類種族完全是按照另外的模式獨立發展的。

第十四章　新石器文化

大約在公元前一萬年，地球的大致輪廓已大體上與今天世界的地形十分相似了。當時，穿過直布羅陀海峽的大堤經過日積月累的侵蝕，逐漸開始潰決，地中海才有了和今天相似的海岸線。而在此之前，因為該大堤的阻攔，海水根本無法流入地中海凹地。裡海在當時可能比現在還要遼闊，甚至有可能與黑海連在一起，並一直延伸至高加索山脈的北邊。現在中亞沿海一帶的地區已經演變成草原或荒漠，而這一帶曾經是豐饒富足、適宜居住的好地方。那時的俄羅斯的歐洲部分，只是一片沼澤，湖泊也很多。現在，白令海峽把亞洲和美洲大陸分隔開來，但是當時的白令海峽卻沒有完全斷開。

如今，我們所知道的主要人種，在當時便已經可以分辨了。當時，具有「日石文化」的棕色民族，穿越比今天更溫暖、森林更茂密的溫帶地區，沿著海岸線向前發展。他們就是現在地中海居民的祖先，他們還是古埃及人、柏柏爾人、東亞和南亞大部分居民共同的祖先。這一龐大的人種有著眾多的分支，如：生活在地中海或大西洋沿岸的伊比利亞人，即人們所說的「淺色人種」或「地中海人」；東印度的多數居民、膚色更黑的印度人，即「達羅毗荼人」；包括古埃及人、柏柏爾人在內的「哈姆特人」、玻里尼西亞人、毛利人等，都是這一主要人種的不同分支。

在這些眾多分支中，西方分支人種的膚色比東方分支人種的膚色要淺。此後，在歐洲的中部和北部的森林裡，棕色人種中又逐漸分離出一支金髮碧眼的「北歐人」。在亞洲東北部的開闊地帶上，棕色人種又分出另外一支，這一分支的人擁有黃色的皮膚和黑而直的頭髮、顴骨高聳、眼角上吊，這便是蒙古人。在南非、澳洲和亞洲南部的許多島嶼上，則生活著早期黑色人種的後裔。至於非洲中部地區，這裡已經成了多種族混居的地區。如今非洲的絕大多數有色人種，幾乎都是棕色人種與黑色人種的混血後代。

我們應該牢記，各人種之間是可以自由雜交的。這就好似天空的雲朵一樣，可以分離，又能相互混合；不像樹上長出的樹杈，一經分開，就很難再次交合在一起。我們應該時時刻刻記住，只要有合適的機會，人種就會重新結合。一旦我們明白了這個道理，我們就能避免產生偏見和臆斷。一些人會極為不當地使用「人種」一詞，並且藉此發表一些荒謬絕倫的言論，提出類似「不列顛人種」或「歐洲人種」的說法，事實上，幾乎所有的歐洲人種都是白色人種、棕色人種和蒙古人種等人種相互交合的後裔。

當人類發展到新石器時代之後，蒙古人種第一次踏上了美洲大陸。毋庸置疑，他們是通過白令海峽到達美洲的，而後又慢慢向南延伸。他們在美洲的北部地區發現了馴鹿，在美洲的南部地區看到了成群的野牛。當他們剛踏上南美洲土地的時候，那裡應該還生活著雕齒獸——一種巨大的犰狳，以及身形堪比大象的大懶獸。大懶獸可能因為身形巨大，行動遲緩，而且又沒有什麼還擊能力，所以被新來的居民捕殺殆盡了。

大多數的美洲部落，始終都無法超越新石器時代的狩獵和遊牧的生活。他們幾乎從來沒有發現鐵的用途，他們日常使用的主要金屬也侷限在天然的金和銅的範圍之內。不過在墨西哥、猶卡坦和祕魯，由於環境適合過定居的農耕生活，因此在公元前一千年左右，這些地方出現了一種引人注

雕齒獸遭遇人類的獵殺

目的文明形態。這種新文明能與舊世界的文明相媲美，但其形式卻全然不同。而且，和舊世界的原始文明一樣，這種新的文明形態也會在播種時用活人獻祭。我們發現，這種舊世界中的原始觀念，在和其他觀念發生碰撞後，往往被削弱、複雜化或是被取消了；在美洲，它卻得到了進一步的發展，並且發展到令人吃驚的巔峰階段。在這種新型的文明形態下，國家的首領或戰爭統領並不是國家眞正的統治者，他們也受制於宗教戒律和預言徵兆，而眞正的統治者便是制定這些戒律和具有預言能力的祭司。

這些祭司特別擅長計算年分，甚至超過後面我們將要講到的巴比倫人，當時的祭司還把天文學的知識推廣到一個更爲精確的層面。在猶卡坦，祭司創造了一種複雜而奇特的文字，即「瑪雅文字」。以現有的破譯水準，我們知道這種文字是用來記錄精確而又複雜的曆書的。爲了編寫這些曆書，祭司嘔心瀝血，傾注了他們一生的心血。

在公元前八〇〇年或公元前七〇〇年時，瑪雅的藝術文明發展到了頂峰。這一時期的瑪雅雕刻，以其偉大的創造力和多姿多彩的表現力，令現代人大開眼界。令人們困惑的是，他們是如何做到以一種狂放不羈的表現手法，讓作品展現出奇異的風格，又能在細節處體現匠心的。在舊世界裡，沒有哪種雕刻藝術是這樣的，印度的雕刻倒是與之有些相似，但這種相似性卻極其微弱。在瑪雅人所創作的這些雕刻作品中，每一件上面都刻著編織的羽毛與蛇緊緊纏繞的紋樣。瑪雅人的精神文明，彷彿是沿著一條與舊世界的文明完全不同的軌跡發展的，與舊世界的文明呈現出對立姿態。如果按照舊世界的標準來衡量，瑪雅人的思維就是完全不正常的。

這種脫離了常規發展的美洲原始文明，的確與一般的精神病患者有諸多的相似之處，這一點從他們極度嗜血就能得到驗證。墨西哥古文明中有一種血祭習俗，每年有數千人因各種祭祀而喪命。那些詭異的祭司們，畢生都在幹一件殘忍的事，那就是剖開活人的胸膛，取出還在跳動的心臟祭奉神靈。當時，包括國家慶典在內的所有公共活動，無一不伴隨著這些瘋狂而可怕的行爲。

這種社會中的普通成員，他們的生活方式和其他野蠻部落的農耕居民的生活十分相似。他們能夠製造精美的陶器和織物，還擁有高超的染色技術。

瑪雅人不僅將文字刻畫在石頭上，還將文字書寫或繪製在獸皮等物品上。在美洲和歐洲的許多博物館中，都珍藏了不少的瑪雅文書。但是，關於這些文書中稀奇古怪的瑪雅文字的破譯，卻僅限於表示日期的文字，剩下的那些則完全沒有頭緒。在祕魯，人們也曾使用過這種文字，但後來爲打繩結的方式所取代。而這種結繩記事的方法，中國在幾千年前就已經開始使用了。

在公元前五千年至公元前四千年，也就是早瑪雅文明三四千年的舊世界時期，一種與美洲文明相差無幾的原始文明就已經出現了。該文明是建立在神廟基礎上的，同樣也有血祭的傳統，也有精通星象的祭司。在舊世界裡，各種原始文明在互相衝擊、碰撞及影響之下，不斷向前發展，並且越來越有利於人類發展。不過，美洲的原始文明卻一直停滯不前，始終停留在原始階段，幾乎每一種美洲文明都侷限於自己狹小的天地中。在歐洲人到達美洲之前，墨西哥人甚至對祕魯沒有概念，對祕魯人的主要食物「馬鈴薯」也一無所知。

時光飛逝，美洲大陸上的居民忙碌地生活著，頻繁地進行血祭，而後悄無聲息地離開這個世界。在此期間，瑪雅人的裝飾藝術水準達到了前所未有的高度。人們相愛著，戰鬥著；荒年之後迎來豐年，瘟疫之後迎來健康，日子就這樣日復一日地過著。除了祭司費盡心思地來完善他們的曆法以及祭祀儀式外，他們在其他方面沒有取得任何進步。

第十五章　蘇美爾與古埃及文明，文字的出現

如果把舊世界與新世界做比較，那麼舊世界應該是一個更為廣泛而且更加多樣化的大舞臺。大約在公元前六千年或公元前七千年，在亞洲和尼羅河的豐饒地區，已經出現了與祕魯文明水準相當的文明部落。而那時的很多地區都比今天要富饒得多，如中亞地區西部、阿拉伯南部以及波斯北部等，在這些地區都發現過早期人類群落社會留下的遺蹟。首先發現城市、廟宇、灌溉系統以及比原始人部落更高級的社會組織，是在地勢較低的美索不達米亞平原和古埃及。那個時候，幼發拉底河與底格里斯河通過各自的河口匯入波斯灣，正是在這兩條河流狹長的中間地帶上，蘇美爾人建立起了他們的第一座城市。雖然確切的時間還不清楚，但與蘇美爾人的發展同一時期，古埃及也踏上了偉大的歷史征程。

蘇美爾人的皮膚呈棕色，有著高聳的鼻子。他們曾使用過的文字，如今我們已經能夠破譯了；他們所用的語言，如今我們也能聽得懂。他們已經掌握製作青銅器的技術，而且還懂得用太陽曬乾的磚塊來建造高大的塔狀廟宇。在蘇美爾人生活的地方，盛產優質的黏土，他們便就地取材——在黏土上書寫，所以他們的文字才能很好地保存至今。雖然那個時候他們還沒有馬，但他們已經開始飼養牛、山羊、綿羊和驢了。戰鬥時，他們便手持長矛和皮製的盾牌，排成緊密的隊形，徒步作戰。他們身穿用羊毛製成的衣服，甚至學會了理髮。

每一座蘇美爾城市幾乎都是獨立的，每一座城市都有各自的神靈和祭司。偶爾也有例外，比如一些弱小的城市，可能會受控於某些強大的城市，居民被迫向其統治者進貢。在尼普爾的一塊古老石碑上，就記錄了這樣一個強大的城市「帝國」，即伊勒克城市「帝國」——這是最早見於文字記載的「帝國」，它的神靈和祭司國王統治著從波斯灣到紅海的廣大疆域。

最初的文字，只是畫圖記事的簡化方式。早在新石器時代到來之前，人類就已經開始嘗試寫文字了。前文中提到的阿濟爾人的岩畫，就能稱得上是人類使用文字的開始。阿濟爾人的大部分岩畫，表現的都是狩獵與遠征的情形，其中多數作品中的人物清晰可辨，但是在一些畫作中，作者並沒有畫出人物的腦袋和四肢的形象，而是簡單地用一條豎線與一兩條橫線來表現一個人。由這種畫演變爲簡練的象形文字的過程，顯然不會太複雜或煩瑣。

蘇美爾人的文字，是他們用小木棍寫在黏土上的。但是時間一久，這些文字就顯得難以辨認了，甚至無法分辨出原意。古埃及人的書寫方式就與蘇美爾人不同，古埃及人把文字書寫在牆面上或是莎草紙（最早的紙）上，所以我們能較爲容易地臨摹他們的文字，而這些文字也得到了很好的保存。因爲蘇美爾人的文字都呈楔形，所以人們便稱這些文字爲「楔形文字」。

當圖畫不再只表示某個東西，而是發展爲表示類似的一些東西時，人類的文字文明又向前邁了一大步。如今，一些特定年齡的孩子所喜歡的畫謎，其原理就是這種原始的表現方法。比如，當我們畫一個支著帳篷（camp）並配有鈴鐺（bell）的營地時，孩子們便十分得意地猜想，這是一個蘇格蘭人的名字「campbell」。

蘇美爾人的語言，是一種由音節堆砌而成的語言，與今天美洲印第安人的語言十分相似。這種語言可以表達圖畫所不能表達的概念，從而產生音節文字。與此同時，古埃及文字也經歷了類似的發展過程。後來，那些語言缺乏確切音節的其他民族，也開始學習並使用這些象形文字，還對這些文字進行了調整和簡化，最終發展爲字母文字。事實上，後世所有的字母文字，都是由蘇美爾人的楔形文字和古埃及的象形文字（祭司文字）融合演變形成的。中國也曾使用過傳統的象形文字，但最終沒有發展爲字母文字。

在人類發展史上，文字的發明具有里程碑意義。從此，人類便可以將法令、法律及契約用文字記錄下來。另外，文字的發明使城市的擴張和延續歷史的意識都自然而然地出現了。從這個時候開始，祭司和國王的命令和印章，可以傳達到其聲音無法到達、視力無法觸及的地方，甚至在其死後還能發揮一定的作用。有趣的是，古時候的蘇美爾人十分喜歡使用印章。當時，國王、貴族或商賈，請人爲自己雕刻精緻的印章，並在其所認可的黏土文書上加蓋上自己的印章。這便說明，六千年前的人類文明就已經與印刷文明十分接近了。

蘇美爾人把文字寫在黏土上，然後將黏土進行曬晾，使其變得相當堅硬，更適合長久保存。讀者們想必知道，多少年以來，生活在美索不達米亞平原上的人，都將信件、帳目記錄在不易毀壞的磚瓦上。正因爲如此，我們現在才能知道許多過去的歷史知識。

蘇美爾人和古埃及人，在很久以前就已經認識青銅、銅、白銀、黃金了，而且還知道珍奇的隕鐵。

在舊世界的古城中，不管是蘇美爾還是古埃及，最初城市的日常生活都十分相似。另外，除去街上的牛、驢外，他們的生活方式與三四千年後的美洲瑪雅城市的生活也應該十分相似。在和平時期，大部分百姓都忙著耕作、灌溉，當然，宗教節日除外。當時還沒有出現貨幣，而他們也不需要貨幣，畢竟他們只是偶爾進行一些小型的交易，以物換物。即使貴族和統治者，也是偶爾才以金條、銀條及貴重的寶石進行大宗交易。那個時候，人們的生活都是以神廟爲重心的。在蘇美爾，將廟宇建造成宏偉高大的塔殿，塔頂是觀測星象的地方；而在古埃及，廟宇則是一種氣勢恢宏的單層建築。在蘇美爾，祭司是地位最顯赫、最偉大的人；在古埃及，祭司屈居一人之下，而這個人便是法老——這一地區主神的化身，諸神之王。

這一時期的世界幾乎沒有什麼變化。人們在烈日下辛勤耕作，老實本分地生活。當時，幾乎不會有陌生人打擾他們的生活，打破他們的安寧。祭司根據古老的律令指導人們的生活，觀測天象，確定播種的季節，爲人們解夢，挑選祭祀的良辰吉日。人們勞作，戀愛，最後安然死去，生活得十分安逸。他們從不關心民族的未來，也逐漸忘卻民族過去的野蠻歷史。

有時，人們也能碰上一位勤政愛民的好國王，比如佩比二世，他曾統治古埃及達九十年之久。有時，人們會遇到不懂得體恤百姓且野心勃勃的主宰者，比如基奧普斯、基弗林、邁錫尼斯（Cheops、Chephren、Mycerinus，分別為埃及第四王朝法老古夫〔Khufu〕、卡夫拉〔Khafra〕、門卡拉〔Menkaure〕的希臘名）等，他們爲了擴張領土、掠奪財富，讓自己的子民去服兵役，發動對鄰國的戰爭；他們還驅使年輕力壯的人去做苦役，逼迫他們去修建巨大的墓室和金字塔。吉薩高地上的墓室和金字塔就是這樣修建成的，其中最大的金字塔高達四百五十英尺，光石料就用去四百八十八萬三千噸。這些巨石都是從尼羅河用船運過來，然後主要靠人力搬運到那裡。對古埃及來說，發動一場大規模的戰爭，其勞民傷財的程度，遠遠比不上建造金字塔帶來的傷害大。

第十六章　遊牧民族的出現

公元前六千年至公元前三千年，人類開始了定居的生活。不僅在美索不達米亞平原和尼羅河地區，人們定居下來耕作、建立城邦，但凡能夠灌溉、一年四季有穩定食物來源的地方，人們都放棄了原來艱辛的、不穩定的遊獵生活，不再四處漂泊，而是定居下來。

底格里斯河上游的亞述人也建立起了自己的城邦；在小亞細亞河谷、地中海沿岸及島嶼上，一些小部落也一步步走向文明。與此同時，一些國家也出現了相似的文明發展，比如中國、印度等。在歐洲的一些地方，湖泊星布，水下魚蝦資源豐富，許多小型部落便選擇臨水而居，搭起了水上建築，靠捕魚和狩獵來彌補農耕的不足。然而，在舊世界中，適宜人類居住的地方畢竟是少數，世界上更爲廣闊的地區還是不適合人類定居的——土地過於荒蕪或林木過於繁茂，氣候十分乾燥，且變化無常，對於只會使用原始工具而缺乏相應知識的人類來說，尙無法在這些地區定居生活。

只有在光照充足、水源豐富、氣候溫暖的地區，人類才能在原始文明條件下過上定居生活。但凡這些條件無法滿足，人們就只能選擇狩獵生活，或是追趕獵物，隨著季節的變化而四處漂泊。人類從狩獵生活轉變到遊牧生活，經歷了一個極爲漫長的時期。人類在追逐成群的野馬或野牛（在亞洲）時，或許突然冒出了這樣的想法——將這些野獸占爲己有。於是，他們逐漸學會了將這些野馬或野牛等趕進山谷，圈養起來，並需不時驅趕入侵的狼和野狗等食肉動物，以保護他們圈養的動物。

原始的農耕文明，在大河流域爲主的地區發展起來。與此同時，一種稱爲「遊牧生活」的新型生活方式也出現了。所謂遊牧生活，就是一種在冬季牧場和夏季牧場之間不停遷徙放牧的生活方式。總而言之，遊牧生活遠比農耕生活要艱辛得多。他們人口有限，沒有永久性的廟宇，也沒有祭司階層，只有少得可憐的工具。但是，這並不意味著他們的生活方式落後。事實上，遊牧生活在很多方面都顯得比農耕生活更加優越，遊牧生活更自由、更充實。對於遊牧民族而言，其每一個個體都更具獨立性，群體意識較爲薄弱，首領永遠比巫師要重要。

遊牧民族的眼界十分開闊，他們遊遍了地球，因此對異國的風土人情很熟悉。爲了保住牧場，他們常常與前來爭奪的部落群體進行協商和交涉。他們還比農耕民族了解更多的礦石知識，因爲他們要翻山越嶺進入山石嶙峋的地帶。或許，冶煉對於他們來說只是不值一提的小事，在很大程度上，青銅，尤其是鐵的冶煉都是遊牧民族最先發現的。在中歐地區，曾出土了一批鐵器，經考證這些鐵器都是人類早期文明之前的產物，而鐵顯然就是從鐵礦石中提煉出來的。

另一方面，定居的農耕民族已經學會了紡織、製作陶器，還製造了各種生活必需品。農耕與遊獵兩種截然不同的生活方式，使得遊牧民族和農耕民族之間不可避免地發生了掠奪和交易。尤其是在蘇美爾，這裡既有季節性耕地，又有沙漠地帶，這就勢必會出現遊牧者在耕地邊上駐紮營寨的問題，於是難免發生糾紛。在這裡，他們可能進行交易，甚至幹一些偷盜、詐騙的勾當，就像個別吉普賽人的所作所爲（但那時，他們是偷不到雞的，因爲雞在印度叢林中原本是一種飛禽，到了公元前一〇〇〇年，才被人類馴服）。遊牧民常常帶來金屬、皮貨和寶石。而狩獵者帶來的更多的是野獸的皮。他們用這些物品進行交換，如可以交換衣服、珍珠、玻璃、陶器和其他類似的東西。

在遠古時代的早期文明中，古埃及和蘇美爾有三個地區和三個主要種族以半定居半漂泊的方式生活。膚色白皙的北歐人生活在歐洲叢林地帶，可以說他們的這種狩獵生活較爲低級。在公元前一五〇〇年的原始文明時期，遙遠遼闊的東亞草原上，一個不爲衆人所知的民族已經開始馴養野馬，這便是匈奴人。隨著季節的交替，匈奴人不斷地在其冬季營地和夏季營地之間進行大遷徙。當時，北歐人可能與匈奴人並無往來，因爲當時俄羅斯的沼澤以及水域比今天更爲廣闊的裡海，阻斷了雙方可能交流的道路——當時，俄羅斯到處是湖泊和沼澤。在日益乾燥的敘利亞和阿拉伯的沙漠上，生活著淺膚色或棕色皮膚的閃米特人，他們常常驅趕著成群的山羊、綿羊和驢子，往來於各個草場。正是這些閃米特牧民和來自波斯南部擁有黑色皮膚的埃蘭人，最早和早期文明發生了親密接觸。這些遊牧民族與早期文明接觸，一方面是爲了貿易，一方面則是爲了掠奪。於是，在他們的部落中逐漸出現了膽識超群且富有遠見的統領，並且他們最終成了征服者。

大約在公元前二七五〇年，閃米特族出現了一位偉大的首領——薩爾貢，他征服了蘇美爾全境，成爲從波斯灣到地中海的大片疆域的主宰者。薩爾貢本人是目不識丁的文盲，但他的臣民

薩爾貢是閃米特人的偉大首領

阿卡德人卻掌握了蘇美爾文，並將蘇美爾語定爲官方語言和學界用語。大約二百年後，薩爾貢所創建的帝國才逐漸走向衰亡。

之後，埃蘭人一度入侵蘇美爾，但不久又被亞摩利人——新興的閃米特人——奪回了統治權。然後，他們依傍著河流建造了一座都城——巴比倫，並將自己的帝國稱爲「第一巴比倫帝國」。大約在公元前二一〇〇年，在偉大的漢摩拉比國王統治之下，巴比倫帝國得到了長足的發展。漢摩拉比還制定了歷史上第一部法典——《漢摩拉比法典》。

美索不達米亞平原地勢開闊，所以遊牧民族想要入侵這些地方十分便利。但是，在尼羅河流域，情況卻大大不同了——這裡地勢狹長，入侵者無法肆無忌憚地長驅直入，很難征服這裡。然而，在漢摩拉比統治期間，閃米特人最終還是征服了古埃及，並在那裡建立起了一個由法老統治的政權——「希克索斯王朝」，或稱「牧人王朝」。閃米特人的這種統治，維持了好幾個世紀。但是，古埃及人始終不願意接納閃米特人，還將其視爲野蠻人，在公元前一六〇〇年左右，古埃及人終於將這些入侵者趕出了他們的土地。

不管怎樣，閃米特人對蘇美爾人的影響是永久的。這兩個民族在相處的過程中不斷同化，無論性格上還是語言上，巴比倫帝國都留下了閃米特人的印記。

第十七章　最初的船舶和海員

大約在二萬五千年或三萬年前，人類開始使用船隻。最晚在新石器時代的早期，人類就已經知道利用木頭或充氣的獸皮袋，來完成水上航行了。蘇美爾人和古埃及人很早就懂得「造船技術」，在我們所知道的最早年代起，已經學會了把野獸的皮曬乾，然後縫合起來，做成小船了。迄今爲止，這些地方還在使用這種小船。同樣地，在愛爾蘭、威爾斯和阿拉斯加等地，也使用這樣的小船，人們用海豹皮縫製成小船，然後利用它橫渡白令海峽。日積月累，人們的造船能力越來越強，先是獨木舟，繼而是小船，接著是大船，都一一建造出來。

就好像流傳於世界各地的洪水故事與地中海的水患有關一樣，諾亞方舟的傳說，可能也只是人類爲了紀念祖先造船的壯舉而編的。

在紅海地區，金字塔出現之前，船隻就已經問世了。至於波斯灣和地中海水域，大約於公元前七千年也有船隻的蹤影了。當時在海上航行的有少數的商船和海盜船，大部分都是漁船。根據我們對人類的了解，我們有理由相信：最早的航海者多以搶掠爲生，只有在萬不得已時才會進行交易。

起初，航海並沒有得到充分的發展，只是起到了輔助作用，因爲船隻都是在風浪小，或者好幾天不見風浪的內陸海面上航行。直到最近四百年間，那些裝備完善、能夠在海洋中更好航行的大帆船才逐漸發展起來。在古代，人們靠划動木製的船槳來推動船隻向前航行。而且，船隻一般只在靠近海岸線的水域上航行，一旦遭遇惡劣的天氣，人們便能迅速划到港口躲避。當小船逐漸發展爲甲板大帆船時，人們便強迫戰俘來划槳。

我們已經在前文中論述了，作爲遊牧民族的閃米特人，如何活躍於敘利亞和阿拉伯地區，如何征服蘇美爾人，建立阿卡德王國，又如何建立「第一巴比倫帝國」。事實上，在西方的海域上同樣也有閃米特人的身影。沿著地中海東海岸，他們建造了一連串的港口，其中提爾港和西頓港是最大的兩個港口。在巴比倫的漢摩拉比統治時期，閃米特人以漂泊者、殖民者和商人的身分，活躍於地中海一帶。這些經常出現在海上的閃米特人，被人們稱爲「腓尼基人」。他們大多數選擇定居西班牙，他們侵呑了古伊比利亞半島，還驅走了島上的巴斯克人。他們組織軍隊遠征，讓軍隊沿著海岸穿越直布羅陀海峽到非洲北海岸建立殖民地，結果他們在那裡建立了不少的殖民地，迦太基便是其中之一。關於迦太基城，在書中後面章節中將會提到。

不過，腓尼基人並不是地中海水域中最先擁有大帆船的民族。在很早以前，地中海島嶼和沿岸就已經出現了許多城鎭，生活著一群愛琴人。從血緣和語言上來看，愛琴人與其南面的柏柏爾人和古埃及人、西面的巴斯克人都有親緣關係。千萬不要將愛琴人和希臘人混爲一談，希臘民族是很晚才進入人類歷史的，愛琴人事實上是希臘人的前身。愛琴人在希臘和小亞細亞建立屬於自己的城邦，如特洛伊、邁錫尼等，又在克里特島的克諾索斯建造了宏偉的宮殿。

人類逐漸了解愛琴民族的文明發展程度和勢力範圍，已經是最近半個世紀的事了，而這還多虧了考古學家們的辛苦勞動。考古學家們對克諾索斯進行了全面的挖掘考察。幸運的是，在這個遠古的愛琴文明城市的廢墟上面，沒有再建造大型城市，從而使其大部分古蹟得以完整保存下來，成爲人類探究這個一度被遺忘的文明的重要材料。

克諾索斯的歷史極爲悠久，這一點與古埃及很像。在公元前四〇〇〇年左右，克諾索斯與古埃及之間有著頻繁的海上貿易活動。公元前二五〇〇年，即薩爾貢一世統治結束到漢摩拉比統治開始之間，是克里特文明發展的頂峰時期。

從嚴格意義上來說，克諾索斯算不上是一個大城邦，而是一座大宮殿。最初，克諾索斯連城牆都沒有，但後來因爲腓尼基人的隊伍日益壯大，而新興的兇猛的希臘海盜不斷從北邊向這裡擴張，克諾索斯才不得不開始加強布防。

古埃及的統治者被稱爲「法老」，而克里特人的國王則被稱爲「米諾斯」。米諾斯住在裝有自來水設備、浴室及其他舒適設備的豪華宮殿裡——在其他古蹟中，很少能見到這樣氣派的設施。米諾斯常在宮殿中舉行祭祀大典和表演。此時已經出現鬥牛表演了，其與今天西班牙所盛行的鬥牛比賽十分相似，尤其是在鬥牛士的服飾上，兩者十分接近。除此以外，宮殿中還舉行體操表演。那時婦女的服飾已經比較時尚了，她們不僅穿上了百褶裙，還有緊身胸衣。克里特人在其他領域也取得了很高的成就，他們的陶瓷、紡織品、珠寶、象牙、金屬製品、繪畫作品及鑲嵌飾品，都製作得十分精美，令人稱奇。此外，克里特人還擁有獨立的文字體系，但令人遺憾的是，人們至今無法破譯他們的文字。

這種文明持續了近二千年。大約公元前二〇〇〇年，克諾索斯和巴比倫的百姓都生活得比較富足快樂，他們經常舉行盛會及宗教慶典，有奴僕照顧他們的生活，還有奴隸爲他們創造財富。碧海藍天，陽光燦爛，克諾索斯人的生活顯得安寧而祥和。但此時的古埃及在半開化的「牧人王朝」統治之下，卻面臨著重重危機。只要是熱衷政治的人，就一定知道閃米特人這時候正在大肆擴張自己的勢力，他們控制了古埃及，征服了遠方的巴比倫，還在底格里斯河上游建立了尼尼微城。但是，他們並沒有止步於此，他們不停向西航行，一直抵達赫拉克勒斯頓（直布羅陀海峽），在遙遠的海岸線上建立了一個又一個的殖民地。

克諾索斯出現過許多思維敏捷、想像力豐富的人。後來，在希臘人中間就流傳著能工巧匠代達羅斯的傳說。據說他曾經嘗試過製造飛行器，可能是一架滑翔機，不幸墜毀在大海中。

讓我們來探討一下克諾索斯人與現代人的生活差異，這是一件極為有趣的事。公元前二五〇〇年，在克里特紳士看來，鐵是一種來自天外的罕見的金屬，並不知道它的實用價值，他們只知道隕鐵，那時他們也不知道從礦石中提煉鐵的方法。不像現在，我們的世界上到處都有鋼鐵的存在。對我們而言，馬是一種再尋常不過的動物了，而對於那時的克里特人來說牠不過是一種傳說，因為當時還沒有馬的存在，牠只不過是遙遠的黑海以北的荒涼大地上一種品種優良的驢子。在他們看來，文明主要存在於居住在希臘的愛琴人，居住在小亞細亞地區的迦利亞人、呂底亞人及特洛伊人中間，那裡的人所說的語言和他們所說的語言是一樣的。雖然西班牙和北非有腓尼基人和愛琴人生活，但在他們看來，那裡是非常偏遠的地方。

此時，義大利還是一片蠻荒之地，到處森林密布，那些居住在小亞細亞地區有著棕色皮膚的伊特魯里亞人，還沒踏上這片土地。假設一個克里特紳士在碼頭碰到了一個白皮膚藍眼睛的俘虜，他一定會大為驚奇的。或許，這位紳士會嘗試著與俘虜聊天，但當他發現自己聽不懂對方的語言時，他就會覺得這個奇怪的人一定住在比黑海更遙遠的地方，是一個未開化的野蠻人。然而，這個俘虜其實是亞利安人。關於亞利安這個民族及其文明，我們將會在後面的章節中再做詳細介紹。至於克里特紳士所聽不懂的語言，實際上正是後來分化為希臘語、梵語、波斯語、拉丁語、德語、英語以及世界上大多數語種的母語。

這便是處於全盛時期的克諾索斯人，他們聰明、進取、開朗、快樂。然而，大約在公元前一四〇〇年，一場突然降臨的災難使這一切都化爲烏有。昔日的繁榮景象不見了，米諾斯的宮殿遭到毀滅，而且廢址再沒建造任何建築，也再沒人在這裡生活過。關於這場災難，至今仍是一個未解之謎。人們在廢墟中發現了一些遺蹟，證明這裡曾遭到過火燒和掠奪，還發現了某次破壞力極大的地震的痕跡。人們一直在想，克諾索斯是毀於自然災害，還是希臘人趁地震之機對其進行了摧毀，但始終沒有答案。

第十八章 走進古埃及、巴比倫和亞述

閃米特人在古埃及建立了「牧人王朝」的統治，但是古埃及人在內心裡卻從沒有心甘情願地臣服他們。大約在公元前一六〇〇年，古埃及爆發了一場轟轟烈烈的愛國運動，推翻了閃米特人的統治，並將侵略者驅逐出境。接著，古埃及迎來了一個嶄新的復興期，古埃及學專家將這一時期稱爲「新帝國」。古埃及，這個在「牧人王朝」開始之前尚未統一的國家，此時終於實現了國家的統一。在侵略者的長期統治之下，古埃及人不僅沒有屈服，反而越發鬥志昂揚，使得古埃及的法老們也成了野心勃勃的征服者。現在，他們用從「牧人王朝」繳獲的戰車和戰馬武裝自己的軍隊。在阿米諾菲斯三世和托多美斯三世執政時期，古埃及的勢力已經延伸擴展到亞洲的幼發拉底河流域了。

現在我們要講述的是，美索不達米亞文明和尼羅河文明進行的一場長達千年的戰爭——而它們曾經是毫不相干的兩個文明。戰爭剛開始的時候，代表尼羅河文明的古埃及占了有利地位。那些輝煌的王朝，如第十七王朝、第十九王朝等都曾將古埃及帶向了一個高度繁榮的時期。而這兩大王朝中又各有值得一說的統治者，比如第十七王朝有托多美斯三世、阿米諾菲斯三世、阿米諾菲斯四世和偉大的哈達蘇女王；第十九王朝則有統治古埃及長達六十七年並被譽爲「摩西法老」的拉美西斯二世。當然，即使在這一時期，古埃及也出現過幾次衰落期，一度被敘利亞和南部的衣索比亞人征服過。

美索不達米亞先是由巴比倫統治，後來統治一段時間的還有西臺人和大馬士革的敘利亞人。敘利亞人一度征服了古埃及。與此同時，居於尼尼微城的亞述人的命運也時有沉浮，有時尼尼微城被征服了，有時亞述人又能在統治著巴比倫的同時還有暇侵略古埃及。由於篇幅所限，這裡不能一一爲大家詳述古埃及軍隊同來自小亞細亞、敘利亞及美索不達米亞的閃米特敵軍的交鋒情形。不過，值得一提的是，當時的軍隊已經開始大量裝備戰車，因爲馬匹已從中亞傳入這些古代文明地區，雖然馬只出現於戰場和慶功宴上。

在那段遠古的時代中，還出現過幾位偉大的轉瞬即逝的征服者，如曾征服過尼尼微城的米坦尼國王塔楚拉達，曾經征服過巴比倫的亞述王提革拉特．帕拉沙爾一世，但是他們的輝煌都稍縱即逝。最終成爲最強大、最具軍事威懾力的民族是亞述。

公元前七四五年，亞述王提革拉特．帕拉沙爾三世征服了巴比倫，建立起了歷史學家們所稱的「新亞述帝國」。此時，鐵已從北方傳入文明國家。在這一片土地上，亞美尼亞人的先驅西臺人率先學會了用鐵，然後又將這種方法傳給亞述人。篡奪了亞述王位的薩爾貢二世，便立即用鐵器來裝備自己的軍隊，亞述由此演變爲第一個奉行鐵血主義的強權國家。薩爾貢的兒子塞納克里布一度率兵出征古埃及，結果卻失望而歸，這倒不是因爲軍事問題引起的，而是由於瘟疫在軍隊中蔓延。

公元前六七〇年，塞納克里布的孫子阿舒巴尼泊（以其希臘名字「薩達那帕爾斯」聞名於世的國王）實現了其祖先征服古埃及的夢想。不過，此時的古埃及已不是獨立自主的國家，而是一個被衣索比亞王朝所統治的被征服國家，阿舒巴尼泊不過是取代了另一個征服者。

塞納克里布率兵征伐埃及

如果我們能繪製出長達千年的漫長歲月中各個國家的政治版圖，我們就能發現：古埃及的疆域就像是顯微鏡下的一條變形蟲，忽大忽小。此外，我們還能看出亞述人、敘利亞人、西臺人和巴比倫等閃米特國家的變化不定，一會兒相互吞併，一會兒相互分離。也能在小亞細亞的西面看到一些愛琴人的小國家，如呂底亞（都城爲薩底斯）和迦利亞等。在公元前一二〇〇年或是更早的時候，不少新興民族的名字從西北、東北陸續出現在舊世界的版圖上，他們或許是某些原始群落。他們已經開始用鐵製的兵器和馬拉戰車武裝他們的軍隊了，並且還跟北部的愛琴人和閃米特人發生了激烈的軍事衝突。至於他們的語言，極有可能是從亞利安語演變而來的。

此時，在黑海和裡海東北部，米底亞人與波斯人已經過上了定居生活。從歷史紀錄上看，人們一度將他們與塞西亞人和薩爾馬提亞人混爲一談。此外，亞美尼亞人從西北、東北

卡爾納克神廟

遷徙至此；又有被視爲今天希臘人祖先的古希臘部落、弗利吉亞人和西米里人，他們穿過水路屏障，經巴爾幹半島來到這裡。這些亞利安人都是有著親緣關係的、靠掠奪爲生的剽悍的遊牧民族。他們不管來自西方還是東方，走到哪裡就搶到哪裡。在東部地區，他們還只是打劫邊民，而在西部地區，他們則四處攻城略地，還將文明的愛琴人驅逐出其故土。備受壓迫的愛琴人，不得不遠走他鄉，在亞利安人的勢力無法觸及的地方建立新的家園。一些愛琴人來到尼羅河三角洲，試圖能再次過上安穩的生活，卻沒想到受到了古埃及人的攻打。一些愛琴族的伊特魯里亞人好像是從小亞細亞渡海，在荒無人煙的義大利叢林曠野中建立了新的國家；還有一些來到地中海東南沿岸，建立了自己的城邦，他們就是歷史上的腓力斯丁人。

我們將會在後邊的章節中詳細地介紹這些強行闖入古代文明領地的亞利安人的情況。在這裡，我們只能簡單地交代這一古代文明地區的遷徙和動盪的原因，公元前一六〇〇年到公元前六〇〇年間，這些未開化的亞利安人從北部和荒原中走出來，逐漸向前推進，不斷入侵，導致了該區域的興起和變遷。

在下面的章節中，我們將會關注「希伯來人」。他們是閃米特族的一個小分支，定居於腓尼基和腓力斯海岸的山區裡。到了這個時代的末期，他們將在世界歷史舞臺上發揮重要作用。他們創作了一部對後來世界影響深遠的重要文獻——《聖經》，這是一部融歷史、詩歌、預言和箴言於一體的經典之作。

公元前六〇〇年以前，亞利安人對美索不達米亞和古埃及的入侵並沒有帶來本質上的改變。對於巴比倫人和古埃及人而言，愛琴人的大逃亡以及克諾索斯的毀滅，都是遠在天際的災難。在這些文明的發祥地，朝代不斷更迭，而人類歷史的主流也緩慢地向更高級、更複雜的方向發展，如此年復一年。在埃及，金字塔在經過三千多年的風雨洗禮、沉澱後，就像今天一樣，成爲遊客參觀的勝地。還有很多宏偉的、新興的建築湧現出來，特別是第十七王朝和第十九王朝時代，卡爾納克和盧克索大神廟便是這一時期的傑作。在尼尼微城，所有重要的古蹟大都是在公元前一六〇〇年至前六〇〇年完成的，其主要的古蹟有大寺廟、帶翅的人首牛身像，以及國王、戰車、獵獅等浮雕。可以說，巴比倫歷史上最輝煌燦爛的時期便是這一時期了。

現在，在埃及和美索不達米亞這兩個地方，都發現了很多官方紀錄、故事、詩歌、私人信件以及商業帳目等。我們從這些遺蹟中可以看出，那時，在巴比倫和古埃及底比斯生活的貴族、有錢人，他們幾乎和現代富豪一樣奢華。他們身著華服，佩戴著珍貴的珠寶，住在裝潢豪華的房子裡，過著奢華的生活。他們經常在一起舉行盛大的宴會，並且還在宴會中安排歌舞表演，用來助興。他們的日常生活由訓練有素的僕人照應，而身體健康則由保健醫生和牙醫來保障。他們不喜歡旅行，極少出遠門，但會在夏天的時候泛舟於幼發拉底河或尼羅河上。

當時，馬只用於國家慶典和戰車，騾子還是一種十分稀奇的動物，所以當人們在日常生活中需要載重時仍首選驢車。至於駱駝，生活在美索不達米亞的人已經聽說了這種動物，但是還沒有傳入埃及。鐵器在當時比較少見，此時最主要的金屬是銅和青銅。當時人們已經能夠生產質地良好的毛織物及棉麻織物，但絲綢還沒有出現。當時，已經使用玻璃了，而且玻璃的色澤還很漂亮，不過其製品一般都是一些小物件。至於透明的玻璃，這個時候還沒生產出來，所以當時也沒有眼鏡這種東西。雖然人們還不知道在鼻梁上掛一副眼鏡，但是已經知道鑲金牙了。

古代底比斯和巴比倫的生活跟現代生活有明顯的差異，那就是他們當時還沒有使用鑄幣，貿易的主要形式仍然是「以物換物」。從金融方面來考量，巴比倫要比古埃及進步得多。在巴比倫地區，金和銀或用以交換其他東西，或被鑄成金錠、銀錠保存起來。在鑄幣出現以前，巴比倫就已經有「銀行家」了，他們在貴重的金屬塊上刻上自己的名字和金屬的分量。商人、旅行者出門時，往往會隨身攜帶一些寶石，用於途中交換生活必需品。佣人和做工的人，大都爲奴隸，沒有支付他們工錢的必要，這些奴隸只能得到一點食物。隨著貨幣的出現，奴隸制度也就衰落了。

假如一個現代人能回到這些高度發達的古老城市的話，那麼他一定看不到兩樣食品：其一是雞，其二是雞蛋。所以說，法國廚師是很難在古巴比倫施展廚藝的。大約在亞述帝國的末代王朝時期，這兩種食材才由東方某個地區傳入。

當然，此時的宗教也得到了巨大的發展，比如，人們已經拋棄用活人祭祀的陋習（但是腓尼基人，尤其是在他們最大的非洲移民區迦太基，依然在用活人進行祭祀，因此備受後人譴責），改用動物或麪人來祭祀。在遠古時代，部落頭領死後，爲了讓他在另一個世界依舊有人陪伴、服侍，人們就會用其妻子、奴隸來給他陪葬；爲了他在另一個世界仍能戰鬥，人們便將折斷的長矛、弓箭等物品放入他的墓穴中。在古埃及，還有一種用房屋、商鋪、奴隸、牛羊等模型來做陪葬品的喪葬習俗。正是這些模型，生動地向後人展示了三千年前古代安定繁榮的社會生活景象。

古代世界的格局在亞利安人從北部森林和平原地帶南侵之前，就已經是這種情形了。與此同時，中國、印度也發展起來。在這兩個地方的江河流域，棕色人種的農耕城市迅速而有條不紊地壯大起來，但這種城市在印度並沒有像在美索不達米亞和古埃及那樣迅速得以發揮和融洽，其發展程度似乎與蘇美爾和美洲的瑪雅文明的發展水準更爲接近。至於中國的歷史，還待感興趣的中國學者去整理和完善，以現代科學的方法進行研究，剔除其傳說成分。或許，當時的中國要比印度先進得多。古埃及的第十七王朝和中國的商朝出現於同一個時期，神權似的帝王統治著組織鬆散、割據各地的諸侯國。舉行季節性祭祀典禮是這些古代帝王的第一要務。現在，我們的一些博物館中還收藏有中國商代的青銅器，其製作之精美，不由得我們不承認：在青銅器出現的若干世紀之前，中國大地上就已經出現文明的曙光了。

第十九章　亞利安人的原始生活

四千年前，即公元前二〇〇〇年左右，歐洲中部和南部、亞洲的中部地區，其氣候比現在更溫暖溼潤，更加舒適宜人，樹林更爲茂密。在萊茵河到裡海這一片廣闊區域裡，很多金髮碧眼的北歐人相互密切往來，說著源自同一母語演化而來的各種語言。那時，他們的人口較少，所以，他們的存在並沒有引起已經奉行《漢摩拉比法典》的巴比倫人以及剛遭受異族入侵的古埃及人的重視。

這些北歐民族，註定要成爲世界歷史舞臺上閃耀的明星。他們生活在廣袤的草原和叢林開闊地上。剛開始的時候，還沒有馬匹，只有牛，並有簡易的牛車，遷徙時可以用來運載帳篷和一些生活物品。如果他們選定一個地方定居，他們就會用樹枝和泥巴在那兒搭建小房屋。他們有自己獨特的喪葬儀式，不像淺黑人種那樣舉行土葬，而是進行火葬。如果死者是部落的重要人物的話，那麼人們在將屍體火化後，還會把他的骨灰裝進一個甕中，然後將其埋入一個圓形的大土丘中，這便是北歐隨處可見的「圓塚」。而先前住在這些地方的淺黑人種，卻不進行火葬，而是將死者以端坐的姿態葬入長方形的土丘中，這便是「長塚」。

亞利安人當時已經懂得用牛來耕地和種植小麥了，但是他們並沒有因此而選擇定居生活，莊稼一收割完，他們便又踏上了遷徙之路。當時，他們已經懂得青銅的製作方法了。大約到公元前一五〇〇年時，他們又有了鐵，很可能他們是最早開始冶鐵的民族，而且似乎就在這個時候，他們有了馬匹，並開始用來載運貨物。和地中海沿岸的定居民族不同，他們的定居生活不是以神廟為中心的，他們的首領不是祭司而是領導者。他們實行一種貴族制的社會秩序，而不是宗教制和帝王制。在很早以前，他們的社會中就已經分化出居於統治地位的貴族階層。

亞利安人天生擅長歌唱，他們常在遷徙途中舉行歡宴，喝酒取樂，並有專職的吟遊詩人吟唱助興。在和文明社會接觸之前，亞利安人並沒有文字，吟遊詩人的記憶就是他們活的文學。這種用於娛樂的吟唱，對語言的發展起到了重要作用，而其也最終發展為一種更優美動聽的表達手段。從某種程度上來說，後來各種由亞利安語分化而來的語言之所以極具優勢，都與此有莫大的關係。幾乎所有的亞利安部落都有自己的吟唱形式，諸如敘事詩、宗教傳說及長篇傳奇等，其中大都融入了他們的傳奇歷史。

亞利安民族的社會生活是以首領的家為中心的。當他們選擇在某地駐紮下來的時候，他們會為首領建造寬敞的木質房屋，無疑還有圈養家畜的小屋和遠處的畜牧場。但是，頭領寬敞的住所並不是其個人所有，對於大部分亞利安人來說，它是整個部落的活動中心，人們聚集在這裡，歡宴暢飲，欣賞吟遊詩人的美妙吟誦，縱情嬉戲，有時還商討部落的大事。牛棚馬圈一般設在這座中心房屋的周圍。晚上睡覺時，首領及其家人睡在大房間的高臺上或樓廳裡，而一般百姓則隨地而臥——和現在的印度家庭很像。在部落生活中，除了工具、武器、裝飾品及一些個人物品為個人所有外，其他的東西都屬於公共財產，儼然是一個族長制的共產社會。為了公共的利益，家畜和牧場由首領統一管理，但森林和河流還無人占有，處於未被開發利用的階段。

當美索不達米亞和尼羅河流域的兩大文明繁榮發展之時，生活在廣大中歐和中亞西部地區的亞利安人的日子基本上就是這樣的。在耶穌誕生的兩千年前，亞利安人開始入侵那些擁有「日石文化」的民族。他們開始進攻不列顛、法國和西班牙，他們的兩股力量不斷向西推進。一支隊伍手持青銅武器，攻擊不列顛和愛爾蘭，那些曾經在布列塔尼的卡納克神廟中建造石碑的民族，和那些曾經在英格蘭建造了史前巨石陣的民族，都被亞利安人消滅了。最後他們一直打到了愛爾蘭，這一支軍隊被稱爲「蓋爾．凱爾特人」。第二支亞利安隊伍與第一支隊伍有著親緣關係，很可能還夾雜著其他的種族，他們將鐵傳入了大不列顛。這一股力量被稱爲「布里托尼．凱爾特人」，威爾斯人的語言就是從布里托尼．凱爾特人的語言中分化出來的。

血緣相近的凱爾特各部向南進入西班牙，不僅接觸了當時正統治著西班牙、擁有「日石文明」的巴斯克人，而且還同閃米特族的腓尼基殖民地的人互有來往。與此同時，關係十分融洽的義大利各個部落，開始遷徙至當時仍是一片荒蕪的亞平寧半島。不過，義大利人並不總是以征服者的姿態出現。到公元前八世紀時，羅馬出現在歷史舞臺上。而當時，它不過是臺伯河畔的一座商業小鎮，居民大多數是亞利安族系的拉丁人，但統治者卻是伊特魯里亞的貴族和王室。

除以上提到的兩股力量之外，亞利安人的另一股力量也曾有過類似的進程，曾向南入侵過。早在公元前一〇〇〇年，說梵語的亞利安人就已經穿過西方直抵印度北部了。在那裡，他們受到了達羅毗茶文明的薰陶，這是一種淺黑色人種的原始文明，亞利安人從中獲益良多。至於其他的亞利安民族，他們的活動範圍已經延伸至中亞的山區，而且一直伸抵比這些民族今天聚居區域更東端的地方。現在，在中亞的土地上依然有金髮碧眼的北歐人種居民，不過他們現在所使用的語言已經不是亞利安語，而是蒙古語了。

在公元前一〇〇〇年之前，生活於黑海和裡海之間的古西臺族人，就已經受制於亞美尼亞人，並且被「亞利安化」了。直到這時，巴比倫人和亞述人逐漸察覺到，在他們的東北方向一個強大而好戰的部落正在崛起，正一步步對他們構成威脅，其中尤以米底亞人、波斯人及塞西亞人風頭最勁。

不過，這些舊世界文明首次遭到亞利安人的致命衝擊，是在亞利安人穿越巴爾幹半島之後了。在公元前一〇〇〇年的若干世紀前，亞利安人南下進入小亞細亞。在這些最早的移民中，最受矚目的是弗利吉亞人。之後，伊奧利亞人、愛奧尼亞人和多利安人等希臘人種族也相繼南下，來到這裡。到了公元前一〇〇〇年左右，就在希臘本土及其周圍大部分島嶼上，他們將古愛琴文明消滅殆盡。他們摧毀了古老的邁錫尼城和科林斯城，令克諾索斯也幾乎被世人遺忘。早在公元前一〇〇〇年以前，希臘人就已經實現了向海洋發展的夢想，他們來到了克里特島和羅德島上定居，並且仿照腓尼基人在地中海海岸建立商業城市的模式，在西西里島和義大利的南部廣泛建立殖民地。

那個時候，亞述在提革拉特．帕拉沙爾三世、薩爾貢二世和薩達那帕爾斯統治下，頻頻對巴比倫、古埃及和敘利亞發起戰爭。正是在這種動盪的年代，亞利安人受到了文明的薰陶。後來，他們還根據自身的需要，對這些古代文明進行改造，在義大利、希臘和波斯的北部建立了屬於他們自己的文明。從公元前九〇〇年開始，在其後長達六百年的歷史中，亞利安民族不斷發展壯大，並且不斷向外擴張，征服了整個舊世界的閃米特人、愛琴人及古埃及人等。從表面上看，亞利安人似乎獲得了完全的勝利，但在思想和制度方面，那些被征服民族仍與亞利安人不斷戰鬥著。這種情況一直持續到亞利安人掌握了統治權後很長的一段時間。嚴格說來，這種無形的鬥爭貫穿了此後的整個歷史，直到今天仍以某種形式繼續著。

第二十章　巴比倫帝國的衰退期與大流士一世帝國

在前文中，我們已經講述了亞述是怎樣在提革拉特．帕拉沙爾三世和篡位者薩爾貢二世的帶領下發展爲一個軍事強國的。薩爾貢這位篡位者，其實原名並不叫「薩爾貢」，他之所以給自己取一個這樣的名字，其實是爲了迎合被征服的巴比倫人的心理，認爲這個名字能令巴比倫人追憶起兩千年前創建阿卡德帝國的薩爾貢一世。雖然巴比倫是一座淪亡的城邦，但是比起亞述人自己的城邦尼尼微城來，它顯示出更重要的地位，原因在於其優越的地理位置和衆多的人口數量。基於這些原因，使得它的征服者們不得不對該城偉大的神靈柏爾．馬杜克表示尊重，並且對當地的祭司和商人以禮相待。

在公元前八世紀的美索不達米亞平原，此時的征服者已經不再對被征服地區進行燒殺搶掠了，征服者改變了統治策略，開始謀求以懷柔政策贏得被征服者的認同。這一政策使得薩爾貢二世去世之後，新亞述帝國維持了一個半世紀之久。我們已經講過，其後，阿舒巴尼泊（也就是薩達那帕爾斯），至少占領了下古埃及。

此後，亞述帝國失去以往的繁榮景象，開始走下坡路。最終，古埃及人經過艱苦的鬥爭，在法老薩美提克一世的統治下趕走了侵略者。到了尼科二世時期，古埃及人便野心勃勃地想要征服敘利亞了。此時，敘利亞正在同鄰國交戰，不太可能抽身抵抗入侵者。於是，來自美索不達米亞東南部的閃米特族——迦勒底人，與亞利安族的米底亞、來自東北部的波斯人結成聯盟，向尼尼微城發起進攻。公元前六〇六年，尼尼微城被侵略者攻陷。而這一年也正是人類有相對準確可考的紀年的開始。

亞述的領地遭到了侵略者的瓜分，財產被掠奪。此後，米底亞人在賽阿克里斯的領導下，在亞述的北部建立帝國。該帝國以埃克巴塔那爲首都，尼尼微城也在其統治範圍之內，其疆界向東蔓延直達印度邊境。在米底亞帝國的南面則新建立了一個版圖呈半月形的帝國——迦勒底帝國，即第二巴比倫帝國。該帝國在尼布甲尼撒大帝的統治之下，達到了鼎盛時期，國力昌盛，財力豐厚。這是巴比倫最輝煌的時期，也是其最後的輝煌時期。曾經有一段時間，米底亞帝國和巴比倫帝國友好相處，尼布甲尼撒大帝甚至將自己的女兒嫁給賽阿克里斯。

這期間，尼科二世挑起了對敘利亞的戰爭，而且輕而易舉地就攻占了該國。事實上，在此之前，也就是公元前六〇八年，尼科二世還曾發動了一場米吉多戰爭，並且殺死了猶太國王約西亞，取得了戰爭的勝利。關於猶太國的詳細歷史，我們將會在後面的章節中講述。後來，尼科二世又親率大軍直指幼發拉底河流域，這一次他要攻打的對象是日漸繁盛的巴比倫，而不是逐漸衰落的亞述。然而，古埃及人的入侵遭到了迦勒底人的頑強抵抗，迦勒底人最終擊敗了尼科二世，把入侵者趕回了古埃及。於是巴比倫乘此機會將領土擴展到古埃及邊界。

在公元前六〇六年到前五三九年的動盪歲月中，第二巴比倫帝國逐漸變得強大，而這很大程度上取決於他們一直和其北邊強大的米底亞帝國保持友好的關係。在這六十七年間，巴比倫人不僅生活富足，而且在文化方面也取得了良好的發展。

即使在亞述歷代帝王的統治下，古巴比倫也一直是極爲重要的文化傳播中心，薩達那帕爾斯

約西亞在米吉多之戰中陣亡

雖然是亞述人，但他卻深受巴比倫文化的影響。他建造了圖書館，當然，裡面保存的不是紙質圖書，而是從古蘇美爾流傳下來的很多的美索不達米亞的黏土書籍。後來，人們挖掘出很多收藏在該圖書館的書籍，可以說，這些書籍是世界上最寶貴的史料了。

迦勒底系的最後一位巴比倫君王是納波尼得斯。納波尼得斯愛好文學，曾資助過一批古文物研究者，支持他們進行古籍研究。當研究者考證出薩爾貢一世即位的具體時間時，他立即令人對此刻碑紀念。但是，在他的統治之下，帝國出現了分裂的徵兆。爲了應對這一局面，加強他的集權統治，納波尼得斯將各地神靈都集中至巴比倫，並爲其興建廟宇。這種方法後來的羅馬人運用得相當成功，但是在巴比倫卻起到了反作用，那些信奉巴比倫主神柏爾．馬杜克的有權勢的祭司對此深表不滿。這些祭司開始密謀推翻納波尼得斯的統治，並求助於鄰國米底亞帝國的統治者波斯人居魯士，想要讓他取代納波尼得斯。

當時，居魯士早已因征服東小亞細亞富有的呂底亞國王克里索斯而聲名鵲起。在公元前五三八年，居魯士率領大軍攻打巴比倫，僅在城外打了一仗，就有人裡應外合打開城門迎接他，他的軍隊不費吹灰之力就取得了勝利，占領了巴比倫城。《聖經》上有過這樣的記載：

當時納波尼得斯的兒子——伯沙撒太子正在舉行宴會，突然看見一隻手，並用火在牆上寫下了一串神祕的文字：「彌尼，彌尼，提客勒，烏法珥新。」於是他叫來預言家解釋此語的含義，得出的解釋是「上帝已經算出，你國王的氣數已盡，天平上估量出你的分量不夠，不足以擔任國王，因此，你的國家應該讓給波斯人和米底亞人」。

關於伯沙撒太子見到的那些字，那些信奉柏爾．馬杜克神的祭司應該早就知道這個把戲。《聖經》記載，當夜伯沙撒即遭殺害，納波尼得斯被俘，而由於此次巴比倫被占領幾乎沒有人員傷亡，所以他們對柏爾．馬杜克神的祭祀照常進行。

就這樣，巴比倫和米底亞兩大帝國終於實現了統一。居魯士的兒子岡比西斯，一度成功攻占過古埃及，卻因爲發瘋而死於非命。在岡比西斯去世後，帝國的統治者就變成了米底亞人大流士一世，而他的父親便是居魯士的寵臣希斯塔斯皮斯。

大流士一世統治的波斯帝國，是古代文明的舞臺上最早出現的新亞利安帝國，也是有史以來最繁榮強大的帝國之一。它的領土包括小亞細亞全境、敘利亞全部、古亞述、巴比倫帝國，還包括古埃及、高加索和裡海地區以及米底亞、波斯等地，領土範圍一直延伸至印度河。維持如此龐大的帝國並不是一件容易的事，但是因爲他們有馬匹、騎兵、戰車，還有人工修建的道路，所以做到了。在此之前，最方便快捷的運輸工具大都是驢、牛和沙漠中的駱駝。而到了這一時期，波斯的統治者們爲了更好地管理新帝國，修建了許多幹線道路，在各地都安排有驛馬，以供帝國的信使或是獲得官方特批的旅行者使用。此外，貨幣已經開始流通使用，貨幣的出現促進了商業的發展。但是，波斯帝國不再把巴比倫設爲首都。從長遠來看，那些謀反的、信奉柏爾·馬杜克神的祭司，並沒有得到什麼好處。雖然巴比倫城還是很重要，但卻日漸衰落。與此同時，波斯波利斯、蘇薩和埃克巴塔那發展成帝國的大都市，帝國的都城設在蘇薩。而尼尼微城已爲人所忘，逐漸成了一片廢墟。

第二十一章　早期的猶太人

我們將會在本章中講到一個閃米特民族，即希伯來人。這個民族當時對世界歷史的貢獻，遠遠比不上它日後的貢獻大。公元前一〇〇〇年以前，他們就已經定居朱迪亞（Judea，猶太城）了，而且自始至終都以耶路撒冷爲首都。提及希伯來人，就不得不提到其周邊的各個帝國，如其南面的古埃及和北面的敘利亞、亞述、巴比倫等，希伯來人的歷史與它們緊緊聯繫在一起，他們的國家是北方諸國通往古埃及的必經要道。

希伯來人在世界歷史上享有重要的地位，這是因爲他們創造的一部重要的文學著作，它融箴言、詩歌、政治言論和小說於一體，既是一部法典，又是一部世界史、編年史和讚美詩，後來，基督教稱這一作品爲《舊約全書》，即希伯來《聖經》，這個作品出現的時期是公元前四世紀或公元前五世紀。

《舊約全書》最早編纂完成極有可能是在巴比倫。在前面的章節中我們已經講述了，古埃及法老尼科二世是如何趁亞述人與米底亞人、波斯人和迦勒底人交兵時，入侵亞述帝國的。當尼科二世來犯時，猶太國王約西亞率領軍隊進行頑強反抗，只可惜以失敗告終，並在公元前六〇八年的米吉多戰役中不幸身亡。猶太國因此成爲古埃及的附庸國。尼科二世被巴比倫的新迦勒底國王尼布甲尼撒大帝趕回古埃及境內。爲了完全控制猶太國，尼布甲尼撒還嘗試著在耶路撒冷建立傀儡政權。

不過，這樣的想法卻沒有實現，巴比倫派出的官吏被猶太人殺死了，因此，尼布甲尼撒大帝萌發一種念頭，就是要澈底消滅這個在古埃及與北方帝國之間挑撥的猶太小國。於是，耶路撒冷遭到了掠奪和焚燒，倖存的猶太人也都成了戰俘，被押往巴比倫。

直到公元前五三八年，居魯士占領了巴比倫，他們才被遣回故土，開始重建耶路撒冷城和廟宇。

在此之前，猶太人似乎並不是一個統一的、具有高度文明的民族，他們中只有極少數人識字。在他們的歷史上，人們也沒有發現有誰讀過《聖經》，直到約西亞時代，他們才有人提及此書。巴比倫一次又一次地被征服和掠奪，使得生活在那裡的猶太人受到了文明的薰陶，使得他們更加團結。重歸故里後，他們終於意識到本民族文化的價值，逐漸變成有敏銳自我意識和傑出政治能力的民族。

當時的《聖經》，很可能只有《摩西五經》，即今天人們所知的《舊約》開頭的五卷。另外，還有不少獨立成篇的書，如編年史、讚美詩、箴言等，這些加上《摩西五經》才是現在的希伯來《聖經》。

《聖經》以創世、亞當、夏娃和洪水的故事開始，而這些故事幾乎跟巴比倫的傳說一模一樣。這些故事似乎是所有閃米特人共同信仰的一部分。至於其中有關摩西和參孫的故事，便又同蘇美爾人和巴比倫人的傳說十分接近。但自亞伯拉罕及其後的故事開始，《聖經》中的內容便更具猶太民族特色了。

亞伯拉罕極有可能生活在漢摩拉比統治巴比倫的那段時期，而且就住在巴比倫。他屬於族長制時期的閃米特遊牧民，有關他流浪漂泊的故事、他的子孫及他們被俘至古埃及的故事，有興趣的讀者可以翻閱《聖經》中的《創世紀》篇。《聖經》上說，當亞伯拉罕一路漂泊到迦南時，上帝便將這片擁有繁榮城市的美好土地賜給了他和他的子孫們。

亞伯拉罕的子孫在古埃及的領土上漂泊了很長時間，又透過摩西的帶領，在荒野中流浪了五十年之久。這一民族的人口在這一時期興旺起來，壯大成了十二支部落。大約是在公元前一六〇〇年到前一三〇〇年間的某段時間，他們穿越阿拉伯沙漠，向東進入迦南。關於當時迦南和摩西的情況，古埃及史料上並無相關記載，由此我們可以確定，他們的這一次入侵並不是很成功，大概只是占領了這片豐饒地帶的一些不起眼的丘陵。那時，沿海地區的統治者並不是迦南人，而是那些新來的愛琴人，即腓力斯丁人。他們建立很多城市，這才擊退了希伯來人的攻擊，這些城市包括加薩、迦特、阿斯卡倫、阿什多德和橋帕。在以後的歲月中，亞伯拉罕的子孫只能在那片丘陵地帶生活，他們還經常與腓力斯丁人以及他們的同族摩押人、米甸人發生戰爭。在《舊約》的《士師記》中，讀者可以從中了解到在這一時期他們進行的抵抗和磨難。《士師記》很可能是猶太民族失敗和不幸的眞實反映。

在這一時期的大部分時間中，希伯來人的首領都是由類似祭司的士師充當的，而這些士師又是由部落長老們從族內精心挑選出來的。直到公元前一〇〇〇年左右，他們才推選出他們心目中的王——掃羅，並讓他統率大軍。但是，掃羅的領導才能並不比士師高明多少，在吉爾布亞的戰役中，他死於腓力斯丁人的亂箭之下。腓力斯丁人扒下他的鎧甲並帶回維納斯神殿中，還殘酷地將他的屍身釘在貝塞香的城牆上。

掃羅的繼承者大衛，顯然要比掃羅更加精明，更富政治謀略，也更成功。在大衛統治期間，

掃羅之死

希伯來民族得到了空前絕後的發展。這種繁榮的基礎取決於其與腓尼基的提爾人結爲盟友。海勒姆是提爾的國王，他足智多謀、勵精圖治，他想建立一條商貿通道，由希伯來山通往紅海。一般情況下，腓尼基商人都是穿越古埃及抵達紅海的，但是由於古埃及局勢動盪，而且使用這條商業通道還常常會碰到其他問題，所以海勒姆才打算另闢通道。爲了達到這一目的，海勒姆一直與大衛及其兒子兼王位繼承人所羅門，保持友好的關係。

在海勒姆的援助下，耶路撒冷建起了城牆、宮殿和廟宇。而爲了回報他，希伯來人同意海勒姆在紅海上建立船隊。於是，大規模的南北往來的商業活動通過耶路撒冷發展起來。在所羅門的帶領下，希伯來民族獲得了前所未有的成就，就連古埃及法老都將女兒嫁給了所羅門。

不過，我們應該清楚，希伯來人的昌盛只是相對自身而言的，雖然所羅門的榮耀處於頂峰時期，但他卻僅僅是一個小城市的國王。而且，他所創造的輝煌不過曇花一現，在其死後不久，耶路撒冷就遭到了古埃及第二十二王朝的第一任法老謝克的洗劫，大量財富被掠奪，完全不見昔日的輝煌景象。許多評論家都曾對《舊約》中的《列王紀》和《歷代志》做過研究，並對其中有關所羅門的輝煌描述提出過質疑，認爲這些內容被誇大了，應該是作者出於愛國之情而做了修飾。然而，如果人們能夠仔細再翻閱一遍《聖經》的話，就會發現，所羅門王國的豪華程度其實也沒有那麼令人不可思議了。

如果我們可以去測量一下所羅門神廟的大小，我們就會發現，其中最大的神廟的規模也不過跟我們現在郊區的一個小教堂相當。當我們從亞述人的紀念碑中知道，所羅門的王位繼承者亞哈曾派遣過一支二千人的隊伍參加亞述軍隊，那麼所羅門的一千四百輛戰車就顯得不那麼顯赫了，也不那麼令人震驚了。另外，《聖經》上還明確記載，所羅門喜歡炫耀，不僅對人民課以重稅，還讓人們承受沉重的勞役。所羅門一死，王國的北部就從耶路撒冷分裂出去，而分裂出來的地方就是以色列王國，不過耶路撒冷依舊是猶太國的首都。

對希伯來人而言，王國的繁榮只是曇花一現。提爾人在國王海勒姆去世之後，便不再援助耶路撒冷了。此時，古埃及再次強大起來。以色列和猶太國的各位君王的歷史，就是在南北勢力威脅下尋求生存的小國歷史——在北邊，先有敘利亞，再有亞述，接著又是巴比倫；南方則是古埃及。這兩個小國在災難深重的歷史中苟延殘喘，是野蠻的君主統治著未開化的民族的歷史。公元前七二一年，亞述人占領了以色列，所有人都成了俘虜，以色列民族從此消失於歷史舞臺。如前所述，猶太人一直堅持戰鬥，但在公元前六〇四年，他們遭遇了和以色列人一樣的厄運。《聖經》所記載自士師時期以來的希伯來歷史，其中某些細節有待探討，但大體來說是確切眞實的，並在上個世紀埃及、亞述和巴比倫的考古文物中得到證實。

希伯來人在巴比倫開始蒐集整理他們的歷史，並把他們自己的傳統發揚光大。當他們獲得居魯士的允許回到耶路撒冷時，他們的知識水準有了很大的提高，精神層面上也提升了，已經不能與其被俘時同日而語了，他們已經接受了文明的薰陶。在希伯來人獨特的民族性的發展歷程中，某種人或者說是某一類人發揮了極為重要的作用，這些人便是先知。這些先知的出現，標誌著在人類社會穩定發展過程中一支新的、突出的力量已經出現，我們必須給予他們足夠的關注。

第二十二章　猶太的教士與先知

巴比倫和亞述的衰亡，只是閃米特人遭遇災難的開始，之後各種災難接踵而至。公元前七世紀，閃米特人輝煌一時，似乎整個文明世界都在他們的掌控之下。他們統治著龐大的亞述帝國，還征服了古埃及。就連巴比倫、亞述、敘利亞也都成了閃米特人的天下，他們所說的語言彼此相通。閃米特人好像掌握著整個文明世界。與此同時，閃米特人還控制著世界貿易。在腓尼基海岸上，提爾、西頓等一大批閃米特人的城市逐漸形成。他們入侵西西里、西班牙和非洲等地，在這些地方建立殖民地並不斷擴張。閃米特人於公元前八〇〇年建立的迦太基城，此時已經發展爲一個人口超百萬的大城市——在很長的一段時間裡，它都是世界上最大的城市。迦太基的船隻經常開往不列顛，甚至到過大西洋，有可能還去過馬德拉島。如前文所提到的，海勒姆與所羅門爲了開拓阿拉伯和印度間的貿易，建造了紅海船隊。在法老尼科統治時期，一支腓尼基遠征隊已經出現，並繞著非洲航行了一周。

當時，亞利安人還是未開化的民族，僅有希臘人在剛被他們所摧毀的廢墟上重建新文明。正如亞述碑文上所記載的那樣，米底亞人逐漸成爲中亞地區「令人畏懼」的種族。在公元前八〇〇年，恐怕沒有一個人想過，閃米特民族的所有統治將會在五百年後結束在一群說亞利安語的征服者手中。更令人吃驚的是，除了生活在阿拉伯北部沙漠地帶的貝都因人外，各地的閃米特人居然都對亞利安人俯首稱臣，甚至被迫開始四處漂泊。那個時候，只有這些貝都因人依舊延續古老的遊牧生活，而這種古老的生活方式可追溯到薩爾貢一世率領阿卡德人南下去征服蘇美爾人之前。因此，阿拉伯的貝都因人是唯一一個從來沒有被亞利安人所征服的閃米特族系部落。

在這動盪不安的五百年裡，閃米特人忍受著侵略者的踐踏和蹂躪。而被居魯士遣回耶路撒冷的猶太人卻緊緊團結在一起，始終保持自己民族的傳統，重建自己的家園。全仗那部他們編纂於巴比倫的《聖經》，他們才完成了這樣的偉業。如此說來，更像是《聖經》塑造了猶太民族，而不是猶太人創作了《聖經》。貫穿《聖經》始終的是一種催人奮進、教人永不言敗的思想，這種思想與其他各民族的思想有很大的不同，其能在經受二千五百年的苦難洗禮後，依然爲猶太人所堅守、信服。

猶太人認爲，他們的神是高高在上的，是遙不可及的，是天地間無處不在的正義之神，而不是被供奉於神廟中的神。這便是猶太思想的精髓。其他各民族也都有自己所信奉的神，他們將神靈塑像後供奉在神廟中，如果神像被毀、神廟被拆，那他們的神靈也就消散了。然而，猶太人的神卻是住在天堂，是高於祭司和祭品的一個新概念。猶太人堅信，他們是亞伯拉罕選中的子民，他們肩負著重建耶路撒冷的重要使命，並使這座城市成爲世間的眞理之城。這種信念一直激勵著猶太人。在他們從巴比倫返回故土耶路撒冷的那刻起，這種信念就已經烙在猶太人的心靈深處了。

猶太人的這種能在艱難歲月中鼓舞人心的精神崇拜，深深地吸引著一大批語言相通且有著共同的習俗、嗜好和傳統的民族，如巴比倫人、敘利亞人以及後來的腓尼基人——他們都想擁有猶太人的宗教信仰，履行宗教誓言。這眞是一個奇蹟！

在迦太基、提爾、西頓以及西班牙的腓尼基城市敗落之後，腓尼基人便突然消失在世界歷史中了。然而我們卻能發現，不管在耶路撒冷，還是在非洲、西班牙、古埃及、阿拉伯和東方，但凡腓尼基人出現過的地方，就一定能找到猶太人的聚居區。這些猶太人就是依靠《聖經》，依靠閱讀《聖經》而聚集到一塊兒的。一開始，耶路撒冷不過是猶太人名義上的都城而已，他們心中眞正的首都則是《聖經》中要傳達的精神。這是一種全新的歷史現象，而這種現象其實早就已經開始萌芽了，早至蘇美爾人和古埃及人用現代文字替代象形符號之前。猶太民族是一個與衆不同的民族，他們沒有國王，也沒有神廟（後面我們將會詳述公元七〇年耶路撒冷被毀的情況），僅僅憑藉文字的力量就把人們聚集在一起。

猶太人的這種精神上的團結，與政治家和祭司的設計、設想或推動都完全沒有關係，是他們自然形成的。隨著猶太民族的發展，人類歷史舞臺上又迎來了一個新團體，還迎來了一種新類型的個體。在所羅門統治時期，希伯來人似乎與那些聚集在王宮和神廟周圍，受國王的野心所統治、爲祭司的智慧所掌控的小人物沒有什麼區別。但是，讀者可以從《聖經》中了解到，「先知」這種新興的個體已經存在，並於猶太民族中嶄露頭角了。

由於有很多希伯來人過著流離失所的生活，苦難也越來越深重，先知的重要性也就越發顯現出來。這些先知到底從何而來呢？他們的出身背景都不相同，先知以西結出身於祭司階層，先知阿摩司則身披牧羊人的羊皮襖，不過這些先知都有一個相同點，就是他們都效忠於正義之神，他們把神靈的旨意直接傳達給民衆。他們不需要任何人的許可，也不需要任何儀式。他們經常先說一句「現在，耶和華的旨意降臨到我的身上了」，便開始履行他的職責了。他們有著極高的政治熱情，激勵人民起來反抗古埃及，說他們是「折斷了的蘆葦」，也鼓勵大家反抗亞述和巴比倫的統治。他們譴責國王的殘暴、祭司階級的好逸惡勞。當時，有些先知開始致力於我們現在所說的

「社會改造」。他們揭露各種社會醜惡現象，如富人欺壓窮人；一些人過著奢侈浪費的生活，而一些孩子卻連麵包都吃不上；富人們結交異族，並沾染對方驕奢淫逸的惡習。這一切都是他們的神——耶和華所痛恨的，如果不根除這些惡習，耶和華就會降災難到這個國家，以示懲戒。

先知的這些討伐聲被記錄並保存了下來，有人還對此進行了研究。無論猶太人走到世界的哪一個角落，先知都會在那裡出現。每到一處，他們都會向當地的民眾宣揚這種新的宗教精神。他們引導民眾，幫助民眾擺脫祭司和神廟、宮廷和國王的桎梏，讓他們獲得正義的生活，這是先知在歷史上的重要作用。在以賽亞的偉大演說中，先知的聲音傳達了一個美好的預言：在唯一眞神的庇護下，全世界將實現和平統一。這是猶太預言中最偉大的一個預言。

不過，也有一些先知是不同意這種理念的。聰明的讀者從這些先知們的書中一定能發現許多仇恨或是偏見，甚至在今天看來仍然有害的宣傳內容。不管怎樣，我們都應該承認，在猶太人受辱於巴比倫期間出現的先知，代表著人類歷史上一種新興的力量。這種力量，提倡加強個人道德建設，呼籲人們掙脫束縛人類的物神崇拜和奴隸式愚忠，是一種代表自由意志的力量。

第二十三章　希臘文明

所羅門的統治大約在公元前九六〇年結束，四分五裂的以色列和猶太王國遭到重創，百姓被放逐。正當被俘去巴比倫的猶太人潛心發展自己的文化之時，另外一個對人類精神文明影響巨大的力量出現了，它便是希臘文明。當希伯來的先知們正在爲人類永恆的、無處不在的正義之神之間建立一種新興而直接的道德關係時，希臘的各類學家們也在運用一種全新的方法開發人類的心智，培養人類探求知識的精神。

我們曾在前面的章節中提到，希臘民族原本是亞利安語系的一支，在公元前一〇〇〇年以前，他們向南遷至愛琴海的一些城市、島嶼上。在古埃及法老托多美斯征服幼發拉底河，第一次在對岸捕獵大象之前，他們已經踏上向南遷徙的旅途了。那時，獅子生活在希臘，而大象生活在美索不達米亞。

克諾索斯城極有可能是被入侵的希臘人所燒毀的。但是令人費解的是，希臘神話中有關於米諾斯及其王宮（迷宮）、克里特能工巧匠們的故事，可是關於希臘人攻克克諾索斯城一事卻隻字未提。

和多數亞利安民族一樣，希臘人也有自己的歌手和游吟詩人。他們的吟唱不僅是一種單純的表演，而是一種社會聯繫方式。當這一民族還未進入文明期時，他們的民族就已經流傳有《伊利亞特》和《奧德賽》這兩部偉大的史詩了。其中，《伊利亞特》講述的是希臘部落是如何聯合盟國一起攻克位於小亞細亞的特洛伊城的故事；《奧德賽》講述的則是希臘人英明的國王奧德修斯歷盡艱辛從特洛伊返回故土的冒險故事。

這兩部史詩著作大約完成於公元前八世紀至前七世紀，而希臘人也正是這個時候從鄰國學會使用字母的，當時其鄰國的文明程度要比希臘高。不過一些學者卻認爲，這兩部史詩的流傳要早於這一時間，而且還早很多。

以前，人們認爲《伊利亞特》和《奧德賽》出自雙目失明的吟遊詩人荷馬之手，認爲他坐著完成了這兩本巨作，就像彌爾頓創作《失樂園》一樣。關於這一說法，始終是學者們爭論的話題：首先，歷史上是否有荷馬其人；其次，如果他眞實存在，那他到底是這兩部作品的創作者還是記錄、整理者？在這裡，我們暫且沒必要關注這些問題。我們需要關注的是，希臘人在公元前八世紀就已經擁有屬於自己的史詩了。這些史詩是希臘各部落的共同財富，也是連接各部落的紐帶。正是因爲有了它們，在外族入侵時，希臘各個部族才能團結在一起，形成一股強大的凝聚力，抵禦外敵。共同的語言、共有的史詩，讓希臘各個部族結合在一起，使得他們對勇氣、品性有著相同的見解。

我們在史詩中可以了解到，古希臘民族沒有鐵器，也沒有文字，是一個仍然沒有在城市中落腳、未開化的民族。最初，他們居住在被他們摧毀的愛琴人城市的廢墟旁，並以首領的大房子爲中心，在其周圍建造許多小屋。後來，他們才開始建造城牆，並不斷向被其征服的國家學習，還學會了建造神廟。據說，原始文明在建設城市時，都是以部落的祭壇爲中心，然後才開始建造城牆的。但是，希臘城市的建設卻恰恰相反，他們先建設了城牆，然後才建造了神廟。後來，希臘人也逐漸開始進行商業貿易，還建立了自己的殖民地。

公元前七世紀左右，在希臘的大河流域和島嶼上矗立起一座座新城市。在它們的衝擊下，早期的愛琴文明逐漸淡出人們的視線。當時比較重要的希臘城市有斯巴達、雅典、底比斯、科林斯、米利都和薩摩斯等。另外，西西里島、黑海沿岸和義大利也已經出現希臘定居者了。從地圖上看，義大利半島就像是一隻靴子，而希臘人便在其「腳趾」和「腳跟」部分建立起了「大希臘」；至於馬賽，則是希臘人在古腓尼基人殖民地舊址上重新修建的城市。

在這一時期，地處廣袤平原區域，或者位於像幼發拉底河、尼羅河這樣的大河流域地帶的，並以這些河流作爲主要交通幹道的國家，往往容易因爲某一種相同的統治方式聯合在一起。比如古埃及和蘇美爾的一些城市，它們就是因爲擁有相同的統治系統，才達成共識，然後結成聯盟的。然而，不管希臘本土還是「大希臘」，其境內大都是丘陵山地，所以生活在這些地區的各希臘部落多分散在島嶼或山谷中，各部落的發展趨勢不盡相同，所以它們大都是各自爲政的。因此，希臘人初次登上歷史舞臺時，是以許多小城邦的形象出現的，他們沒顯示出結盟的意願，種族也各不相同。

當時，一些城邦主要居住著希臘各個部落的成員，有伊奧利亞人、愛奧尼亞人或多里安人；一些城邦主要居住著希臘人與前希臘的「地中海人」的混血後代；另外一些城邦則居住著擁有純正血統的希臘自由民，他們抓來被征服者，像對待奴隸一樣踩在腳下，如斯巴達的奴隸「希洛人」。在有些城邦，原有的亞利安統治者的家族變成特權的貴族；還有一些城邦則實施亞利安市民的民主政治。另一些城邦，國王是由選舉或世襲產生的；一些城邦的統治者則是篡位者或是暴君。

因爲特殊的地理條件，希臘被分成了諸多獨立的城邦，而這些城邦的規模都比較小。其中最大的城邦，也比許多英國的郡要小得多，幾乎沒有一個城邦的人口能達到三十萬，人口超過五萬的城邦都十分少見。這些城邦之間也存在某種感情和利益上的牽連，但這都算不上是眞正意義上的聯盟。

隨著商業往來的增多，城邦之間結成聯盟就顯得意義非凡了，大城邦可爲小城邦提供庇護。然而，眞正使這些小城邦聚成一股力量成爲一個情感整體的，卻是以下的原因：一是史詩；二是每四年舉行一次的奧林匹克體育競賽。雖然這並不能讓各城邦之間不再發生衝突和戰爭，但是可以有效減少各城邦之間的野蠻行爲。每逢舉行體育競賽時，交戰雙方還會暫時休戰，以保護前來參加盛會人員的安全，確保他們不受戰爭困擾。久而久之，因爲共同的傳統，希臘各民族之間產生了情感，前來參加奧林匹克體育競賽的城邦越來越多。最後，不只是希臘城邦，就連伊庇魯斯、馬其頓等與希臘有親緣關係的北方國家，也來參加比賽。

希臘城邦在日益繁榮的貿易中獲得了發展，並且顯得越來越重要。公元前七世紀到前六世紀，希臘的文明穩步發展。在社會生活的許多方面，他們都與大河流域文明及愛琴文明有很大不同。雖然希臘人也建造了不少頗具規模的神廟，但他們卻不認爲祭司是偉大傳統的化身，然而在舊世界，祭司卻被視爲思想和知識的源泉。希臘人也有自己的領袖和貴族，不過卻沒有被奉於森嚴等級頂端的神聖君主。

實際上，希臘人採用的是貴族統治制度，由貴族階層出面維護社會秩序。雖然他們偶爾也會提到「民主政治」，但那也不過是貴族式的「民主」。那時，所有公民都可以參與公共事務，參與民主集會，但並非所有人都是公民。當時的希臘民主政體與現今我們的民主制有本質的不同，一個城邦中具有投票選舉權的公民大約有幾百，最多幾千人，剩下的包括奴隸和自由民的大部分居民，則被剝奪了「公民」的權利。可以說，有權勢的人掌控著希臘的政事。與古埃及的法老、克里特王米諾斯、美索不達米亞王皆由神聖的「超人」擔任不同，希臘的國王、君主或者是透過投票選舉產生，或者是透過篡位而獲得權力。

所以，不管在思想方面還是在政治方面，希臘文明都比此前的文明要更加自由。希臘人將他們的個人主義，即北部草原上遊牧生活滋養的個人主動性，帶到了南方城市。毫不誇張地說，希臘人是歷史上最早的、最重要的共和主義者。

正如大家所看到的那樣，當希臘人終於從野蠻的爭戰中解脫出來後，他們的思維逐漸發生了變化，他們開始尋求並記錄知識，探索生命和存在的奧祕。而在此之前，這些都只是祭司階層和君王們才能享受的特權，如今普通階層也能享有了。在公元前六世紀，正當以賽亞在巴比倫發表預言之時，在希臘，米利都的泰勒斯和阿那克西曼德、以弗所的赫拉克利特這些人物也已經出現了。用現在的標準來說，他們都是具有獨立精神的有識之士。在那個時代，他們就已經對我們所生存的世界提出了許多深奧的問題，如世界的本原是什麼，世界從何處來又到何處去。他們摒棄了那些現成的含糊不清的答案。關於他們所提出的這一系列宇宙問題，我們會在之後的章節進行詳述。人類歷史上最早的哲學家和智者，就是公元前六世紀的這些探求世界本原的希臘人。

我們應該記住，公元前六世紀，是人類歷史上至關重要的一個時期。我們之所以這樣說，並不只是因爲這時期希臘哲學家開始探討宇宙及人類在宇宙中地位的問題，也不只是因爲以賽亞將猶太人的預言發展到一個鼎盛階段，還因爲釋迦牟尼在印度傳教，孔子和老子在中國講學傳經。這些在後面的章節中，我們會一一加以介紹。此時，從雅典到太平洋，人類的精神思想開始走向復甦。

第二十四章　希波戰爭

當希臘人在希臘本土、義大利南部及小亞細亞的城邦中開始探索人類自由精神世界的時候，也正是希伯來最後一批先知在耶路撒冷及巴比倫爲人類創造自由意識之時，兩個最富有冒險精神的亞利安民族——米底亞人和波斯人已經占據了舊世界文明的領地，並且建立了一個人類歷史上最龐大的帝國，即波斯帝國。在居魯士統治時期，波斯人不僅統治著巴比倫和富庶的文明古國呂底亞，還征服了地中海沿岸黎凡特地區的諸腓尼基城邦以及小亞細亞的所有希臘城邦。到了岡比西斯統治時代，波斯人又征服了埃及。所以，當波斯的第三位統治者米底亞人大流士一世（公元前五二一年成爲波斯帝國的君主）執政後，他便將自己看成世界的主宰者。他派出的信使馳騁於各地傳達他的旨意，從達達尼爾海峽到印度河、從古埃及到中亞，都有他們的身影。

事實上，聚居在義大利、迦太基、西西里和西班牙腓尼基的希臘人，都不是波斯帝國的臣民，不過他們卻對波斯帝國表示友好和敬意。與這些希臘人不同，塞西亞人不僅沒有與波斯人保持良好的關係，甚至還對波斯人產生了嚴重的威脅。塞西亞人是一支古老的北歐遊牧民族，生活在俄羅斯南部和中亞地區，他們經常對波斯的北部和東北邊境發動戰爭。

波斯帝國的疆域如此遼闊，在這裡居住的臣民不可能全是波斯人。波斯人不過是這個強大帝國中占少數的征服者而已，而其他人則是被征服者，在波斯人入侵前就已經生活在那片土地上了。波斯人征服了其他民族後，便強制其以波斯語爲官方語言。當時波斯大部分的貿易和財政還掌握在閃米特人手中，而提爾和西頓依舊是地中海的大港口，閃米特人的船隻依舊往返於海上。閃米特商人就是在這樣四處奔波的過程中，接觸到希伯來傳統文化及希伯來《聖經》，從中找到能產生共鳴並接受的歷史。與此同時，一股新生力量在波斯帝國境內迅速崛起——即希臘人。而這些希臘人也逐漸成爲閃米特人最強勁的海域範圍內的競爭力量。希臘人之所以被人們稱爲公正能幹的官員，是因爲他們有著正直的氣魄和朝氣蓬勃的精神面貌。

由於塞西亞人的不斷騷擾，大流士一世最終決定入侵歐洲，攻打俄羅斯南部的塞西亞牧人的老家。大流士一世率領著他的軍隊，穿過博斯普魯斯海峽，跨過保加利亞，來到了多瑙河邊，並用船連起了一座橋，然後繼續向北挺進。面對氣勢洶洶的進攻，塞西亞人從不正面應戰。當時波斯軍隊主要是靠步兵作戰，塞西亞人便利用自己騎兵機動性強的優勢，迂回到波斯軍隊後方，直接切斷他們的物資供給，殲滅他們的散兵游勇。此戰中，波斯軍隊嘗盡了苦頭。最後，大流士一世不得不撤兵，灰溜溜地回到自己的國家。

大流士隻身返回蘇薩。他挑出一支軍隊，讓這些士兵暫時駐紮在色雷斯和馬其頓，而馬其頓人又願意聽從大流士的派遣。戰役失敗後，緊接著，波斯帝國統治下的亞洲希臘城邦發動了暴動，而歐洲的希臘人也立即響應。大流士於是決定鎮壓歐洲的希臘人，他自認爲自己擁有一支強大的腓尼基的艦隊，足以一一攻占希臘諸島。公元前四九〇年，大流士對雅典發起了最後的總攻。在他的指揮下，一支龐大的艦隊從小亞細亞和地中海東部的各港口起航，當他們在雅典北邊的馬拉松登陸時，遭遇到了雅典人的頑強抵抗，艦隊受到重創。

就在這時，一件非同一般的事情發生了。在當時的希臘，斯巴達一直都是雅典最強大的對

萊奧尼達斯率軍堅守溫泉關

手，但值此危難之際，雅典還是決定向斯巴達求助，請求他們不要眼睜睜地看著自己的希臘同胞淪爲野蠻人的奴隸。雅典派出了一個十分能跑的人前往斯巴達，一百多英里崎嶇不平的山路，這位信使居然用不到兩天的時間就跑完了，完成了使命。斯巴達人答應立即出兵援助雅典。三天後，斯巴達軍隊抵達雅典，但此時波斯軍隊已經敗退了，戰場上到處都是波斯人的屍體。波斯對希臘的第一次戰爭就這樣結束了，這一戰由於在馬拉松打響，所以又稱「馬拉松戰役」。

接著，不甘失敗的波斯統治者又對雅典發動了第二次戰爭，而且戰況更加激烈。馬拉松戰役的失敗深深打擊了大流士，不久，大流士就死了，其子薛西斯繼位。薛西斯花了整整四年的時間精心準備，厲兵秣馬，就是爲了一舉拿下希臘。

在這一段時間裡，由於面對的是同一個強

大的外敵，希臘各部族緊緊團結在了一起。至於薛西斯的軍隊，可以說它是世界上前所未有的最為龐大的軍隊，但也是一群毫無組織性的亂軍。公元前四八〇年，波斯軍隊利用浮橋，抵達達達尼爾海峽。而緊隨大軍之後的，是一支同樣拼湊起來的糧食補給船隊，他們沿著海岸一路跟進。在狹小的德摩比利山口（直譯為「溫泉關」），波斯大軍遭到了斯巴達人的阻擊，斯巴達國王萊奧尼達斯率領著只有一千四百人的小隊伍與侵略軍進行了驚心動魄的戰鬥。此戰以萊奧尼達斯的全軍覆沒而告終，但是波斯大軍亦受到重創。於是，波斯大軍帶著強烈的報復心理，對底比斯和雅典發起了猛攻。最終，底比斯屈服投降，雅典人棄城而逃，雅典城則被波斯人縱火焚毀。

眼看希臘就要落入波斯人之手了，就在這時，情勢突然出現了逆轉，勝利之神再次眷顧希臘人。儘管希臘艦隊的數量不及波斯艦隊的三分之一，但是希臘人還是在撒拉米斯海灣一戰中，力挫對手，大獲全勝。當薛西斯接到消息，知道大軍被切斷了後方給養後，他便急忙帶著一半的軍隊逃回亞洲。留下的隊伍，則在公元前四七九年的普拉太亞的戰役中被希臘人消滅。幾乎同一時刻，在小亞細亞的麥卡利，希臘艦隊殲滅了波斯的殘餘艦隊。

來自波斯的威脅終於告一段落，亞洲大多數的希臘城邦終於擺脫了波斯人的統治。關於整個希波戰爭，讀者可以透過閱讀希羅多德的著作《歷史》，獲得更為詳盡和生動的介紹。《歷史》是人類的第一部史書，其作者希羅多德於公元前四八四年出生在小亞細亞的愛奧尼亞人的城邦哈利卡納索斯。為了蒐集一些更為準確的歷史資料，他曾經到過古埃及和巴比倫。

麥卡利一役後，波斯帝國陷入了內亂，各方勢力為爭權奪勢導致政局動盪。公元前四六五年，薛西斯遭人暗殺，而古埃及、敘利亞和米底亞又相繼發生暴動，終於使得強大的波斯帝國土崩瓦解了。希羅多德撰寫《歷史》，主要在於揭露波斯帝國的脆弱本質。用今天的眼光來看，這部著作更像是一個宣傳冊，目的就是鼓勵希臘人凝聚力量去抗爭波斯人。在《歷史》這本書中，希羅多德創作了一個人物，名叫「阿里斯塔格拉斯」。書中是這樣描寫阿里斯塔格拉斯的，他拿著一張地圖對斯巴達人說：「這些野蠻人並不能征善戰，而你們卻擁有極其高明的戰法。世界上沒有哪個國家，像他們一樣擁有那麼多東西：黃金、白銀、青銅、牲畜、奴隸和繡袍。假如也想擁有這些東西，那麼你們就大膽地去戰鬥吧。」

波斯海軍將領在撒拉米斯海戰中陣亡

第二十五章　繁榮昌盛的希臘帝國

在希波戰爭結束之後的一個半世紀裡，正是古希臘文明發展最爲昌盛的一段時期。在此期間，包括雅典、斯巴達在內的許多希臘城邦，爲了爭權奪勢，不斷發生軍事衝突。公元前四三一年到前四〇四年，希臘兩大陣營之間就進行了近三十年的伯羅奔尼撒戰爭。此後，希臘人也爲此付出了代價，希臘一度四分五裂。公元前三三八年，希臘爲馬其頓人所征服。儘管如此，這一時期的希臘人無論在思想方面、創造力方面還是藝術創作方面，都發展到一個相當高的水準，所以後來人們常將這一時期他們所取得的成就稱爲「人類智慧的源泉」。

當時，希臘各城邦都將雅典視爲精神活動的核心。在公元前四六六年至前四二八年的三十多年裡，統治雅典的是偉大的政治家伯里克利。伯里克利是一位精力旺盛、思想開明的統治者，他立志要在被波斯人蹂躪的城市廢墟上重建雅典。那些至今仍令雅典人引以爲豪的美麗的雅典廢墟，就是當時那一偉大工程的遺蹟。伯里克利不僅重建了雅典的物質世界，而且還重建了雅典的精神文明，使得雅典在世界上享有盛譽。伯里克利廣泛召集各方面的優秀人才，一時間雅典雲集了大量的建築師、雕刻家、教育家、哲學家、戲劇家和詩人。公元前四三八年，希羅多德來到雅典朗誦他的歷史著作；阿那克薩戈拉帶著他的有關太陽和恆星的科學見解也來到了雅典；而艾斯奇勒斯、索福克勒斯和歐里庇得斯也相繼到來，他們的出現使得希臘的戲劇發展到一個完美與崇高的境界。

在伯里克利的鼓勵下，雅典的精神文明得到了極大的發展，這種文明的發展一直延續到其死後。雖然一場持久且損耗極大的伯羅奔尼撒戰爭破壞了希臘的和平，但是政治上的黑暗並不能阻止人類思想的進步，反而更能激發人們去探索精神世界。

在伯里克利統治時代之前很久，由於政治制度上所特有的自由，使得辯論術成了希臘一門重要的學問。當時，希臘的最後決定權，不在國王，也不在祭司的手中，而是在公開的辯論中，透過民衆或領導人的投票選舉而確定的。所以，善辯成爲當時一門重要的技藝。於是，一種新興的職業在希臘誕生了，這便是對年輕人教授辯論技巧的教師，即「詭辯家」。

辯論應該井井有條，有事實根據，不能胡說亂道。所以，人們在熱衷於辯論之時，又開始追求更爲廣泛的知識，以此來

蘇格拉底之死

提高辯論質量。在不斷的論戰中，這些詭辯家也逐漸提高了辯論技藝，加強辯論風格的建設，思維方式也越來越完善，辯論效果越來越好。在伯里克利去世之後，蘇格拉底以其機智的批判，對以往那些詭辯家所傳授的辯論術予以毫不留情的批判，指出其中很多都是錯誤的。這令他聲名鵲起，贏得了廣大青年的崇拜，但這也為他招來了殺身之禍。公元前三九九年，蘇格拉底以腐蝕年輕人思想的罪名被判處死刑。他效仿當時雅典盛行的「體面」死法，在朋友們的注視下，在自己家中喝毒藥（從毒芹中提取出來的）而死。蘇格拉底雖然死了，但其思想對人們的影響卻始終沒有斷，他的弟子們繼承了他的衣缽，繼續影響著人們。

在蘇格拉底衆弟子中，有一位影響力是最大的，他便是柏拉圖（公元前四二七—前三四七年）。柏拉圖建立學園，講授哲學。他的學說大致可分為兩部分：一是研究人類的思維本質和思維方法，二是考察社會制度。柏拉圖是歷史上首位發表「烏托邦」言論的人，而且他還勾繪了美好的「烏托邦」藍圖。「烏托邦」其實是一種社會組織形式——一種與以往的社會制度完全不同的新組織形式，而且比以往所有的社會制度都更加美好。「烏托邦」這一概念的產生，是人類思想史上一個巨大的突破。此前，人們總是遵循現有的社會傳統與習俗，從不質疑舊有的社會制度。柏拉圖則明確地呼籲人類：「只要你們有足夠的決心和勇氣，你們就能改變使你們受苦的社會制度和政治弊端。你們只不過還沒有意識到自身的力量，只要你們願意思考並且行動起來，你們就一定能夠爭取到一個更加合理明智的社會制度。」

柏拉圖的這一思想不僅在當時影響深遠，就是在今天也依然具有重要意義，其已滲透至每一個人的內心當中。另外，柏拉圖還著有《理想國》《法律篇》等作品，《理想國》是其早期作品之一，主要向大家描繪了一個理想的貴族式的共產主義王國；《法律篇》則講述了另一種「烏托邦」國家的社會模式。

柏拉圖死後，他的學生亞里士多德繼續對思維方式和社會制度進行揭示。亞里士多德曾經在呂克昂學園傳授知識。亞里士多德的故鄉在馬其頓的斯塔尼亞城，其父是馬其頓的宮廷醫生，而亞里士多德本人則一度是馬其頓王子亞歷山大的家庭教師。關於亞歷山大，他後來繼承了王位並建功立業，這些我們會在後面的文章中向大家介紹。

亞里士多德致力於思維方法的研究，將邏輯學推到了一個新的發展高度。然而，在其後的一千五百多年甚至更長時間裡，這一學科的研究幾乎停滯不前。直到中世紀，經院派學者才重新對邏輯學展開研究。不過，亞里士多德並沒有宣揚「烏托邦」思想。在他看來，人們只有掌握了更多的、更準確的知識，才能實現柏拉圖所說的「掌握自己的命運」，因此他開始著手對知識進行系統化的整理，而這便是我們今天所說的科學研究。此外，他還派探險隊去蒐集歷史資料，他還是政治學的奠基人，博物學的創始人。在呂克昂學園，亞里士多德的學生曾經認真比較、研究過一百五十八種不同的國家制度。

公元前四世紀，古希臘的確出現了一大批偉大的「現代思想家」。從那個時候開始，原始的、幼稚的、幻想式的思維方式，被一種訓練有素的、有針對性的、具有批判精神的思維模式給取代了。人們摒棄了那些荒謬的象徵主義、鬼怪神靈的幻想及一些禁錮人類思想的禁忌與敬畏，開始進行自由的、準確的、系統化的思考。這些來自北方叢林地帶的富有朝氣的、自由的靈魂，闖入了神祕的聖殿，用他們的思想之光照亮了希臘的文明。

第二十六章　亞歷山大統治下的帝國

公元前四三一年到公元前四〇四年，伯羅奔尼撒戰爭爆發，這場戰爭大大損耗了希臘人的實力，而與其同宗的馬其頓卻日益強盛，文明程度也提高了許多。馬其頓人與希臘人的關係較爲緊密，他們所使用的語言十分接近，而且馬其頓人也曾多次參加希臘的奧林匹克運動會。公元前三五九年，馬其頓人迎來了他們新的統治者，他便是才能卓著而又野心勃勃的菲利普。菲利普一度被當作人質扣押在希臘，所以他接受了純粹的希臘式教育，並深受影響。他對希羅多德的思想極爲信仰：希臘人一定會征服整個亞洲，但前提是所有的希臘人要團結一致。後來，哲學家伊索克拉底繼承了這種思想，並將它推崇到一個更高的層面。

菲利普繼位後，開始擴張並整頓自己的王國，重新打造軍隊。千百年來，決定戰爭勝敗的關鍵因素，往往是衝鋒陷陣的馬拉戰車和近距離作戰的步兵，雖然騎兵也參與作戰，但是其大都是未經訓練、不懂得協同作戰的散兵群，在戰爭中無法擔任重要使命。菲利普決定改變傳統的作戰方式，他訓練步兵，讓他們在作戰時成密集的隊形，即馬其頓方陣。同時，他也對騎兵進行訓練，讓他們以一種固定不變的隊形協同作戰，就這樣，眞正的騎兵出現了。戰鬥中，這些騎兵往往帶有衝鋒任務，在菲利普國王及其繼承人亞歷山大的對外戰爭中，他們都喜歡這種戰術安排。每次戰鬥打響之後，馬其頓步兵方陣正面與敵方交鋒，而騎兵則負責對敵人的兩翼及後方施以打擊，弓箭手則負責射殺敵人的馬匹，使對方的戰車失去作用。

憑藉這種新型的軍隊，菲利普不斷開疆拓土，領土從塞薩利一直延伸到希臘。公元前三三八年，凱羅尼亞戰爭爆發，菲利普指揮的馬其頓大軍成功擊潰了雅典及其同盟軍，一舉征服希臘全境。希羅多德當年的夢想終於實現了。後來，在希臘各城邦的議會上，菲利普被推舉為希臘—馬其頓聯軍的最高統帥，讓他率領大軍攻打波斯。菲利普於公元前三三六年帶領一支先遣隊踏上了亞洲的領土，開始了他蓄謀已久的征途冒險，但是，他自己卻不能再次親征，他被暗殺身亡。據說是因為他娶了第二位妻子，使得他的王后，即亞歷山大的母親奧林匹亞斯十分生氣，派人殺了他。

不過，菲利普在兒子的教育問題上花費了很多心思，他不僅為亞歷山大聘請了優秀的家庭教師，即偉大的哲學家亞里士多德，還將自己多年的帶兵經驗和思想統統傳授給兒子。所以，亞歷山大也成長得十分迅速，年僅十八歲的他就已經在凱羅尼亞一役中擔任騎兵的指揮官了。正是因為這些教育和經歷，才使得亞歷山大在二十歲繼位時，就能夠繼承父親遺志，完成征服波斯的偉業。亞歷山大即位後，首先花了整整兩年的時間來確立和鞏固自己在馬其頓和希臘的地位，之後才開始踏上征服波斯的征程。公元前三三四年，亞歷山大率軍踏上亞洲土地，並在格拉尼卡斯戰役中擊敗了一支沒什麼戰鬥力的波斯軍隊，攻占了一些小亞細亞的城市。接著，亞歷山大又讓大軍順著海岸，繼續向前推進。當時，波斯帝國仍擁有提爾和西頓艦隊的掌控權，並由此控制著海上主動權，所以亞歷山大在每攻克一座沿海城市後，都要留下一部分兵力守城，以防波斯軍隊切斷他們的後方供給——如果亞歷山大把後方港口留給敵人，那對方的海上艦隊就極有可能攻擊他們的後方。

公元前三三三年，亞歷山大對波斯軍隊發動了伊蘇斯戰役，並成功擊潰了由波斯帝國的統治者大流士三世率領的一支龐大隊伍。與一百五十多年前的薛西斯的軍隊一樣，大流士三世所率領的這支軍隊也是一支臨時拼湊起來的隊伍。而且，隊伍中除了戰士外，還有大批的官員、大流士的後宮嬪妃以及侍從等一大批非戰鬥人員，使得軍隊受到牽制，戰鬥力銳減。不久，西頓人投降了亞歷山大，但提爾人卻不肯屈服，堅持抵抗。最後，在亞歷山大軍隊的猛烈攻擊下，提爾城還是被攻破了，並且遭到了劫掠和摧毀。同樣遭到征服的，還有加薩。一年後，亞歷山大占領了古埃及，將該城的統治權從波斯人手中奪了過來。

占領古埃及後，亞歷山大在那裡建造了一些用其名字命名的大城市，又修建了通往這些城市的大路，以防這些城市發生叛亂。很快，腓尼基各城邦的商業活動都往這些城市轉移，而地中海西部的腓尼基人很快便在歷史舞臺上消失了。與之相反，在亞歷山大新建立的商貿城市中，猶太人迅速崛起。

公元前三三一年，和此前的托多美斯、拉美西斯和尼科一樣，亞歷山大從古埃及發兵討伐巴比倫，所不同的是，亞歷山大選擇繞道提爾。在艾爾比勒，即早已廢棄的尼尼微城附近，雙方軍隊遭遇了，展開了殊死戰鬥。對陣中，波斯的戰車首先遭到重創，馬其頓騎兵先鋒隊乘勢追擊，大敗波斯龐大的雜牌軍。此役失敗後，大流士帶著殘餘兵力落荒而逃，無心再戰。大流士一路向北逃竄，最終逃到了米底亞的領土。於是，依然繁盛的巴比倫便直接被亞歷山大占領了。之後，亞歷山大又攻占了蘇薩和波斯波利斯，並舉行了盛大的慶功宴，還燒毀了曾爲王中之王的大流士的宮殿。

此後，亞歷山大繼續在中亞炫耀自己的武力，他的軍事觸角一直伸展到波斯帝國的盡頭。在大流士潰逃之後，亞歷山大帶領軍隊一路向北，對大流士窮追不捨。亞歷山大的希臘先頭部隊率先追上了大流士，當時他遭到部下暗算躺在戰車上奄奄一息，待亞歷山大趕到時，他已經斷氣了。亞歷山大並沒有因此而撤兵返回家園，而是讓軍隊繼續沿著裡海向前開進，他們翻越土耳其的西部山脈，穿過赫拉特（亞歷山大所建之城市）、喀布爾和開伯爾山口，最後抵達印度。在印度河畔，亞歷山大遭到了印度國王波魯斯的抗擊，馬其頓軍隊也首次領略到了印度象陣的厲害。經過激烈的戰鬥後，印度軍隊終於敗下陣來。最後，馬其頓軍隊建造船隻，順印度河而下，來到印度河河口，然後沿著俾路支斯坦海岸返回家園。

公元前三二四年，亞歷山大在歷經六年的征戰後，終於返回了蘇薩。其後，他便集中精力鞏固自己辛苦打下的江山。為了贏得新臣民的民心，他穿著傳統的波斯君王的衣袍，頭戴波斯王的頭飾。但是，他的這些舉措卻遭到了馬其頓將領的懷疑，給他帶來了許多麻煩。亞歷山大還促成了不少馬其頓官員與波斯、巴比倫女子的婚姻，即所謂的「東西聯姻」。即使他十分努力，但是他想要鞏固這一龐大帝國的夢想還是破滅了。在巴比倫的一次酒宴狂飲後，他患上了熱病，並於公元前三二三年去世。

亞歷山大一死，他所建立的這個龐大的帝國也瞬間分崩離析了。亞歷山大手下的一員將領塞琉古斯，將大部分的原波斯帝國在印度河到以弗所的領土納入自己囊中；亞歷山大的另一位將領托勒密，則攫取了古埃及的統治權；馬其頓則落入了安提古勒斯手中。剩下的其他的帝國疆土，則政治動盪，各方勢力你爭我搶。不久，北方野蠻民族入侵，且危害越來越大。這種混亂不堪的局面一直持續著，直到後面我們要介紹到的羅馬帝國在西方的崛起。後來，羅馬帝國征服了各個小國，建立起一個長久統一的新帝國。

第二十七章　亞歷山大城的科學

在亞歷山大統治之前，波斯帝國的大部分領地就已經活躍著一批希臘人了，他們中有藝術家，有商人，還有官員和雇傭兵。在薛西斯死後的歷次戰亂中，有一支隊伍始終扮演著極爲重要的角色，這就是色諾芬率領的由一萬希臘人組成的雇傭軍。色諾芬寫了一部題爲《萬名將士的撤退》的小說，書中詳細講述了雇傭軍從巴比倫返回亞洲希臘城的全過程，這是歷史上首部由親身經歷了戰爭的將軍寫成的小說。而在亞歷山大的遠征及其王朝的分裂過程中，另一股希臘勢力也有了新的發展，這便是包括語言、習俗、文化等在內的希臘文明，被廣泛傳播到古老文明世界當中。這種文明的傳播和滲透，甚至可以在中亞、印度北部等遙遠地區找到痕跡，印度藝術發展就深受其影響。

許多個世紀以來，雅典一直是世界藝術和文化的中心，在世界普遍享有盛譽。雅典的學園歷史悠久，開辦了將近一千年，一直持續至公元五二九年。不過，到了亞歷山大時期，世界精神活動的中心卻發生了轉變，其跨越地中海，轉移到了古埃及的亞歷山大港。亞歷山大港是一座新興的商業貿易城市，由亞歷山大建造而成，並以他的名字命名。此時，古埃及的王宮裡都是說著希臘語的人，而法老王則是馬其頓的托勒密將軍。托勒密在繼位前與亞歷山大是好朋友，也深深崇拜亞里士多德的思想。托勒密以過人的精力和卓越的才華，致力於知識的整理與組織研究。此外，他還撰寫了一部有關亞歷山大遠征的書，遺憾的是此書已經失傳。

雖然亞歷山大也曾斥鉅資資助過亞里士多德的研究，但他的這種資助方式卻不及托勒密一世的資助有意義，托勒密建立起了第一個長久性的科研基金。在亞歷山大城，托勒密還建造了一座名義上是獻給女神繆斯的，但實際上卻是一座博物館的建築，即亞歷山大博物館。

在兩三代人的時間裡，亞歷山大博物館的科學研究取得了巨大的成果。在這裡，曾湧現出一大批著名的學者，如歐幾里得、測得地球直徑（和地球的實際直徑相差不到五十英里）的埃拉托色尼、《圓錐曲線》的作者阿波羅紐斯、繪製出首張星象圖和形象表的希帕克斯、世界第一台蒸汽機的設計者希洛等。他們都是科學開拓者中的閃耀明星。當時，阿基米德也從敘拉古來到亞歷山大博物館求學，學成歸國後還始終與亞歷山大博物館保持著密切的聯繫。當時，還有一位偉大的解剖學家，據說他還做過活體解剖實驗，這就是希羅菲勒斯。

亞歷山大城經過托勒密一世和二世的統治，不管是在科學還是知識的領域上都得到了空前的發展。這樣的繁榮，在十六世紀之前的人類歷史上，是從來沒有過的。然而，這種昌盛卻是短暫的。導致衰落的原因有多方面，不過已逝的馬哈菲教授卻認爲，其最主要原因是博物館的「皇家」學園制度限制了它的發展。當時，博物館中所有的教授與研究人員都是由法老親自任命，並由法老支付薪水支持其研究的。在托勒密一世的統治時期，亞里士多德的學生和朋友的處境還算不錯。後來隨著托勒密王朝的更迭，各代法老日益古埃及化，並且日益被古埃及的祭司和宗教勢力所左右，逐漸停止對科學研究的支持。後者的控制越來越厲害，直至完全扼殺了自由探索的精神，科學研究再難繼續。在經歷了最初一百年的昌盛後，亞歷山大博物館逐漸衰敗，再也沒有創造出有價值的東西。

托勒密一世對世界文明的發展貢獻巨大，他提出了發現新知識需要以先進的思想爲指導的觀點。而且，他還努力建立一座百科全書式的知識寶庫，即亞歷山大圖書館。它不只是一座書庫，而且還是圖書的複製及銷售之所，一大批筆耕者不停地在這裡抄寫、複製圖書。

直到這時，今天人類所擁有的知識才在歷史進程中邁出了第一步。從此，人們才對知識有了系統的整理和分類。亞歷山大博物院和圖書館的創立是眞正「近代史」的開端，它標誌著人類的歷史邁入了一個偉大的新紀元。

那個時候，研究和傳播知識都不是容易的事，可謂困難重重。究其原因，最重要的還是各社會階層之間存在的社會等級的鴻溝，如紳士階層的哲學家就與普通的商人、工匠之間存在著這樣的鴻溝。當時社會上已經出現了大批的金屬工匠、玻璃工匠，但是他們與思想家之間幾乎就不存在著精神方面的接觸。

玻璃工匠們能夠製出各種漂亮的瓶瓶罐罐、彩珠等，但他們卻似乎對透明玻璃不感興趣，也從未想過要製作什麼透鏡或試管；金屬工匠們能夠打造武器、飾品，卻從未想過製造一台天平。哲學家們則只是一味地深入研究事物的本質和原理，對製作釉料、顏色等卻一竅不通。因爲他們對物質沒有興趣，所以在亞歷山大博物館短暫的繁榮中，既沒人造出顯微鏡，也沒催生出化學。雖然當時希洛已經設計出蒸汽機，但他的發明卻完全沒有用於實踐中，既沒用於水泵上抽水，也沒安裝在船舶上成爲動力，更沒有用在其他實際方面。在各科學學科中，僅醫學被運用到實際當中，而這種實際應用所產生的興趣和效益卻沒能刺激和支持科學的進一步發展。

所以，隨著托勒密一世和托勒密二世對科學好奇心的日漸消退，就再沒什麼力量能夠推動科學的發展了。此後，博物館的各項發現，就只是被記錄在一些不見天日的手稿上的文字。至文藝復興時期，人們重新燃起了探索知識的熱情之火，科學才得以重見天日，成為人們關注的焦點。

同樣，亞歷山大圖書館也沒有取得什麼成就，在製作圖書方面一直止步不前。當時，人們還不知道如何用紙漿製出長寬一樣的紙張。紙是由中國人發明的，直到公元九世紀才傳到了西方。當時，亞歷山大圖書館用的是羊皮或一片片黏結而成的莎草紙製作圖書。由於莎草紙總是打卷，因此閱讀、查找起來都極為不便。正是這個原因，制約了書籍的裝訂和印刷的向前發展。人類早在舊石器時代就已經了解印刷術了，蘇美爾人的印章就證實了這一點。但是，如果沒有足夠的紙張，複製圖書也就無利可圖了，印刷業便無法發展。亞歷山大圖書館雖然製作了許多書籍，但由於價格昂

基於考古依據藝術化繪製的亞歷山大圖書館

貴，僅只有權有勢的人才能掌握書籍中的知識，而普通大衆則無法知道書中的內容。

所以，在亞歷山大城知識繁榮之時，其璀璨的知識之光也只照射到托勒密一世和托勒密二世聚集起來的哲學家小圈子的人身上，並沒有被更多的人熟知。這就好像是被黑色燈籠所罩著的燈，不管燈籠內的燈火多麼璀璨，因爲它的光芒透不出來，所以外界幾乎感受不到它的光芒。外面的人一如既往地生活，根本不知道終將改變這個世界的科學種子已經播下了。更糟糕的是，沒過多久，亞歷山大城便籠罩在一股偏執勢力黑暗的統治之下。此後，便是漫長的一千年的黑暗時光，亞里士多德播下的科學種子也被掩埋其中。但是，這顆科學種子終於萌芽，並在後面的幾個世紀中迅速地發展，成了影響和改變整個人類生活的知識和清晰的思想。

在公元前三世紀，亞歷山大城並非希臘人唯一的精神活動中心。在亞歷山大帝國土崩瓦解後，許多城市也出現了輝煌燦爛的精神文化生活。如位於西西里島的希臘城邦敘拉古就是其中一例，這裡的科學和思想曾繁榮了兩個世紀。又如小亞細亞的帕加馬，該城也曾建立了一座規模不小的圖書館。但是這些希臘文明卻屢遭來自北方部族的摧毀。

首先入侵希臘城邦的是新興的北歐蠻族高盧人，他們沿著希臘人、弗利吉亞人、馬其頓人祖先的足跡，闖入希臘人的領地。其每到一處，便燒殺搶掠一處。接著又有剛崛起的野心勃勃的羅馬人，他們從義大利出發，逐步將大流士和亞歷山大所創建的帝國的整個西半部納入囊中。羅馬民族是一個頗具才幹的民族，但羅馬人卻沒有豐富的想像力，他們推崇法律，追求利益的最大化，但對科學和藝術卻表現得十分冷漠。與此同時，一支善於騎射的新的入侵者——馬背民族帕提亞人，也從中亞揮兵而至，他們征服了塞琉西帝國，使得印度與西方世界的聯繫再次被割斷。與公元前七世紀至前六世紀時期米底亞人、波斯人對待他們的方式一樣，公元前三世紀，他們以同樣的方式對待波斯波利斯帝國和蘇薩。侵略者中還有從東北來的遊牧民族，他們是有著黃色膚種、說著蒙古語的蒙古人，並不是有著白色皮膚、說亞利安語的北歐人，我們會在以後的章節中詳細地介紹關於這些民族的故事。

第二十八章 佛祖喬達摩

現在，我們得將人類的歷史向前回溯三個世紀，來介紹一位偉大的傳道者，他的出現，使得整個亞洲的宗教思想和宗教感情發生了根本性的改變。他便是佛界人人稱頌的佛祖喬達摩。當以賽亞在巴比倫發表預言而以弗所的哲學家赫拉克利特開始探究世界本原的時候，在印度的貝拿勒斯地區，喬達摩·悉達多正對信徒佈道。這幾位偉大的人都生活在公元前六世紀，但是，他們都不知道彼此的存在。

公元前六世紀的確算得上人類歷史上最輝煌的一個時期。那時，在世界的每一個角落——包括下文我們將要介紹的中國——都在人類的精神領域體現出從未有過的膽量和勇氣。人們擺脫了王權、神權及血腥的祭祀等原始傳統的羈絆，開始探究人類最爲尖銳的問題。也正是從這個時候起，人類終於走出了長達兩萬年的童稚時代，開始邁入青年時代。

關於印度早期的歷史，人們至今仍然不是十分了解。據推測，大約在公元前二〇〇〇年，一支說著亞利安語的部族，曾一次或者數次從西北部入侵印度，並將他們的風俗習慣和語言傳播到印度的大部分地區。現今印度人所說的梵語，便是亞利安語的一個特殊變種。侵略者們占領了印度河和恆河流域後，發現這裡生活著一群擁有更複雜文明但生活卻稍顯沉悶的膚色淺黑的民族。這一民族的生活方式和希臘人、波斯人的顯然不一樣，他們似乎不和部族外的居民自由混居，而是孤獨地生活。歷史學家發現，當印度的歷史輪廓大致呈現在衆人面前時，印度就已經出現了社會階級分化，而每一階層又被分爲若干等級。根據規定，不同階層、不同等級的人，不能一起進餐，不能自由交往，也不能相互通婚。這種社會等級制度後來演變爲「種姓制度」，並且貫穿整個印度歷史，這也使得印度民族與可自由雜婚的歐洲人和蒙古民族明顯區分開來。可以說，印度社會就是一個由不同社會階層團體共同組成的大團體。

喬達摩．悉達多就生活於這樣的印度社會中。喬達摩原本是喜馬拉雅山麓一個小國的王子，他在十九歲時娶了其美麗的表妹爲妻。在陽光明媚的花園中，在林木蔥鬱的小林間，在水渠縱橫的良田裡，他打獵、散步和嬉戲，過著無憂無慮的生活。然而這樣的生活卻讓他越來越不快樂，讓他的內心產生了一種想要有所作爲的想法。他認爲自己的生活過於安逸了，不是一種眞正的生活，而是一種漫長無期的假期，他不願意再這樣生活下去了。

後來，他的心中突然冒出這樣的想法：疾病和死

喬達摩的婚禮

亡的眞諦是什麼？幸福的眞理又是什麼？正當他被這些問題所困擾時，一位雲遊四方的苦行僧進入了他的世界。在當時，印度有許許多多這樣的苦行僧，他們堅守嚴格的清規戒律，一生都在沉思反省和探究宗教眞諦，他們似乎在追尋生命的眞正意義。受僧人的影響，喬達摩開始嚮往這些人的生活，並且這種想法越來越強烈。

據說，正當喬達摩在思考是否剃度出家時，卻傳來了他的妻子爲他誕下一個兒子的消息。喬達摩得到消息後，感歎地說道：「這是我的又一個難解之結呀。」

當他回到家中之後，發現族人正爲他兒子的誕生而舉行盛大的慶祝宴會，大家載歌載舞，顯得那樣高興。然而，當天夜裡，他突然被某種巨大的精神痛苦給驚醒了，這種痛苦就像是一個人突然被告知說「你家著火了」的那種感覺。於是，他決定要徹底擺脫這種幸福卻又毫無目標的生活，而且立即行動。他躡手躡腳地走到妻子床前，借著昏暗的燈光，看著妻子懷抱著兒子在鮮花的環繞下正睡得香甜。突然，他心裡產生了一種強烈的衝動，想要抱一抱自己的兒子——第一次也是最後一次抱一抱。但是，他又擔心會將妻子驚醒，只好強忍著這股衝動，轉身離開。就這樣，他騎上馬，消失在皎潔的夜色之中。

他騎著馬在夜色中走了很久，等到黎明到來之時，他已經離開了自己的國家。他來到一條沙河旁邊，抽出自己的佩劍，給自己剃了頭，又將身上的飾物一一摘下。然後，他讓人將這些飾物連同他的馬匹和佩劍一起送回家中，而他自己則繼續向前走。途中，他遇到了一個衣衫襤褸的人，他便同對方交換了衣服。這樣，他就擺脫了一些世俗羈絆，可以了無牽掛地去探索人生哲理了。喬達摩一路向南，來到了文迪亞山脈的一個小山上，這裡聚居著許多隱士和傳道者。不少智者隱居在山中的岩洞裡，他們靠城中百姓布施的粗茶淡飯維持生活，樂於給登門求知者口授一些知識。然而，喬達摩對當時的那套形而上學的學說已經瞭如指掌，那些隱居的智者所傳授的東西，根本無法滿足他的需求。

在印度，人們一直深信：苦行可以幫助人們獲取知識和能力。所謂苦行，即指不吃飯、不睡覺、自我磨煉等一系列行為。為了驗證這種理論，喬達摩便帶著一直跟隨自己修行的五個弟子，一起來到了深山密林之中，開始禁食和苦修。他響亮的名聲很快便傳播開了。然而，他卻覺得這種苦行並沒有讓他獲得任何的眞理。一天，儘管身體十分虛弱，但他還是走來走去，苦苦思索著。突然，他倒了下來，不省人事了。待他蘇醒過來，他猛然醒悟：用這種苦行的方式來獲取知識是十分荒謬的。

從此，他開始正常飲食，不再苦行。這使得跟隨他修行的弟子們感到大為驚恐。這時候，喬達摩才意識到，人類只有擁有了健康的身體和健全的心智才能更好地追求眞理。在當時的印度，他的這一觀點無疑被視為妄語邪說，所以，他的門徒都離開了他，怏怏不樂地回到了貝拿勒斯。喬達摩沒有因此而放棄，開始獨自一人求索眞理之路。

然而，一旦遇到重大而複雜的問題時，僅憑其一人之力去解決，其進度就顯得有些不盡如人意了。在沒找到完全解決問題的辦法之前，在靈光突現之前，人們往往察覺不到其實正越來越接近答案。當時喬達摩的情況就是這樣的。一天，他正坐在河邊一棵大樹下吃東西，恍惚間他突然感覺到自己的腦海中湧現出一種思緒，使得他澈底明白了人生的眞諦。據說，他在河邊沒日沒夜地思索著，最後終於站了起來，將其領悟到的生命眞諦傳播給衆人。

他來到貝拿勒斯，招來那些曾離他而去的弟子，向他們講授自己領悟的新學說。在貝拿勒斯皇家鹿園裡，他建了一座小房子用於棲身，又開辦了學校，向更多尋求眞知的人傳道解惑。

喬達摩的教學是從其自身感受的一個問題開始的：「作爲一個幸運的年輕人，爲什麼我感覺不到百分之百的快樂？」這是一個自省的問題。這一問題，與泰勒斯及赫拉克利特在對宇宙問題的研究上，那種所表現出來的坦率無我的外在求知欲以及同樣無我的希伯來先知對希伯來人心智的教化在本質上是截然不同的。這位印度導師，不僅沒有忘卻自我，還專注於自我和毀滅自我的探索。在他看來，人類一切苦難的根源就是自身的貪欲，假如一個人能控制自己的欲望，那麼他將能避免經歷悲慘的命運，否則他的一生將註定是一個悲劇。

喬達摩在貝拿勒斯皇家鹿園佈道

根據喬達摩傳道的教義所說，人類的慾求大致有三類，而且都十分邪惡。第一類是，食慾、貪欲以及其他一切感官欲望；第二類是，個人的、利己的、不想死的欲望；第三類是，追求功名利祿及諸如此類的欲望。喬達摩認爲，人們只有徹底掙脫這些欲望的束縛，才能眞正逃離人生的苦惱和一切痛苦。當人們杜絕了這些欲望之後，其自我也自然而然消失了，心靈將獲得寧靜，就能達到至善的涅槃境界了。

這便是喬達摩傳道的要旨——一種微妙的形而上學的教

義。希臘人的教義是教導人們要勇敢無畏地去探求眞理，希伯來人的教義則是勸誡人們要敬畏上帝，施行正義，這兩種教義都很容易讓人明白其宗旨。但是喬達摩教義卻明顯與它們不同，他的教義更加玄妙難懂，就連喬達摩的親傳弟子也常常無法悟透其眞正的含義。所以，當喬達摩個人的影響力消退之後，他的教義常被曲解傳播，並被視爲異端邪說。在印度，人們廣泛相信，每隔一段時間就有一位智者降臨人間，他便是神靈佛陀的化身。喬達摩的弟子宣稱，喬達摩就是佛陀，而且也是最後的佛陀。不過，還沒有什麼證據可以證明喬達摩自己到底有沒有接受這個尊號。在他涅槃之前，印度就已經開始盛傳他的神奇傳說了。比起道德說教來，人們更樂意相信傳奇故事，所以喬達摩便被神化了。

喬達摩祖師的確給這個世界帶來很多實質性的東西。對芸芸衆生來說，如果涅槃的想像力過於深不可測，印度人把喬達摩平凡的生活編織成神話的衝動過於強烈的話，我們最起碼從他的教義中悟出了喬達摩所宣揚的「八正道」，即人生八大正道的眞正的含義：正見（正確的見解）、正思維（在沒有貪嗔等煩惱的情況下，依正見觀察、思維，合理地做出決定）、正語（即說話要符合佛陀的教導）、正業（正確的行爲）、正命（從事正當的職業）、正精進（精神上要向善）、正念（正確的欲念）以及正定。

第二十九章　佛教與阿育王

喬達摩神聖而深刻的教義，第一次提出了自我克制是人類的至善表現。儘管在他去世後數代人的歲月裡，這一教義並沒有在世上得到廣泛流傳，但它卻征服了世界上最偉大的一位君主。

前面我們提到，亞歷山大入侵印度時，與印度國王波魯斯在印度河邊展開了廝殺。據希臘歷史學家記錄，曾經有一位叫旃陀羅笈多的人去亞歷山大的軍營遊說，他想要說服亞歷山大改為進攻恆河流域，接著再占領印度。但是，由於亞歷山大麾下的馬其頓人不願意深入陌生的地方，認為那樣太過危險，亞歷山大也只好作罷。到公元前三二一年，雖然沒有希臘人的支持，但旃陀羅笈多還是在多個山地部落的相助之下，實現了在北印度建立屬於自己的帝國的夢想。旃陀羅笈多於公元前三〇三年大舉進攻旁遮普的塞琉古一世的領土，最後，趕走了那些在印度領土上殘留的希臘士兵。他的兒子繼承了他的王位後，再次擴展了帝國的疆域，公元前二六四年，他的孫子登上王位，並征服了從阿富汗到馬德拉斯的疆土，這個人就是我們要講述的阿育王。

即位之初，阿育王仿效父祖的做法，企圖以武力征服整個印度半島。公元前二五五年，他率軍進攻位於馬德拉斯東海岸的羯陵伽，並且打敗了對手。但是，戰爭結束後，當他看到戰場上屍體橫布，突然體會到了戰爭的殘酷與恐怖，他開始憎惡戰爭，並決定放棄戰爭。後來，他接受了佛教的和平主張，宣布從此以後他只進行宗教上的征服。

在災難深重的人類歷史中，阿育王執政的二十八年成了其中最光輝的一頁，印度人過上了史上最安寧平和的日子。阿育王在印度大規模植樹造林、掘井，又建造了許多醫院、藥圃和公園，設立專門機構用於保護和管理印度的土著居民和隸屬民，制定婦女教育制度。當時，喬達摩創立的純粹而簡潔的教義，傳至這一代已經染上了腐敗和迷信色彩，爲了鼓勵佛教佈道者整理、研究所蒐集到的經文，阿育王爲他們提供了巨額資助，希望對此有所幫助。除此之外，阿育王派佛教教徒到喀什米爾、波斯、錫蘭和亞歷山大城，宣傳佛教教義。

這就是偉大的君主阿育王，他是時代的先驅，他比其所處的時代更爲進步。然而，阿育王的子嗣中沒有人繼承他偉大的思想，在他去世後不到百年，其開創的盛世帝國就已經衰敗了，而他所統治下的繁榮景象也只是印度人心中的一段光輝往事而已。在印度的最高、最有權勢的階層是婆羅門，而這一階層從來就反對佛教坦誠的教義，不斷削弱佛教對印度的影響。日久天長，各種古老奇怪的神，在各種婆羅門教的儀式中重新恢復了他們的統治地位。種姓制度變得越來越嚴格，也越來越複雜。婆羅門教和佛教在幾個世紀裡同時繁榮，可是，佛教在婆羅門教的壓迫下，漸漸地衰落下來，婆羅門教還以各種形式代替了佛教。不過，在等級制度外和印度以外的國家，佛教卻得到了廣泛的傳播，如中國、日本、緬甸和暹羅。現在，佛教在這些國家仍然有著極爲深遠的影響。

第三十章　中國的兩位偉大導師

公元前六世紀，是人類走向青春期的美好時代。就在這個時代，出現了歷史上兩位偉大的導師，他們便是孔子和老子。

本書寫到這裡，我們還沒詳細談過中國古代的歷史，這是因爲我們至今對它仍不是很了解。我們期待正在崛起的中國探險家和考古學家，能像歐洲人在上一個世紀探究自己的歷史所做的那樣，可以完整地勾勒出中國的歷史。中國的原始文明孕育於大河流域，出自原始的日石文化。與蘇美爾、古埃及文明一樣，中國的原始文明也具有日石文化的一般特徵。他們的生活以廟宇爲中心，君王和祭司在神廟中主持季節性的血祭儀式。至於他們的城市生活，應該與六七千年前的蘇美爾人、古埃及人以及一千多年前中美洲的瑪雅人，十分相似。

如果說中國歷史上曾出現過以活人獻祭的情況，那麼也是很久以前的事了，在有歷史記載之前他們就已經改用牲畜來祭祀了。中國人很早就已經開始使用象形文字了，時間可追溯到公元前一千多年前。

事實上，與歐洲和西亞的原始文明經常遭遇沙漠和北方的遊牧民族的騷擾一樣，原始的中國文明也不斷遭到來自北方遊牧民族的襲擊。這些遊牧民族在語言上、生活上均有很多相似之處，他們中有匈奴人、蒙古人、韃靼人及突厥人。就像北歐和中亞的日耳曼人一樣，他們也不斷地變化，分化、組合、重組，但這種變化多是指稱謂上的變化，其本質卻沒有什麼大的不同。與日耳曼人相比，這些蒙古系的遊牧民族擁有馬匹的時間要早很多，而且他們似乎在公元前一〇〇〇年就已經從阿爾泰山一帶發現了鐵。和西方的遊牧民族一樣，這些東方的遊牧民族也曾經多次獲得政治上的統一，成為某些文明定居點的征服者、統治者和復興者。

正如歐洲和西亞的文明不是日耳曼人和閃米特人的文明，中國的原始文明也應該不是蒙古人的文明。中國的早期文明極有可能是淺黑人種的文明，在這一點上，其與最早的古埃及文明、蘇美爾文明、達羅毗荼人的文明是一樣的。根據史料記載，中國文明從一開始就呈現出融合和征服之景象。不管怎樣，我們發現中國早在公元前一七五〇年左右就已經出現了諸侯國和城邦國家，它們彼此之間有著某種默契，最終形成一個沒有什麼凝聚力的聯盟，並定時向他們所敬畏的天子朝貢。

公元前一一二五年，周朝取代商朝，成為新的統治王朝。周朝的統治儘管顯得有些鬆弛，但國家基本還是統一的，而且這種狀態一直維持到古埃及的托勒密和印度的阿育王的王朝時期仍沒有改變。在周朝這一漫長的歷史時期裡，中國逐漸出現了分裂的局面。於外，位於周朝北面的匈奴人，不斷南侵周朝，並且還建立了他們的屬國；於內，周朝各諸侯國紛紛割據，不再向周天子進貢。一位中國歷史界的權威曾說過，到公元前六世紀，中國實際上已經分裂為幾百個獨立政權了。這一歷史時期，在中國歷史上稱為「春秋戰國」時期。

儘管當時是一個諸侯混戰的時代，但中國的文化並沒有因此而停止發展，相反，還顯示出更加繁榮的發展勢頭，許多地方都出現了各具特色的文化。如果進一步了解的話，我們會發現中國也有自己的雅典、米利都、帕加馬和馬其頓。然而有關這些方面的歷史，我們知道的並不多，無法整理出一條完整連貫的線索，所以只能做一個大致的說明。

或許動盪不安的社會局勢更能激發人們的智慧，世界上的許多智者都是在紛亂年代中走入人們視線的，如猶太人在遭到亡國劫掠後出現了先知，希臘在分裂中產生了哲學家，而中國也在春秋戰國的諸侯割據中湧現了一大批的先哲和賢人。其中，最具有代表性的便是孔子和老子。

孔子出身於一個貴族家庭，曾在魯國當過官。可能是在某種與希臘人的衝動相似的情緒的影響下，孔子創立了一所學校，傳授人知識，探究更深層次的知識文化。當時中國「禮崩樂壞」的社會現實深深刺痛了他的心。為了實現他的政治理想和教育思想，建設一個更好的國家，給百姓帶來更美好的生活，他周遊列國，希望能尋找到一位支持他的諸侯。然而，他的希望落空了，雖然他一度找到了這樣的諸侯，但是他們往往因為讒言而拒絕了他。有趣的是，在一個半世紀之後，希臘哲學家柏拉圖也曾做過同樣的事，不過柏拉圖的運氣要好得多，其最終被西西里島敘拉古國王迪奧尼修斯聘為顧問。

最終，孔子在懷才不遇的心情下去世了。他曾十分遺憾地說：「夫明王不興，而天下其孰能宗予，予殆將死也。」在其遲暮失意之時，孔子大概沒有想到他的思想學說對後人會產生多大的影響，更沒有想過他的儒家思想竟然發展為中華民族精神的重要組成部分。在中國，一直有「三教」之說，其中之一便是儒教，另外兩個分別是佛教及以老子為創始人的道教。

孔子思想的核心是「仁」，十分注重個人品行修養，其注重程度與希臘人重視客觀知識、猶太人注重實施正義以及喬達摩注重內心的「無我」的程度相當。在所有人類的導師中，孔子是最強調公共精神的一個。面對戰亂不斷、百姓生活於水深火熱中的社會現實，他憂心忡忡，痛苦不已。他追求的是美好而崇高的世界，他希望將所有人都打造成具有高尚品德的人。他提倡儘量約束自己的行為，在各方面都建立更為全面、更為完善的禮法準則。他樹立做人的理想——嚴於克己、溫文有禮、富於公心，這便是「仁」。這種理想被孔子賦予了永恆的力量，使得它在中國北方的人群中得到了發展。

與孔子同時期的中國，還有一位著名的學者，便是老子。老子曾長期任職於周朝的皇家圖書館，學識淵博。和孔子的思想學說比起來，老子的學說顯得更加玄妙、隱晦和難以捉摸。老子認爲，無論何時，人們都應該保持一種清心寡欲的、耽於想像的樸素心態，如此一來，才不會迷失在享樂和對權勢的追逐的旋渦中。他留下的作品，文字十分洗練，但文意卻晦澀難懂，就好像是謎語一樣難以解讀。老子去世之後，他的學說遭遇了和喬達摩的教義一樣的厄運——被肆意篡改，染上了一層濃重的神話色彩，甚至還沾染了一些奇異而又複雜的迷信思想和戒條。

中國的文化發展歷程與印度文化的發展如出一轍，那些新的思想都要與人類幼年產生的神祕的原始思想進行鬥爭，與各種光怪陸離的傳說交鋒。然而，結果總是後者占了上風，這些新的思想往往被強制加以某些荒誕的、迂腐的、古老的儀式。在今天的中國，我們可以發現，佛教和道教（用老子的學說作爲教義的宗教派別）都有著寺院、祭司、僧侶和祭祀習慣。他們即使沒有在思想上保留著跟古代蘇美爾、古埃及相似的宗教祭司習俗，但至少在形式上延續了某種古代風格。然而，儒教卻與之不同，因爲其教義有限且通俗易懂，所以才能保持眞傳，避免被人曲解。

就思想和精神而言，生活於中國北部的黃河流域的人大都尊奉儒教，而生活在長江流域的人則大都信仰道教。因此，從那個年代起，中國的事務就經常體現這兩種思想精神的衝突，即北方精神和南方的針鋒相對，如北京與南京的矛盾——前者守舊、保守、秉直；後者富有懷疑精神、浪漫、務實。

公元前六世紀，周朝國勢漸弱，國威蕩然無存，老子辭官歸隱。此時，諸侯之間的紛爭越發激烈，簡直到了慘不忍睹的地步。

當時，國勢較強的諸侯國有三國，分別是北方的齊國和秦國、地處長江流域的楚國，它們都具有對外擴張的實力。後來，齊國和秦國結盟，迫使楚國屈服，退兵求和。從此以後，秦國日益強大。大約在印度阿育王執政時期，秦王奪取了周王朝的祭祀神器——周鼎，取代周王完成祭祀典禮。公元前二四六年，秦莊襄王的兒子秦始皇（公元前二二一年稱帝）即位，後來他征服了齊、楚、燕、趙、韓、魏六國，結束了國家分裂的狀態，成爲中國歷史上「第一位統一中國的皇帝」。

與亞歷山大大帝相比，秦始皇還算比較幸運，在位時間長達三十六年。對中華民族來說，秦始皇強有力的集權統治，標誌著中國開始進入一個統一而強盛的時代。爲了抵禦北方匈奴人的入侵，秦始皇傾全國之力，修建了宏偉浩大的工程——萬里長城。

第三十一章 羅馬帝國拉開歷史的序幕

因爲地理上的阻隔，使得一種文明與另一種文明之間的聯繫受到了限制，如印度西北邊境有崇山峻嶺，中亞和印度內陸有群山環繞。儘管這些特殊的地理環境阻礙了文明的交流，但我們還是能夠發現上述各種文明之間存在某種相似性。

在人類最初的幾千年裡，古代的日石文化廣泛傳播於舊世界溫暖肥沃的大河流域，並逐漸形成一種祭祀傳統——一種以神廟爲生活核心並由祭司階層掌控的習俗。顯然，日石文化的創始人，就是我們在前面章節中所提到的人類核心人種中的淺黑色人種。後來，遊牧民族在季節的變化中不斷遷徙，不斷向外擴張，給原始文明增添了他們的語言和元素。他們不僅推動了原始文明的進程，自身的文明也得到新的發展，他們所到之處的文明都有所改變，呈現出的是一種不同於以往的風貌。在美索不達米亞，推動各種文明全新發展的民族有閃米特人、埃蘭人以及北歐系的米底亞人、波斯人及希臘人；在愛琴海，促進文明發展的是希臘人；在印度，是亞利安民族促進了印度文明的發展；在古埃及，由於當地人極度迷信祭司文化，所以外來勢力對其文化影響不大；在中國，則因爲多次遭到不同部族的匈奴人的入侵，受到不同文化的影響。如同希臘和印度北部被亞利安化、美索不達米亞被亞利安化和閃米特化一樣，中國也被蒙古化了。由此看來，雖然遊牧民族每到一處就進行各種破壞，但也有其有益於人類的一面。比如，他們帶來了自由探索、道德革新的理念和精神；他們質疑自古以來就存在的信仰，將光明帶進了神廟——他們推舉首領或族人中的佼佼者爲領袖，既不信奉神靈，也不拜服祭司。

我們發現，自公元前六世紀起的數百年裡，原始的傳統逐漸爲人類所拋棄，一種全新的追求知識和道德的精神開始覺醒，而這種精神始終與人類歷史的偉大進程同在，只是此時不再沉默。在此之前，閱讀和寫作是祭司階層獨享的權利，而這個時候，統治階級和富有階級都開始學習閱讀和寫作了。馬匹的廣泛使用，使得人們對道路修築的要求越來越高，隨之旅行和運輸也變得更加頻繁和便利了。爲了便於貿易，人們開始鑄造貨幣。

現在，讓我們將目光從中國這個古老的東方國度，轉向地中海的西半部地區。在這裡，出現了一個值得我們關注的城邦，它在人類歷史上的作用舉足輕重。它，便是羅馬。

直到這裡，我們還沒具體講述過義大利的歷史。在公元前一〇〇〇年，義大利還只是一個人煙稀少的國家，其境內叢林密布，到處是山。後來，大批亞利安語民族不斷湧入義大利半島，還建立了一些小城。在半島的南部，有很多希臘人居住在那裡。帕埃斯圖姆遺址氣勢極爲宏偉，從這可以看出，希臘的聚居點在以往是很繁華的。此外，還有與愛琴人相近的非亞利安人系民族，即伊特魯里亞人，在半島的中部地區生活，他們征服了很多亞利安部落。羅馬是以一個在臺伯河畔的不顯赫的小商貿城，出現在歷史的舞臺上的，羅馬的大部分居民說的都是拉丁語。然而，他們的統治者卻是一位伊特魯里亞人。

根據古代紀年史所載，羅馬城建成於公元前七五三年。如果這樣算來，那麼它的建造時間比腓尼基人建造迦太基晚了半個世紀，即建於第一屆奧林匹克運動會二十三年後。但是，人們在古羅馬廣場的遺址發掘出一座伊特魯里亞人的墳墓，發現其建造年代要早於公元前七五三年。

公元前六世紀是人類歷史上一個光輝時代，而羅馬城的伊特魯里亞人國王正是在那個時代被廢黜（公元前五一〇年）的。之後，羅馬變成了一個貴族制共和國，由貴族階層掌控國家權力。除了羅馬人使用的是拉丁語外，羅馬和諸多貴族制的希臘共和國沒有本質區別。

在此後的幾百年裡，羅馬上演了一幕幕抗爭史詩，羅馬的平民階級爲了爭取自由和參政權利堅持不懈地與貴族階層進行鬥爭。此類的矛盾衝突，在希臘歷史上也是頻頻發生，希臘人習慣稱之爲「貴族政治與平民政治之間的戰爭」。最終，羅馬的平民取得了勝利，貴族階層的特權統治被打破，平民贏得了與貴族平等的權利。他們摒棄了舊有的排外思想，接受更多的外來人口，而羅馬城也越來越繁榮。雖然羅馬國內鬥爭激烈，但這並不影響其向外擴張的野心。

公元前五世紀，羅馬終於踏上了對外擴張的征程。在此之前，羅馬人曾多次與伊特魯里亞人交鋒，但總是以失敗告終，雖然伊特魯里亞人的城堡威伊距羅馬城只有幾英里，但羅馬的多次進攻都沒有成功。公元前四七四年，伊特魯里亞人將面臨災難。希臘人從西西里島的敘拉古趕來，擊敗了伊特魯里亞的艦隊。眞是禍不單行，北歐人的高盧人也在此時大舉發動戰爭。伊特魯里亞人受到高盧人和羅馬人的同時攻擊，迅速滅亡，從此退出了歷史舞臺。威伊被羅馬人占領。公元前三九〇年，羅馬城被高盧人劫掠一空，高盧人占領了羅馬城，不過高盧人最終還是沒能占領朱庇特神廟。據說，高盧人偷襲神廟當晚，就在他們準備行動時，一群鵝突然高聲尖叫起來，使得他們的行動暴露，偷襲計畫失敗了。最後，羅馬人用金錢打發了這群侵略者，高盧人終於撤回義大利的北部。

高盧人的入侵似乎並沒讓羅馬人備受打擊，他們反而受到鼓舞，更加鬥志昂揚。在短短幾年間，羅馬人就取得了極大的成就。公元前三〇〇年，羅馬人征服了伊特魯里亞人，並且成功同化了對方，羅馬的領土得到了極大的擴張，其勢力範圍從阿爾諾河一直延伸至那不勒斯的整個義大利中部區域。羅馬人征服義大利之時，正是菲利普在馬其頓和希臘擴張勢力、亞歷山大大舉進攻古埃及和印度的時候。然而，當亞歷山大的帝國四分五裂的時候，羅馬民族則一躍成爲西方文明世界中的璀璨明星。

當時，羅馬帝國北有高盧人，南有大批希臘的移民，即聚居於西西里島與義大利半島腳尖和腳跟部分的希臘民族。羅馬人爲了抵禦能征善戰的高盧人，便在與高盧人的交界處修建了一系列的堡壘和要塞。與其說羅馬城被塔蘭托姆（今塔蘭托）和西西里島上的敘拉古爲首的希臘南方城市威脅，不如說這些城市受到羅馬的威脅，爲了提防正在崛起的羅馬，他們開始尋求外援的幫助。

在前面的章節中，我們就已經介紹過，亞歷山大帝國的分裂及遭到瓜分的事情。在瓜分者中，有一個名叫皮洛士的，他是亞歷山大大帝的同族，後來他創建了新帝國伊庇魯斯。伊庇魯斯的疆土從亞得里亞海一直延伸到義大利半島的「腳跟」部分。皮洛士野心勃勃，他以統治大希臘的菲利普大帝爲榜樣，一心想征服塔蘭托姆、敘拉古及其附近區域。就當時的作戰水準而言，皮洛士的軍隊可謂首屈一指，既擁有一支精良的步兵方陣，又有與當初的馬其頓騎兵實力不相上下的塞薩利騎兵，還擁有二十幾隻經過精心訓練的戰象。有這樣先進的軍隊基礎，皮洛士便毫無顧忌地入侵義大利了，並在兩次戰役中大敗羅馬人，即公元前二八〇年的赫拉克利之戰和公元前二七九年的奧斯庫盧姆之戰。羅馬人戰敗後，被皮洛士驅逐到了北方。接著，皮洛士又將目標鎖定西西里。

這一次，皮洛士所挑戰的對手是實力強勁的腓尼基商都迦太基，迦太基是當時首屈一指的強盛之都。征服它，要比征服羅馬困難得多。由於迦太基與西西里島距離很近，所以人們自然不會歡迎一個亞歷山大式的強勢人物統治這裡。迦太基人不會忘記，半個世紀前他們的母城提爾遭到了不測，他們永遠也無法釋懷。因此，迦太基派出艦船幫助羅馬人，鼓勵或者督促羅馬人繼續與皮洛士抗爭。同時，迦太基人還主動出擊，截斷了皮洛士的海上交通。後來，羅馬人開始反攻，兩方在那不勒斯和羅馬之間的貝尼溫頓展開戰鬥，皮洛士的軍隊潰不成軍。

就在這緊急關頭，伊庇魯斯傳來高盧人南下進犯的消息，皮洛士只好火速返回伊庇魯斯。高盧人這一次南下沒有入侵義大利，而是繞道伊利里亞（即今塞爾維亞和阿爾巴尼亞），進攻馬其頓和伊庇魯斯，原因是羅馬的防線固若金湯，高盧人認爲羅馬難以攻克。一時間，羅馬人、迦太基人和高盧人紛紛與皮洛士激戰，皮洛士遭到了圍攻。迫於這種情勢，皮洛士不得不放棄征服西西里的想法，於公元前二七五年回到自己的國家。而羅馬的勢力卻因此而有所擴張，一直延伸到墨西拿海峽。

在墨西拿海峽西西里島這一邊，是當時被掌控在海盜手中的希臘城市墨西拿。當時，西西里島的實際統治者其實是迦太基人，他們和敘拉古結成了同盟。因此，公元前二七〇年，迦太基人攻打了海盜，將他們趕出墨西拿，並派兵駐紮在那裡。面對強敵，海盜們只好向羅馬人求助，而羅馬竟也同意幫助他們。就這樣，隔著窄窄的墨西拿海峽，兩股強盛勢力形成了對峙的局面，一方是具有雄厚貿易力量的迦太基，而另一方則是剛崛起的羅馬征服者。

第三十二章　羅馬帝國和迦太基

公元前二六四年，羅馬和迦太基之間爆發了一場戰爭，即布匿戰爭。這一年，印度的阿育王在比哈爾即位，亞歷山大博物館的科研活動正熱鬧地開展著，而中國的秦始皇還是個未成年的孩子，未開化的高盧人正蟄居於小亞細亞並不斷向帕加馬強索貢品。因爲不可逾越的空間距離的阻隔，當時世界相互隔絕。因此閃米特牧人勢力的最後堡壘與新興的亞利安語系的羅馬人之間的戰爭持續了一個半世紀，這場戰爭涉及的範圍極其廣泛，如西班牙、義大利、北非、地中海廣大地區，其他民族對這場戰爭的來龍去脈或許只有一些模糊的、隱約的道聽塗說。

這場戰爭不僅在當時影響重大，其影響甚至延伸到現在，使得世界頻頻出現一些紛爭。在布匿戰爭中，羅馬人戰勝了迦太基人，而閃米特人和亞利安人之間的敵對情緒也由此產生，並且逐漸演化爲日後猶太民族與非猶太民族之間的仇視和衝突。在本書中，我們將著重講述這場戰爭帶來的各種後果以及被扭曲的傳說，這對當今世界各地的衝突和紛爭仍有不利影響，或使人看不清眞相，或進一步推進矛盾的加深和衝突的升級。

公元前二六四年，第一次布匿戰爭爆發，而這一次戰爭是由墨西拿的海盜挑起的。戰爭開始之後，戰況不斷升級，除了希臘的敘拉古外，幾乎整個西西里都被捲入到這場戰爭當中。戰爭伊始，海上的主動權掌控在迦太基人一方，他們擁有五排槳的戰艦，艦上還裝有巨大的撞角，這樣龐大、先進的戰艦在當時還是比較少見的。而在兩個世紀前的撒拉米斯戰爭中，主力戰艦也不過只有三排槳。

羅馬人雖然沒有什麼海上經驗，但在面對迦太基人時，他們卻毫不示弱，表現出了極大的鬥志和勇氣。爲了與迦太基人對抗，羅馬人組建了更強大的艦隊：他們在艦上配備希臘水手，以加強艦隊力量的建設；發明了抓鉤和搶登船的技術，以彌補自己在航海技術上的不足。海戰中，當迦太基人開著戰艦衝撞而來，想要奪走羅馬戰艦的排槳時，羅馬人就出動巨型的抓鉤，以此來鉤住敵人的艦船，再衝上敵人的甲板進行廝殺。

在公元前二六〇年的密拉戰役和公元前二五六年的埃克諾馬斯戰役中，迦太基人均遭到了慘敗。儘管他們一度在迦太基城附近擊退了登陸的羅馬軍隊，但他們還是在巴勒莫的戰爭中受到重創，損失戰象

第一次布匿戰爭中，迦太基艦隊和羅馬艦隊殊死搏鬥

一百零四頭。羅馬軍隊凱旋，軍隊穿越羅馬廣場時，人們發現了一道壯觀的風景線，便是這些被繳獲的戰象。後來，羅馬軍隊雖然遭遇兩次失敗，但是都很快恢復了元氣。

公元前二四一年，雙方在亞加蒂安群島展開了最後一場對峙，結果以迦太基人的澈底失敗告終。經此一役，迦太基最後殘存的海上力量也失去了，迦太基人不得不向羅馬俯首稱臣。至此，除了敘拉古國王希洛的領土外，西西里島已經全在羅馬人的統治之下了。

兩國在之後的二十二年裡，因爲國內局勢動盪不安，彼此間也暫時放棄了爭奪。義大利的高盧人又一次大舉南下，羅馬城變得岌岌可危。驚慌的羅馬人想出了一個荒唐的招數，他們竟然用活人獻祭。最終，羅馬人透過特拉蒙戰役，將高盧人澈底打敗。趁此機會，羅馬人將他們的勢力範圍向阿爾卑斯山推進，使得其領土從亞得里亞海一直延伸到伊利里亞。與此同時，迦太基卻因內亂元氣大傷，其境內薩丁尼亞島、科西嘉都發生了暴亂。結果，羅馬人趁其內亂，進攻併吞並這兩個島嶼。

當時，迦太基的領地十分廣泛，從西班牙一直擴展到北邊的埃布羅河。羅馬人以河爲界，不讓迦太基人越過雷池半步，如果對方越過這個河界，羅馬人就會認爲這是對他們的挑釁。公元前二一八年，迦太基人終於被羅馬人的行徑給激怒了，他們在歷史上赫赫有名的漢尼拔將軍的帶領下，越過埃布羅河。漢尼拔率領的迦太基軍隊，以西班牙爲起點，翻越阿爾卑斯山，進入義大利，並且遊說高盧人與自己結盟對抗羅馬。就這樣，一場長達十五年的戰爭就此爆發，這便是第二次布匿戰爭。

戰爭開始之後，在特拉西美爾湖與坎納等地，漢尼拔接連重創羅馬軍隊。可以說，漢尼拔的軍隊在義大利境內所向披靡，沒有哪支軍隊能與之抗衡。但是，後來一支從馬賽登陸的羅馬軍隊切斷了漢尼拔與西班牙之間的聯繫，使得迦太基軍隊因爲攻城裝備不足而無法攻占羅馬城。最後，由於迦太基國內發生努米希亞人的叛亂，漢尼拔迫於形勢只好班師回國，去保衛他們在非洲的城市。與此同時，一支羅馬軍隊緊隨其後，也到了非洲。

在札馬城外，漢尼拔率領大軍與羅馬統帥大西庇阿展開殊死的戰鬥，這次戰鬥是漢尼拔第一次打敗仗，第二次布匿戰爭也隨之結束。戰敗的迦太基不得不投降，他們同意把西班牙戰艦讓給羅馬人，交出巨額贖金予以賠償，他們還答應交出漢尼拔，聽從羅馬人的發落，但漢尼拔已經逃往亞洲了。漢尼拔不想落入敵人的手裡，最後選擇了服毒自殺。

第二次布匿戰爭後，羅馬人和迦太基人又保持了五十六年的和平關係。在此期間，羅馬帝國的勢力不斷擴張，還將目標瞄準正處於分裂混戰狀態的希臘。羅馬人入侵了小亞細亞，並且在呂底亞的馬格尼西亞打敗了塞琉古王朝的安提俄克三世。此外，當時還在托勒密控制下的古埃及、帕加馬和小亞細亞的一些小國，都成了羅馬的「同盟國」，即我們所說的「附庸國」。

與此同時，飽受奴役的迦太基人，在經歷了國力衰微的艱難時期後，又逐漸恢復了往日的繁榮。對於他們的復興，羅馬人產生了極大的仇恨和猜忌心理。公元前一四九年，羅馬人以莫須有的罪名大舉進攻迦太基，迦太基人奮起反擊，堅持了很長一段時間。然而，公元前一四六年，迦太基城最終被羅馬人攻陷，隨之發生巷戰，或者說大屠殺，並且持續了整整六天六夜。迦太基城傷亡慘重，血流成河，二十五萬居民中僅有五萬人活了下來。倖存的居民被賣爲奴隸，迦太基城被焚毀。在被燒焦的城市上，羅馬人開墾土地，播下種子，以示他們將迦太基的痕跡統統抹掉。

第三次布匿戰爭便這樣結束了。從此以後，衆多在五百年前繁榮一時的閃米特國家和城邦中，只剩下一個猶太小國依舊能夠在自己本族領袖的統治下自由地生活。猶太國掙脫塞琉古王朝的統治獨立出來，在本族的馬加比家族的帶領下，過著屬於他們的生活。當時，他們已基本完成了《聖經》的編纂，並且一心想要發揚光大我們現在所說的猶太民族的傳統。腓尼基人、迦太基人以及一切分散於世界各地的猶太同宗民族，他們當然能夠從這本實際上是用同一種語言書寫的充滿了勇氣和希望的《聖經》中，發現他們的共同之處。極有可能，閃米特人仍是這個世界的商人和銀行家。所以說，閃米特人的世界不是被取代了，而是被擴散開來了。

耶路撒冷是猶太教的核心，更是猶太教的象徵。公元前六五年，耶路撒冷被羅馬人攻占。耶路撒冷在經歷了半獨立、叛亂的幾度興衰之後，於公元七〇年再次遭到羅馬軍隊的圍困。雖然他們抵死反抗，但最終城門還是被羅馬人攻破了，廟宇遭到洗劫。公元一三二年，耶路撒冷發生了一場叛亂，致使該城被澈底毀滅。事實上，我們現在所說的耶路撒冷，其實是經羅馬帝國的授權而興建的。羅馬人在原先耶和華聖殿的遺址上修建了羅馬神朱庇特的神殿，並嚴禁猶太人居住在城內。

第三十三章　崛起的羅馬帝國

公元前二世紀到公元前一世紀的羅馬帝國，是一個新興的主宰西方世界的帝國，它不管在哪方面都與舊時支配這個文明世界的各大帝國不太相同。首先，它不是一個君主國家，這個帝國不是任何一位偉大的征服者所開創的；其次，它不是歷史上第一個共和政體的帝國。在它之前，雅典在伯里克利時代就已經擁有諸多的盟國和附庸國，而迦太基在和羅馬進行布匿戰爭之前就已經控制著包括薩丁尼亞、阿爾及利亞、科西嘉、摩洛哥、突尼斯以及西班牙和西西里的大部分地區。但是，羅馬卻是歷史上第一個免遭毀滅並繼續發展的共和政體的帝國。

那些古代帝國的中心一般都位於美索不達米亞或古埃及的各大流域，與它們比起來，羅馬這個新興的共和國的中心更靠近西面。這種帝國中心的西移，極有可能將文明帶進某些新地區和新民族。此時，羅馬帝國的勢力範圍已經極度擴張，延伸至西班牙和摩洛哥，西北方向推進到今天的法國、比利時和英國，東北方向則擴張至匈牙利和俄羅斯南部。但在另一方面，羅馬帝國卻沒有在中亞及波斯等地建立自己的殖民統治，因爲羅馬距離這些地方實在是太遙遠了。當時，羅馬帝國中有很多不同的民族，如諸多北歐亞利安語系民族和世界上所有的希臘民族，不過，羅馬境內的哈姆特人和閃米特人的數量比以往任何一個帝國都要少。

羅馬帝國建立之後，沒有像波斯帝國和希臘帝國一樣迅速衰敗，而是在長達數個世紀的歲月中不斷發展，越來越興旺發達。以往古老文明帝國的征服者往往極容易被其所征服地區的文明所同化，如米底亞和波斯的統治者僅經歷了一代就被巴比倫完全同化了，他們接受了巴比倫萬王之王的王冠，還接受了神廟和祭司思想；亞歷山大大帝和他的繼位者們也被輕而易舉地同化了；塞琉古王朝建立的宮廷組織形式與尼布甲尼撒所建立的極爲相似，而且塞琉古王朝還效仿後者的管理方法；托勒密家族統治古埃及後，便完全古埃及化了。與先前的閃米特人在征服蘇美爾後就被蘇美爾化一樣，這些征服者都不可避免地被同化了，唯獨沒有被同化的征服者便是羅馬人。

在幾個世紀中，羅馬人以自己的方式管理自己的國家，使用自己的法律，遵循自己民族的習俗。希臘人在血統上與羅馬人關係密切，所以在公元前三世紀至公元前二世紀，他們是唯一對羅馬文明產生影響的民族。從本質上來說，羅馬帝國是歷史上首先嘗試用亞利安模式統治強化帝國的國家。就此而言，羅馬帝國採用的是一種全新的統治模式，羅馬帝國是一個擴張了的亞利安共和國。

之前，征服者在興建都城之時，都是以一位豐收之神的神廟爲中心，在其周圍興建城市，從而形成統治。然而，到羅馬帝國時期，這種模式已經不再適用了。羅馬人興建自己的神廟，並在其中供奉他們所信奉的神靈。羅馬人的神靈與希臘人的極爲相似，都是一些有人性欲望的、神聖的、不朽的神祇。遇到特殊情況，羅馬人也會用活人進行血祭——這種傳統大概是黑膚色的伊特魯里亞人傳過來的。儘管如此，直到羅馬不再繁榮時，羅馬的神廟和祭司都從未在羅馬歷史上扮演過任何重要角色。

可以說，羅馬帝國是以一種獨特的、人們從未預測到的新式發展模式進行發展的。而羅馬人就在這不知不覺間，開展了一項規模宏大的行政管理試驗。但是，這卻不能算是一項成功的試驗，因爲羅馬帝國最終還是陷入了全面崩潰的境地。一個世紀又一個世紀，羅馬帝國的管理方法及管理模式，都不斷發生著變化，而且這種變化的幅度特別大。羅馬帝國一百年間的變化，要比美索不達米亞、古埃及孟加拉等地區經歷千年的變化還要大。它始終不斷變化著，但從來沒有固定的發展模式。

從某種角度來看，羅馬帝國的這個實驗是失敗的，但是換一種角度看，這個實驗或許還沒有完成。當初羅馬人一直爲「如何治國」而煩惱，如今歐美國家仍在爲這個世界性的難解之題而憂慮。

研究歷史的人應該謹記，在整個羅馬帝國發生的巨大變化，不僅僅表現在政治方面，而且也表現在社會和道德方面。人們往往會冒出不合常理的想法，認爲羅馬帝國的統治是完整的、穩定的、牢固的、完善的、神聖的、具有決定意義的，比如麥考利的著作《古羅馬之歌》中，就將羅馬元老院和羅馬市民、老加圖、西庇阿、戴克里先、凱撒、君士坦丁大帝、演說、角鬥、凱旋、基督徒殉道等所有一切都混在一塊了，將其繪製成一幅莊嚴又殘忍的圖畫。事實上，我們應該對圖畫中的每一個元素都進行一番解析，因爲它們源自不同的歷史階段，經歷了不同的滄海桑田，其變化之大完全超出了我們的想像——比威廉時代的倫敦與今天的倫敦的變化更加深刻驚人。

一般而言，我們將羅馬帝國的擴張分爲四個階段。

第一階段，從公元前三九〇年羅馬人遭高盧人劫掠開始，一直延續到公元前二四〇年第一次布匿戰爭結束，我們也可稱之爲——同化的共和國階段。這一階段或許正是羅馬歷史上最美好的、最具特色的時期。這一時期，羅馬貴族與羅馬平民之間的衝突逐漸平息；伊特魯里亞人對羅馬的威脅也日益消除；貧富差距已經慢慢縮小；大多數羅馬居民都具有公益心。這一時期的羅馬帝國屬於一個自由的農民共和國，與公元一九〇〇年前的南非布爾共和國以及公元一八〇〇年至一八五〇年的美國北方聯邦是很相似的。

在此階段初期，羅馬只不過是一個極小的國家，國土面積不過方圓二十英里。羅馬人對其周邊的同宗強國發動戰爭，只是爲了能與之結盟，而不是爲了毀滅對方。在經歷了數個世紀的內亂紛爭後，羅馬市民逐漸懂得了妥協退讓。那些被羅馬征服的城邦，有的成爲羅馬的一部分，同時也獲得參政議政、投票選舉的權利，從而被澈底羅馬化；一些則成爲權力自治的城市，擁有在羅馬經商貿易、成家立業的權利。爲鞏固自己在新征服的地區的統治，羅馬人在這些地區設立享有各種特權的殖民地，還在各戰略要塞設置營寨，並派大批的軍民前往營寨駐紮，還到處修建公路。經過一系列的征服調整後，整個義大利不可避免地被羅馬化了。

公元前八九年，整個義大利的自由民都變成了羅馬市的市民。從形式上而言，羅馬帝國終於成爲一個擴張的大城市了。到了公元二一二年，每一位羅馬帝國的自由民都被賦予了市民權，這也就意味著所有出席羅馬市民會議的人都享有投票選舉權。

羅馬帝國的擴張是獨具一格的。它先賦予易於管理的城市市民權，然後再將這種市民權推廣至帝國各處，其結果是：作爲征服者的羅馬人不僅沒有被同化，反而將征服者給同化了。這是歷史上的一種全新局面，與以往被同化的往往是征服者恰好相反。正是借用這種擴張方式，羅馬將所有的征服者都同化了。

然而，在第一次布匿戰爭結束和吞併西西里後，羅馬帝國雖然仍保留有傳統的同化痕跡，但新的擴張模式卻也逐漸顯露、出現。如西西里被征服後，便被羅馬人當成了戰利品，宣布其爲羅馬人的財產。當時的西西里地區，土地富饒，百姓勤勞，羅馬人便利用這些獲取財富。同時，戰爭也爲羅馬人提供了許多的奴隸。在第一次布匿戰爭爆發之前，羅馬帝國的許多居民都是擁有市民權的農民，參軍是他們的權利和義務。但是，在爲國家盡義務時，他們在羅馬的田地均因此負了債，而羅馬國內的奴隸農業也日益興旺且規模越來越大。所以，當這些士兵從戰場上回到家中時，發現他們面臨著來自西西里和新殖民地產品的競爭。時代發生了變化，共和國的性質也發生了變化。西西里在被征服的同時，西西里的百姓也落入羅馬富有的債主與競爭者的手中。羅馬帝國從此進入了一個新的階段，即第二個階段——富人冒險家的共和國。

農民出身的羅馬士兵爲了爭取自由和參政的權利，進行了二百年堅持不懈的抗爭，終於贏得了一百年的特權。然而，一場布匿戰爭（第一次布匿戰爭）卻讓這一切付諸東流。

此時，市民雖然名義上依然還享有「選舉權」，但有名無實。實際上，這一時期的羅馬共和國的政體由兩部分組成。其一是元老院，它也是羅馬政權最重要的組成部分。最初的時候，元老院是一個由貴族組成的實體，後來它則變成一個由各方有影響的人物組成的團體，而這些人又是由執政官或監察官及那些握有實權的官員召集促成的。這種元老院的組織結構不像美利堅的參議院，倒是跟後來英國的上議院十分相似，英國的上議院是由權威政界人士、大地主、大商賈組成。布匿戰爭後的三個世紀裡，元老院一直是羅馬的意志與政治思想中心。

羅馬帝國政體的另一個組成部分是平民會議，它也被稱爲羅馬全體公民的集會。當羅馬還是一個方圓僅二十英里的小國時，這樣的集會經常舉行。但是，當羅馬的勢力擴張到義大利之外時，這樣的集會便不復存在了。以前，人們總是在朱庇特神廟或羅馬城牆上舉行集會，只要號角一響，平民便會聚集過來參加會議。但是後來，這些地方慢慢變成了市井無賴、政治掮客們的聚集場所。在公元前四世紀，平民會議還能制約元老院，並且代表廣大市民的權利與要求，但是到布匿戰爭結束時，平民會議已經毫無意義了，再也不能有效限制有權勢的人的行爲了。

代議政體這一模式從來沒有在羅馬共和國出現過，也從未有人提出以推舉市民代表來爭取人民的利益。這對研究歷史的人來說是一定不能忽略的。羅馬共和國的平民會議，如果與英國的下議院和美國的衆議院一比較，就顯得太微不足道了。這種平民會議，不過徒有模式，雖然其在理論上代表了全體市民的意志，但在實際上卻毫無意義。

所以，第二次布匿戰爭結束後，羅馬百姓的生活陷入了困境之中。有的人家徒四壁，有的人失去了土地，有的人則因爲奴隸的競爭而退出了有利可圖的行業，但更不幸的是，他們被剝奪了可以扭轉這一局面的政治權利，也無從表達自己的政治意見。對於他們而言，唯一能夠表達自己意見的途徑就只剩下暴動和罷工了。

公元前二世紀至公元前一世紀，就國內政治而言，羅馬的歷史可謂乏善可陳，這是一個收效甚微的革命暴動時期。由於篇幅有限，關於當時的複雜的鬥爭場景，如試圖讓貴族等特權階級將土地還給自由民的鬥爭，提出廢除部分或全部債務的議案等，這裡便不贅述了。總之，這一時期，各種各樣的暴動和內戰在羅馬接二連三地出現。

公元前七三年，由斯巴達克斯領導的奴隸起義掀起了義大利暴動的高潮，義大利的局勢更加混亂。這些參加暴動的奴隸擁有強大的戰鬥力，他們中多數人都曾是羅馬競技場上訓練有素的角鬥士，因此這次的暴動來勢兇猛。奴隸起義大軍死守在當時似乎是死火山的維蘇威火山，頑強地抵抗著羅馬大軍，他們整整堅持了兩年。但是，他們最終失敗了，遭到了血腥殘酷的鎮壓。公元前七一年，六千名斯巴達克斯戰士在亞壁古道被羅馬大軍所俘，並被活活釘死在一條由羅馬通往南部國境的公路兩旁的十字架上。

羅馬的百姓從來沒有對壓迫、奴役他們的人給予迎頭痛擊。而那些有權勢的富人則永遠欲壑難填，在取得對平民的控制權後，又在其上建立一支新力量——軍隊，用以壓迫平民。

在第二次布匿戰爭爆發之前，羅馬軍隊的士兵都是自由的農民。戰爭爆發時，國家臨時組建軍隊，農民們根據自己的情況，或騎馬或步行開赴戰場。對近距離的戰爭來說，這樣的作戰部隊還是比較有優勢的，但如果遇到長期征戰或遠途作戰時，他們的侷限性便顯現出來了。而且，隨著奴隸數量增多、土地兼併日趨嚴重，原來那種具有自由精神的農民士兵就顯得越來越缺乏了。就在這時，平民統帥馬略進行了一項軍隊建設改革，引進了一種新的戰鬥力量。

自迦太基文明逐漸衰落後，北非也逐漸成爲一個半開化的國家，即努米希亞王國。羅馬帝國與努米希亞王國的國王朱古達經常出現軍事摩擦，而且也多次發生過戰爭，但羅馬帝國始終未能征服努米希亞王國。爲了能儘早結束這場顏面盡失的戰爭，人們將馬略推舉爲執政官，由他來指導作戰。馬略一上任，便立即下令招募雇傭兵，然後又對他們進行嚴格的訓練。最終，這支軍隊打敗了朱古達的軍隊。公元前一〇六年，朱古達被戴上手銬腳鐐，押往羅馬。後來，到了規定的卸任時期時，馬略卻不肯交出兵權，而是倚仗其新建兵團的支持，非法執政，而此時的羅馬又沒有其他力量能夠壓制他。

馬略的出現，標誌著羅馬帝國發展到了第三個階段——軍人共和國時期。在這一時期，羅馬雇傭軍的將領們爲了爭奪羅馬的統治權，發生了激烈的爭執。其中，與馬略爭奪最厲害的便是貴族蘇拉，此人曾跟隨馬略出征非洲。兩方的爭鬥一觸即發，雙方都大開殺戒，數以千計的人在這場權力爭奪戰中或被殺戮或被放逐，他們的財產遭到了拍賣。在經歷了這種殘酷的廝殺和鎮壓了斯巴達克斯起義之後，羅馬帝國則進入了各種政權不停更迭的時代，而這些政權的領袖個個都是手握軍隊實權的人，他們分別是盧卡拉斯、龐培大帝、克拉蘇和凱撒。克拉蘇鎮壓了斯巴達克斯起義；盧卡拉斯攻陷了小亞細亞，後又進軍亞美尼亞，但在搶掠了巨額財富後便歸隱了。後來，克拉蘇又率大軍攻打波斯，結果卻被帕提亞人所敗，並且死在了戰場上。凱撒與龐培之間進行了長時間的較量，終於在公元前四八年有了結果，龐培落敗並死在了古埃及。從此，羅馬就成了凱撒大帝一個人的天下了。

像凱撒大帝這樣的人物，是極容易給人們創造無限遐想空間的。他的形象往往被擴大了，超乎了其本身的眞實價值和意義，使其成爲了一個象徵，一個傳奇。在我們看來，凱撒大帝的行爲有一個重要意義，其標誌著羅馬軍人共和國時期的結束，羅馬擴張的第四個階段——早期的羅馬帝國時期的到來。

儘管當時羅馬帝國的內部政治、經濟一片混亂，內戰頻發，社會動盪不安，但是羅馬的版圖卻沒有縮小，反而不斷擴大，並在公元一〇〇年達到了歷史的頂峰。不過羅馬的擴張並不是持續穩定的，如第二次布匿戰爭期間，羅馬的擴張一度出現低潮；在馬略重建羅馬軍隊之前，擴張速度也曾停滯不前；斯巴達克斯起義期間，羅馬領土擴張的計畫再度遭到阻遏。而這一時期，凱撒在高盧境內，即今天的比利時、法國一帶，建立了軍事領袖的威望。那時高盧境內的主要居民也屬於凱爾特族系，與被稱爲加拉提亞人的高盧人一樣，後者曾占領義大利北部，繼而入侵小亞細亞，最後定居在那裡。後來，凱撒又將入侵高盧的日耳曼人驅逐出高盧境內，並將高盧併入羅馬的版圖。公元前五五年至公元前五四年，凱撒曾兩渡多佛海峽，入侵不列顛，但是均未能占領那裡。與此同時，龐培也努力鞏固羅馬帝國往東直抵裡海的各征服地區。

公元前一世紀中期，元老院依舊被視爲羅馬行政中心，元老院具有任命執政官和其他官員的資格，而後者的權力也是元老院所賦予的。當時，爲了維護羅馬共和國的偉大傳統，爲了維護法律的尊嚴，許多政治家都在進行著不懈的鬥爭，其中最爲傑出的政治家便是西塞羅。但是這種爭取市民權的精神，隨著自由農民的不斷減少而逐漸在義大利人群中消失了。當時義大利四處可見奴隸和貧民，但他們不僅沒有爭取自由的欲望，甚至對自由完全沒有概念。而此時，元老院中的共和國領袖已經沒有力量可以依靠了，而那些曾令他們感到害怕並試圖加以控制的軍人冒險家們，其背後則擁有強大的軍團支持。於是，這些冒險家們凌駕於元老院的領袖之上，瓜分了羅馬帝國的統治權，如克拉蘇、龐培和凱撒對羅馬所實行的「前三頭政治」統治。後來，克拉蘇對帕提亞人發動卡爾戰爭，結果卻被對方所殺。隨即，凱撒與龐培反目。龐培於是轉而支持共和政體，他以凱撒違抗元老院命令、藐視羅馬法律爲由，主持通過了對凱撒進行審判的法案。

當時，羅馬法律規定，軍事領袖不能將其所領部隊帶離該部防區，否則便被視爲「違法行爲」。而那個時候凱撒的防區與義大利之間橫亙著一條盧比肯河。至公元前四九年，凱撒宣布「事已至此，無路可退」，然後率部越過盧比肯河，向龐培所在的羅馬進發。

古羅馬有著這樣的習俗：出現緊急軍情時，全國就會推舉一位「獨裁者」並賦予其至高無上的權力，以解決危機。凱撒擊垮龐培的統治後，就被推舉爲這樣的獨裁者，任期十年。公元前四五年，他又被推選爲終身獨裁者。事實上，凱撒已經是羅馬帝國的終身統治者了。其間，有人建議他稱帝，但凱撒考慮到自五個世紀前伊特魯里亞人被逐開始，羅馬人便深深憎惡帝制，所以他並沒有接受這一建議，但他卻接受了帝王的地位和實際權力。

凱撒擊敗龐培後，曾遠征古埃及，並深深地迷戀上了古埃及托勒密王朝的末代女王——美豔絕倫的克麗奧佩特拉。似乎是受到了克麗奧佩特拉的影響，凱撒的思想發生了極大變化，他將「神

凱撒與克麗奧佩特拉

兼君王」的古埃及思想帶回了羅馬。之後，凱撒把自己的雕像供奉於神廟裡，並題詞：「獻給無敵之神」。但是，行將熄滅的羅馬共和之火，在最後關頭閃現出抗爭的火花，元老院殺死了凱撒，而凱撒倒下的地方正是死於其手的政敵龐培的雕像腳下。

後來又有三位羅馬野心家為爭權奪勢，進行了十三年的鬥爭，在羅馬史上留下了「後三頭政治」的故事。這三位野心家分別是雷必達、安東尼和凱撒的養子屋大維。屋大維和他的養父一樣，掌管著貧窮而強悍的西部各省，招募最精銳的士兵。公元前三一年的亞克西姆海戰中，他唯一的對手，即安東尼被他擊敗，於是屋大維成了羅馬帝國的統治者。然而，屋大維卻與他的養父凱撒大帝的做法不同，他從來沒想過做神當皇帝，也沒有哪個女王使他神魂顛倒，他將自由還給了羅馬人和元老院，還拒絕了獨裁官一職。元老院為了感激他，讓他享有實權而非名義上的權力。屋大維不稱帝，而是被稱為「奧古斯都」，或者「元首」。屋大維於公元前二七年被封為「奧古斯都．凱撒」，又於公元前二七年至公元一四年成為羅馬的第一位皇帝。

此後，他的繼位者依次為提比略·凱撒（公元一四—三七年）、卡利古拉、克勞狄、尼祿，此後又有圖拉眞（公元九八年）、哈德良（公元一一七年）、安東尼奧·庇烏（公元一三八年）和馬可·奧理略（公元一六一—一八〇年）。所有這些羅馬皇帝都曾是軍隊的領導者，是士兵們將其推上皇帝寶座的，不過也有人是被士兵拉下皇位的。時間一長，元老院逐漸退出羅馬的歷史舞臺，其位置被皇帝和官員所取代。

羅馬歷史進行到這裡，其疆域之廣已經到達歷史的頂峰。當時，羅馬占有不列顛的大部分領土，特蘭西瓦尼亞也被納入羅馬的統治範圍並稱為「達契亞」行省。到圖拉眞統治時期，羅馬的統治範圍又越過了幼發拉底河，到達了另外一端。而哈德良則放棄了大規模的擴張，更著眼於防守，他的所作所為很容易讓我們聯想到世界的另一端——中國這個東方古國曾發生的事情。像中國的秦始皇一樣，哈德良也修建了用於抵禦北方野蠻民族的城牆，其中一段矗立於不列顛境內。另外，他在萊茵河與多瑙河之間建設防衛柵欄。同時，他還放棄了部分圖拉眞時代擴張的領土。

到這裡，羅馬帝國的擴張便宣告結束了。

第三十四章　羅馬和中國

公元前二世紀至一世紀，人類歷史進入了一個嶄新的階段，美索不達米亞及地中海東岸地區已經不再是世界的焦點了。雖然此時的美索不達米亞和古埃及依然土地肥沃、人口衆多、貿易繁榮，但是它們已經不再是占主導地位的世界中心區域了，權力的中心分別向東、西兩個方向轉移。當時，新興的羅馬帝國與再次崛起的中國漢王朝成了世界的主宰者。

這個時期，羅馬的疆域一度延伸至幼發拉底河，但因距離羅馬太過遙遠，此後便鮮有擴張了。幼發拉底河對岸的印度地盤曾是波斯和塞琉古王朝統治的，但現在已改朝換代落入新的征服者的手中。這期間，中國的秦始皇已經駕崩，取代秦朝的是漢王朝。漢王朝不斷擴張，其領土涉及的範圍非常廣泛，從西藏穿越到帕米爾高原，一直伸展到中亞。漢王朝的領土擴張也同樣到此爲止，再擴張就過於遙遠了。

這一時期的中國，是世界上最繁榮昌盛的、組織最完備的、政治制度最先進的國家，是萬國矚目的焦點。其不管是在領土面積上還是人口數量上，都遠勝於鼎盛時期的羅馬帝國。然而，這兩個處於同一時期的世界強國，卻極有可能並不知道彼此的存在。根據當時的實際情況來看，這種推測的確是成立的。因爲當時的水上交通、陸路交通都十分不完善，還不足以讓兩個國家發生直接衝突。

不過，羅馬和中國都以某種特別的方式對彼此產生影響，同時也對處於兩國之間的中亞和印度等國家和地區產生了深遠的影響。比如，源源不斷地進行一定規模的商業貿易活動，其形式或是一支穿越波斯的駱駝商隊，或是順著紅海海岸和印度海岸的商船。或者是，偶爾進行的軍事行動，公元前六六年，龐培率領羅馬軍隊踩著亞歷山大大帝的腳印，從裡海東岸向北方挺進；公元一〇二年，班超帶領著中國遠征軍也到達裡海，還派出使者打聽羅馬帝國的情況。但是，東亞和歐洲這兩個地方，眞正了解並直接接觸，則是數個世紀之後的事了。

在這兩個帝國的北面，一樣都有未經開墾的荒野。今天的德國，在當時還只是一個森林衆多且林木蔥鬱的區域，這些森林一直伸展到俄羅斯。森林中，棲息著體型如大象一般龐大的野牛。在巍峨的亞洲群山之北，是草原和沙漠地帶。再往北，便只剩下森林和凍土了。在亞洲高地的東麓，是一片低窪地帶，人們稱之爲滿洲大三角地。自古以來，自俄羅斯南部到中亞，直至中國東北的大片土地上，都是氣候多變地區。經過多個世紀的變遷，那裡的降雨量發生了巨大的變化。對於人類而言，這樣的區域是不適合生存的：其可能在某個時期牧草豐美，也適合種植莊稼，然而又可能在某個時期雨量突減，遭受致命乾旱的週期性打擊。

在這片北方原始荒野的西面，從德國的森林地區到俄羅斯南部和中亞，從哥德蘭島至阿爾卑斯山，這一片廣大的區域就是北歐各民族和亞利安語系民族的發祥地。而蒙古東邊的草原和沙漠地區，則是匈奴人、蒙古人、韃靼人、突厥人等民族的發源地。這些民族在生活方式和語言上都存在著一定的相似性。有一段時期，匈奴各部族由於人口過剩，紛紛以流浪者、侵略者及征服者的身分湧入中國境內，並且過上了定居生活。他們和北歐民族從自己的國度進入南方，進入美索不達米亞以及地中海沿岸興盛的文明地區一樣。北方的人口因爲一個時期的豐衣足食而迅速激增，而牲畜瘟疫的蔓延和極度缺少牧草，卻使饑腸轆轆的北方好戰的部落大舉向南入侵。

終於，人類歷史上出現了這樣的時代：世界上兩個強大的國家，他們不僅沒有被野蠻民族攻陷，而且還把自己國家和平的領土疆域往外擴張了。中國漢王朝從北部邊境，對匈奴發動的攻擊是猛烈和持久的。中國居民穿越長城，向塞外湧去。在戍邊將士的身後是牽馬扛鋤的農民，他們開墾草場，把冬季的草場圈護起來。當時，匈奴經常襲擊並屠殺當地的百姓，但還是被漢王朝制止了。敗下陣來的他們有兩條路可以選擇：一種是在當地定居，種植莊稼，定時向漢王朝納稅進貢；一種是遷徙到其他地方，尋找新的夏季牧場。選擇定居的，時間一久便被中國化了。剩下的人則遷往東部或東北方向，翻山越嶺後抵達中亞地區的西部。

公元前二〇〇年，一些遊牧民族開始向西遷徙，他們的西侵帶給亞利安部族巨大的壓力，使亞利安人不得不向羅馬邊境遷徙，並尋找薄弱點，企圖攻破羅馬人的防線。公元前一世紀，帕提亞人——塞西亞人的一支向南遷移，進軍幼發拉底河流域。他們還戰勝了克拉蘇，並殺死了他；他們曾經和龐培的東征大軍交鋒；在波斯，他們推翻了塞琉古王朝，並創建了帕提亞人自己的阿薩息斯王朝。

長久以來，不管在西方還是東方，這些飢餓的遊牧民族每到一個地方，就會遭到當地居民的激烈反抗。所以，最終他們不得不跨過中亞，向東南方向進發，穿越開伯爾山口，來到了印度。事實上，在羅馬和中國極度繁榮的幾個世紀裡，匈奴人一次又一次入侵印度。一批批的匈奴征服者經旁遮普，南下襲擊印度平原，肆意燒殺搶掠，阿育王帝國因此四分五裂，印度經歷了一個極其黑暗的時期。在入侵隊伍中，有一支叫印度－塞西亞人的，在北印度地區建立起貴霜王朝，並維持著一定的社會秩序。這些入侵持續了幾個世紀。公元五世紀的大部分時間，印度飽受白色匈奴人的侵襲。這些侵略者向印度的小諸侯強行索取貢品，導致印度陷入一片恐慌當中。每當夏天來臨，這些入侵的白色匈奴人就到中亞西部牧馬放羊；秋天一至，他們便翻越山口，襲擾印度。

公元二世紀，羅馬帝國和中國漢王朝同時遭到大難，其對抗北方遊牧民族的力量也由此減弱不少。在中國，一場規模空前的瘟疫在其大地上肆虐了十一年之久，社會秩序大亂，內戰連連。最終，漢王朝滅亡，統一的中國再次陷入四分五裂的狀態，各方割據勢力不斷相互征戰。經歷了魏、晉、南北朝幾百年的動盪後，公元六一八年唐王朝建立後，中國才終於恢復元氣。

當時，瘟疫的範圍還蔓延到了歐洲。公元一六四年到一八〇年，羅馬境內也遭受瘟疫的侵襲，這使羅馬帝國的社會結構動盪不安，人口數量銳減，羅馬帝國的統治活力與效率也急劇下降。此時，羅馬的邊境防線也不再堅不可摧，頻頻被打開缺口。同一時期，一個新興的原先居住於瑞典哥德蘭島的北歐民族，此時已經越過俄羅斯，移居到伏爾加河流域及黑海海岸，並且開始在海上從事海盜活動，他們便是哥德人。公元二世紀末，可能是感受到了西侵的匈奴人的威脅，哥德人開始對其他民族展開侵略活動。公元二四七年，他們越過多瑙河，在今天的塞爾維亞地區與德西烏斯皇帝展開大戰，並殺死了對方。另一支叫法蘭克的日耳曼民族於公元二三六年，突破了萊茵河下游的羅馬邊境；阿勒曼尼人遷移到阿爾薩斯。在高盧地區，雖然羅馬人把入侵者驅逐出境，但哥德人卻多次騷擾巴爾幹半島，至此，羅馬版圖上的達契亞省就不復存在了。

羅馬帝國昔日的驕傲與自信不再。公元二七〇至二七五年奧勒良皇帝在位期間，為了防禦蠻族入侵，他下令在過去三百年來開放不設防的羅馬城周圍興建城牆。

第三十五章　羅馬早期的平民生活

從公元前二世紀開始，羅馬帝國在奧古斯都．凱撒的統治下，人們一直生活在安寧昌盛的環境中，時間持續了二百年之久，但最後陷入動盪、走向衰落的原因是什麼呢？在分析這個問題之前，先讓我們了解一下，生活在這片廣闊土地上的平民的生活實況。不管是在繁榮太平的中國漢朝，還是在安寧和平的羅馬帝國，當時這些文明國度的百姓生活都越來越接近後來人民的文明生活了。

羅馬帝國時期，西方國家已經開始使用鑄幣了。當時社會上新產生了一個階級，他們既不是祭司也不是政府官員，而是一些擁有獨立財產的人。從前，人們的出行經常受限制，而此時人們的出行自由多了，到處都是公路和旅店。與公元前五世紀相比，人們的生活更加隨意、自由，過去人們總被某些傳統習俗所束縛，幾乎一生都只能生活在一個極其狹小的環境中，被約束在某個區域或某個國家內。那時，只有那些遊牧民族才會四處漂泊和經商。

然而，不管羅馬還是中國，國家太平並不意味著在其境內就只存在一種單一的文明。實際上，在其領土的不同地區所呈現出的文明差異性極大，其程度就如同曾經的大英帝國統治下的印度同英國本土之間的差異，各地的文明帶有鮮明的地方特色甚至截然不同。在廣闊疆域上，羅馬的殖民地和駐軍隨處可見，他們崇拜羅馬神，說拉丁語。不過，那些比羅馬人先到的民族，他們所建立的城鎮，最後雖然臣服於羅馬人，但他們依然繼續管理自己的事務，至少在某些時期他們用自己的生活方式和習俗供奉著自己信仰的神靈。

事實上，在希臘、古埃及、小亞細亞和早已被希臘化的東方地區，拉丁語始終無法普及，一直處於優勢地位的還是希臘語。後來成爲使徒保羅的塔蘇斯人掃羅，他既是羅馬市民，又是猶太人，但他使用的語言不是希伯來語，而是希臘語。那個在波斯推翻希臘塞琉古王朝的帕提亞王朝，即便位於羅馬的領土之外，但它的官方語言仍然是希臘語。

此外，在北非和西班牙，雖然迦太基已經滅亡，但對迦太基語的使用卻保持了很長時間。又比如古城塞維利亞，這個早在羅馬尚未登上歷史舞臺就已經十分繁榮的城市，雖然在其幾英里之外就駐紮著羅馬老兵，但當地的閃米特族百姓所信奉的依舊是他們民族的女神，所使用的語言仍是閃米特語。再比如，塞普蒂默斯·塞維魯在擔任羅馬皇帝期間（公元一九三年至二一一年在位），一直使用的都是自己的母語迦太基語，很久之後才開始學習拉丁語，但只是將其當成一種外國語言來學習。根據史料顯示，塞普蒂默斯·塞維魯的妹妹一直沒有學會拉丁語，甚至在家中指揮羅馬佣人時，用的都是迦太基語。

不過，在高盧、不列顛、潘諾尼亞（今天多瑙河以南的匈牙利）、達契亞（大約是今羅馬尼亞）等這些在羅馬人到來之前沒有建造大城市和神廟、沒有文化的地方，則被羅馬帝國給「拉丁化」了。同時，羅馬帝國也給這些地區帶來了文明，在這些地方建造從一開始就以拉丁語爲主要語言的城市或城鎮。在這些羅馬人興建的城市裡，人們供奉的是羅馬神，當地盛行的是羅馬風俗。後來，拉丁語分化出多種語言，如今天的西班牙語、義大利語、法語以及羅馬尼亞語都是從拉丁語衍生出來的，不難想像當時的拉丁語和羅馬風俗的普及程度有多高。到最後，就連非洲西北部的大部分地區也開始使用拉丁語，但在希臘、古埃及和羅馬帝國的其他東部地區卻未被拉丁化。不管是在精神方面還是在文化方面，他們都堅持著希臘和古埃及的民族傳統。在羅馬，一些受過教育的羅馬人都將希臘語看成是紳士語言，並學習它。所以，相較於拉丁語，當時人們往往更喜歡希臘文學和文化。

在文化和傳統如此複雜的羅馬帝國裡，其貿易和勞動的方式自然十分豐富多彩。各大定居點仍然以農業爲主要產業。在前面章節中我們已經提到，身強力壯的被視爲早期羅馬共和國支柱的自由農民，後來怎樣在布匿戰爭中逐漸爲奴隸所取代。在希臘，各種農耕方式也相繼出現，最初人們採用阿卡狄亞田園牧歌式的農耕方式，即每一個自由民都依靠自己的雙手辛苦勞動，到後來斯巴達勞作方式風氣形成，人們逐漸將勞動視爲有損顏面的事情，並將勞動強制交由奴隸階級承擔——這些奴隸被稱爲「希洛人」。不過，這些耕作方式都成爲過去，因爲在大多數希臘化的地區，領地制度及奴隸集體勞作逐漸成爲主流。

在大部分希臘化地區，奴隸集體勞作和領地制度開始流行。這些奴隸不是被俘虜來的，就是生爲奴隸，被俘虜的奴隸都說著不同的語言，相互間無法進行交流。由於這些奴隸不識字，所以他們沒有團結起來反抗壓迫的能力，他們不懂知識，更沒有權利。公元前一世紀發生的斯巴達克斯奴隸起義，是一次由一群經過特殊訓練的奴隸角鬥士組織發動的。

在羅馬共和國的晚期和羅馬帝國的初期，義大利的農耕奴隸受盡屈辱和折磨。爲防止他們逃跑，奴隸主一到晚上就給他們帶上鐐銬，或是將他們的腦袋剃成陰陽頭，使其極易辨認。奴隸主剝奪了奴隸們的婚嫁權利，還經常折磨虐待他們，甚至有權處死他們。奴隸主可以隨意買賣奴隸，他們經常向角鬥場出售奴隸，讓其在競技場上與野獸搏鬥。如果一個奴隸殺死了奴隸主，那麼奴隸主家中所有的奴隸都會被釘死在十字架上，不管他們是不是兇手。在希臘的某些地方，尤其是雅典，奴隸們的命運稍微好些，但還是十分可憐。或許對這些奴隸而言，那些突破羅馬防線而入侵羅馬的野蠻人，不僅不是他們的敵人，反而是他們的救世主。

當時，羅馬的奴隸制度已經根深蒂固了，幾乎每一行業都能見到奴隸的身影，每一項靠團體才能完成的工作都是由奴隸完成的。各種大型工事，如築路、划槳、開礦、冶金等，都是靠奴隸來完成的。另外，奴隸主家中的所有家務，也幾乎是由奴隸來承擔的。不過，一些貧窮的城市或農村自由民和半自由民，或為了工錢或為了自己，也進行勞作。這些人在勞作中往往充當監工和工匠，是一個新型的領薪階層，和奴隸勞動者形成了競爭關係。至於當時他們在羅馬總人口所占的比例，我們至今也不清楚，其在不同時期、不同區域會有極大的出入。而且，各地的奴隸制也不盡相同。在有些地方，奴隸們白天在鞭子的驅趕下到農場和採石場勞作，晚上則被帶上鐐銬；在另外一些地方，奴隸們可以和自由民一樣耕種自己的小塊土地或是做一些手工活，也能娶妻生子，只是他們必須向奴隸主繳納一大筆租金。

在羅馬，有部分奴隸屬於武裝奴隸。公元前二六四年，即布匿戰爭剛開始的時候，伊特魯里亞人那種讓奴隸進行格鬥取樂的消遣方式又在羅馬出現了，而且迅速流行於全羅馬。後來，幾乎所有的羅馬富人都養著一批角鬥士，這些角鬥士有時要到角鬥場搏鬥，但更重要的任務則是保護富人們的安全。羅馬當時也出現了一些有知識的奴隸。在共和國後期，羅馬征服了希臘、小亞細亞和北非等一些文明高度發達的城市，俘虜了大量接受過教育的戰俘為奴隸。這些奴隸往往成為羅馬上等家庭中孩子們的家庭教師。富人也經常讓奴隸來管理圖書館，讓他們充任祕書和門客。當時富人們養一個詩人和養一隻會表演的狗一樣容易。在這樣的奴隸制社會氛圍中，近代文學批評傳統才得以日漸發展。另外，當時還出現了一些比較聰明的買賣奴隸者，他們先買下聰明伶俐的童奴，對其進行教育培訓，之後再高價出售給別人。而這些童奴常常被調教成圖書謄寫員、珠寶工匠或是各種手工藝人。

羅馬奴隸的地位從富人共和國對外擴張的初期到瘟疫蔓延、帝國崩潰的四百年裡發生了很大的變化。在公元前二世紀，羅馬國內戰俘數量急劇增多，戰俘奴隸的生存狀況極爲惡劣，他們失去了一切權利，奴隸主強加在他們身上的殘忍暴行遠不是讀者所能想像得到的。公元前一世紀，羅馬文明對待奴隸的態度有了顯著變化，原因是：戰俘人數大大減少了，奴隸的身價也上漲了；另外，奴隸主終於意識到對這些悲慘的奴隸施以尊重，能讓自己獲利更豐，生活更加舒心。再者，社會道德風尚越來越受到人們的關注，人們也越來越富有正義感，希臘的高尚精神影響著羅馬人，從而使得古羅馬嚴苛、殘暴的行爲得到了抑制。

這時候，奴隸主不可以再隨便買賣奴隸，也不能強迫奴隸去與困獸角鬥。奴隸們還擁有了所謂「私產」的財產所有權，並且有權獲取作爲獎勵和工作動力的工資，也有了婚娶資格。在一些地區，其農業勞動模式不適宜群體勞作，或只適合季節性的群體勞作，奴隸就逐漸演變爲農奴。農奴或者向農奴主繳納一定的收成，或者在某些季節爲農奴主服勞役。

這個講拉丁語和希臘語的羅馬帝國衰落和滅亡的原因，正是它在公元後的二百年間實行了奴隸制，那時享有尊嚴和自由的人數只占極少的一部分，正是這些原因使羅馬帝國走了下坡路。當時的羅馬，幾乎不存在所謂的家庭生活，而那種節制的、在文化思想上積極進取的家庭實在罕見。學校和學院也很少，而且遠離人們的生活區。自由意識和自由精神，在這片土地上幾乎絕跡。羅馬儘管給後人留下了令人驚訝無比的寬闊的大道、燦爛無比的建築遺蹟以及有據可循的權勢和法律，但這些都不能掩蓋一個事實：這些表面上的輝煌是建立在對人民意志的禁錮、才智的束縛及欲望的扭曲和削弱上的。甚至是那些統治著這個被征服的龐大帝國（強迫奴隸勞動的王國）的少數統治者的靈魂也一直處於不安、怏怏不樂中。

在這種社會環境中，自由、快樂心靈的產物，如哲學、科學、藝術、文學等，也會遭到毀滅。社會中，到處都是抄襲和模仿，隨處可見沒有絲毫創造力的藝術工匠，以及奴顏媚骨的迂腐學者。然而，與僅輝煌了一百年的雅典壯闊的、無所畏懼的精神活動相比，這個榮耀了四百年之久的羅馬帝國所取得的成就，簡直就不值一提了。在羅馬的統治之下，雅典逐漸走向衰落，而亞歷山大的科學活動也即將被戰火中止，人類的精神在這一時期似乎一天天趨於沒落了。

第三十六章　神聖羅馬帝國的宗教

基督教出現的最初兩個世紀裡，在羅馬和希臘帝國的統治下，人類的靈魂充滿了痛苦和絕望。這一時期，奴役和暴行在社會上風行；傲慢和炫耀氾濫，而平靜和幸福卻少之又少。窮人們的生活悲慘淒苦，無時無刻不在遭受著富人的鄙視和壓榨，而富人們則不安而又瘋狂地尋歡作樂。絕大多數城市裡，角鬥場血腥的刺激場面成了人們生活中必不可少的一幕，人與獸進行廝殺，其殘忍程度是難以想像的。那時的人們就這樣地生活著，人們內心的不安在極度的宗教不安中得以淋漓盡致地體現出來。

當亞利安遊牧民族第一次向古代文明侵犯時，古老的廟宇神靈和祭司階級就難逃被改造或是消亡的命運。在經歷了幾百代人的滄桑變遷後，農耕民族建立了淺黑色人種的文明，他們已經形成了這樣一個生活和思維模式——以廟宇爲中心的模式。他們的心靈受制於祭司、風俗、玄幻故事和對打破常規的畏懼心理。對我們來說，他們所敬仰的神靈是荒誕的、不合邏輯的，那是因爲我們屬於亞利安化了的世界，但這些神靈對那些古老民族而言，是他們夢境中顯現的事物的逼眞再現，他們對這些神靈深信不疑。在蘇美爾或是古埃及，如果一個城邦遭到其他城邦的侵占，那麼這個城邦中的男神和女神都會遭到這樣的命運——或被取代，或被改名換姓。但是，有一點始終沒有什麼變化，那便是敬神的精神和方式。雖然夢境中的形象所有改變，但是夢卻從未中斷。從精神層面上來看，早期的閃米特征服者與蘇美爾人之間不存在太大的差異，當他們接管了美索不達米亞文明的宗教後，並沒有改變其本質。從宗教革命的意義上來說，古埃及人從來就沒有被征服過。不管是在托勒密的統治之下，還是在羅馬帝國的占領中，古埃及的神廟、祭壇和祭司始終以古埃及傳統的方式存在著，不曾改變過。

如果兩個有著相似社會和宗教習俗的民族之間發生了征服與被征服的關係，那就可以透過同化或者合併的方式，化解兩地神廟和神靈的衝突。如果這兩種神在本質上並無太大區別，那麼他們就會被合二爲一，變成一種神，祭司和百姓們於是就說：「雖然叫法不一樣，但他們其實就是同一個神。」這種多神混合的現象被人們稱爲「泛神崇拜」。

公元前一〇〇〇年前後，是歷史上的大征服時代，更是一個典型的「泛神崇拜」時代。在許多地方，不少的地方神靈都被一個統一的主神所取代了，更確切地說是被吞併了。這樣，當希伯來先知們在巴比倫宣告全世界只有一個神即正義之神時，人們就不覺得奇怪了。

然而，在大多數情況下，由於神與神之間的差異太過懸殊，致使彼此間難以融合在一起，因此他們只好被勉強地融合在一起。在被希臘人征服以前，愛琴海地區的人極爲崇拜一位女神——母神，但是她後來嫁給了一位男神；一些動物神、星宿神則常常被擬人化，或是將這些動物或是天象方面的神——如蛇、太陽、星辰等——轉化爲某種象徵或裝飾；而那些被征服民族的神，則往往被醜化爲與光明之神爲敵的邪惡之神。在神學史上，對地方神進行弱化、改換、合理化處置等現象隨處可見。

當古埃及從一個城邦發展成爲一個統一的國家時，「泛神崇拜」便已經十分盛行了。當時古埃及的主神是奧西里斯（Osiris），他被視爲豐收之神，人們通常會在豐收之時對其進行祭祀，

奧西里斯（左）、伊西斯（中）和荷魯斯（右）

據說古埃及法老就是他在人間的化身。傳說中，奧西里斯死過多次，但每次又都復活了，所以人們不僅將其視爲掌管人間播種和收穫的神，還很自然地將其看成掌管人類長生不老鑰匙的神。他被賦予了多種形象，比如埋卵重生的大翅聖甲蟲、光芒四射的落而復升的太陽，等等。

後來，牛神阿庇斯和奧西里斯神合爲一體，並娶了女神伊西斯（Isis）。伊西斯又叫哈索爾，是位母牛之神，此外，她還是新月和海洋之星。當女神的丈夫奧西里斯仙逝後，她誕下了荷魯斯（Horus），荷魯斯是黎明和雄鷹之神，等他長大了，就成爲新的奧西里斯了。伊西斯的形象被塑造成懷中抱著正處於嬰兒期的荷魯斯站在新月上的樣子。

其實，這些神話故事中的神與神之間的關係完全沒什麼邏輯可言，可在人類的思維尚未發展到嚴密而有系統的程度前，這些借助人類的幻想而被編織出來的神話就存在某種夢幻般的聯繫。除了這三個主神外，古埃及人還供奉其他一些更爲奇特、神祕的古埃及神，一些兇惡之神，如長著豺首的亡靈導引神阿努比斯，他是黑夜之神，是衆神及人類的敵人，是誘惑者，也是吞噬者。

任何宗教體系在其發展過程中，都會經歷一個根據人類靈魂的需要而做出調整的過程。儘管這些宗教信仰顯得有些荒誕怪異、不合邏輯，但是其還是能給古埃及人民帶來心靈上的慰藉，讓古埃及人民以此來寄託自己的信仰。由於古埃及人民是如此強烈地渴求靈魂永生，所以他們的宗教生活的主要內容往往是滿足人們的永生夢想。與以往所有的宗教相比，古埃及的宗教有其獨特之處，那便是其對靈魂永生的獨特理解。後來，古埃及遭到外族入侵，古埃及衆神的政治意義不復存在，於是古埃及人就更加迫切追求來世的補償了。

當古埃及被希臘人征服之後，新興的亞歷山大城成了古埃及新的宗教生活中心，同時也是希臘所有統治區域的宗教生活中心。在由托勒密一世興建的塞拉貝姆大神殿內，供奉著一位「三位一體」的神，即塞拉庇斯（奧西里斯與阿庇斯合二爲一時的名字）、伊西斯、荷魯斯的組合體。它們被視爲三位一體的神，而不是三位獨立的神。在人們眼中，塞拉庇斯的地位等同於希臘的宙斯、羅馬的朱庇特、波斯的太陽神。這種崇拜極爲廣泛，任何希臘所統治地區都存在這種崇拜，甚至還傳到了北印度和中國西部。

對於那些生活貧苦、處境悲慘的百姓而言，他們深信人類的靈魂是永恆不滅的，相信自己今生所遭受的苦難會在來世得到慰藉和報償。「靈魂的救贖者」是人們對塞拉庇斯的稱呼，當時有一首讚美詩如此寫道：「當死亡降臨，塞拉庇斯依然陪伴在我們身邊，庇佑我們。」當然，女神伊西斯也有大批的信徒，他們尊她爲「天后」，在神殿中供奉她懷抱嬰兒的神像，提供源源不斷的祭品，香火不斷。祭司們修面淨體，終生守身，終生守護她的祭壇。

崛起的羅馬帝國爲這種日漸興盛的宗教崇拜打開了一條通往西歐的大門。當羅馬大軍的旗幟到達蘇格蘭和荷蘭時，塞拉庇斯—伊西斯神廟、祭司的傳經授道、靈魂不滅的渴望也接踵而至。但在當時，有很多對宗教派別與塞拉庇斯—伊西斯教是對立的，而密特拉教最突出，它的發源地是波斯，是一種主要祭拜密特拉神的神祕宗教儀式，不過這些儀式如今已經失傳了，它的祭品一般是仁慈的聖牛。

與複雜的塞拉庇斯—伊西斯宗教儀式相比，密特拉教的宗教儀式似乎要原始得多，不禁令人聯想到古老的日石文化的血祭儀式。密特拉教舉行祭祀典禮時，祭司通常會在聖牛的腹部劃開一個小口，讓鮮血從這個小口中流出，人們以爲新的生命就是從鮮血中誕生的。而密特拉教徒們往往是以用於獻祭的聖牛的鮮血來進行洗禮的。信徒初入教時，會站立在祭壇之下，這樣，獻祭之時，聖牛的鮮血就會灑到他們身上。

與早期羅馬帝國統治下向市民和奴隸提倡效忠的很多別的宗教一樣，這兩種宗教同樣是個人宗教，它們所關注的只是個體的永生和救贖。但以前的宗教卻都是社會性的宗教。在以前的宗教模式中，一個城市的神是最主要的，其後才是個人的。祭祀活動不是個體行爲，而是社會性的公共事務，它們所關注的是養育我們的這個世界的集體需要。後來，希臘人和羅馬人先後將宗教從政治領域中剝離出來。此後，在古埃及傳統的引導之下，宗教逐漸演變爲關注個人了。

這種提倡靈魂永生的、新興的、關注個人的宗教，搶走了人們對舊的國家宗教的激情，然而並沒有眞正代替它。在羅馬帝國的早期，那些具有代表性的城市裡都建設有供奉著各路神靈的神廟，不僅有供奉著羅馬神朱庇特的神廟，還有供奉著羅馬皇帝的廟宇，當時羅馬皇帝已經從古埃及法老那學會了做「神」。在這些神廟裡，舉行著莊嚴、冷漠的政治性禮拜，人們到這裡頂禮膜拜似乎只是爲了表示自己的忠誠。但是，當人們去天后伊西斯神廟朝拜時，通常是去傾訴個人的苦惱，祈求女神的指點和憐憫。想必當時人們還敬奉地方上各路稀奇古怪的神靈。如一直信奉原先迦太基女神維納斯的塞爾維亞人；在地下的廟宇或洞穴中，一定有密特拉教的教壇，奴隸或士兵侍奉著；也許，也有一個猶太教堂，猶太人成群地聚集在這裡，閱讀《聖經》，篤信他們看不見的上帝。

羅馬的國教往往帶有政治色彩，猶太人常因此而遭遇各種麻煩。猶太人對自己的神始終保持著絕對的忠誠，所以他們不會去崇拜其他神，因此也就不會去參加羅馬皇帝的公祭活動。基於對偶像崇拜的禁忌，他們甚至不願意向羅馬軍旗致敬。

早在喬達摩誕生之前，東方國家就已經存在男女苦行僧了。他們放棄了家庭、財產、享樂，靠禁欲、隱居、苦行等修煉方式去尋求精神的力量，以掙脫世俗的煩惱和窘迫。雖然喬達摩對這一修行方式持懷疑態度，但是他的許多信徒都過著極爲清苦的生活。在希臘，也有一些沒什麼名氣的宗教往往有類似的苦行，一些宗教甚至出現教徒自相殘殺的情況。猶太城和亞歷山大城中的猶太社會，是在公元前一世紀時產生禁欲主義思想的。一些團體脫離了塵世生活，將自己置於嚴酷而玄祕的冥想中，艾塞尼教派就是其中一個典型的團體。公元一世紀至二世紀，在這整整兩個世紀的時間裡，似乎全世界都在流行這種拒絕享樂、尋求超脫現世苦難之風。

此時，人們對建立秩序不再抱有固有的看法，對神廟、祭司、法律和習俗的信任，統統消失不見了。生活在一個奴隸制、殘暴、恐怖、揮霍、炫耀、焦慮和放縱無度的年代裡，人們的內心世界產生了極大的不安和自我厭惡，其像瘟疫一樣毫無止境地蔓延開來。人們爲了獲得內心的安寧，寧願放棄世俗中的一切享樂，去苦行。正因爲如此，塞拉貝姆神廟中才會擠滿了痛哭流涕的懺悔者，而將改變信仰的人帶到了密特拉教血腥、陰暗的洞穴中。

第三十七章　耶穌與基督教

當奧古斯都．凱撒作爲羅馬的首任皇帝統治羅馬時，基督教的救世主耶穌在猶太城誕生了。於是，羅馬興起了以耶穌基督之名命名的宗教，即基督教。後來，基督教日益繁盛，最終成爲全羅馬的國教。

從整體上來看，將歷史與神學分開來研究要更加方便。大多數基督教徒都相信，耶穌就是當初猶太人承認的那位「世界之神」的化身。但如果從歷史學家的立場判斷的話，就無法接受也無法否認這種觀點。從物質上而言，耶穌曾經以人的肉身出現過，而歷史學家應該將他看作一個人來探究。

耶穌首次出現在衆人的面前，是以先知的身分，當時的猶太城正處於提比略．凱撒統治之下。耶穌當時大約三十歲，他遵循傳統的猶太先知的傳教方式進行傳教。但是，有關他之前的生活，我們一無所知。

想要了解耶穌的生平和傳道事蹟，唯一現成的途徑就只有四部《福音書》了。透過這四部書，我們可以看到一個清晰的人物形象。如果人們翻閱過《福音書》，他就一定會說：「原來耶穌不是杜撰出來的，他眞的存在過。」

然而，耶穌堅忍和清瘦的形象在後世遭到了很大程度的歪曲，就像佛陀喬達摩的形象被後世塑造的安然盤坐的鍍金佛像給歪曲和掩蓋一樣。在現代基督教的藝術裡，因為受到世俗禮教和訛傳的影響，人們對耶穌的崇拜太高，所以，耶穌的形象嚴重失真。事實上，耶穌只是一個窮困的傳道士，終日奔波在炎熱的塵土飛揚的猶太城，靠偶爾的施捨為生。然而，在畫像中，他總是被畫成這樣一個人：頭髮整齊、皮膚光潔、衣服整潔、身材挺拔，他周圍的所有東西都靜止不動，好像只有他在空中飄然而過。僅憑這些畫像，很多人不相信耶穌真實存在，因為他們覺得，後世對耶穌的頂禮膜拜進行的粉飾是盲目的，僅從不高明的添油加醋中是不能識別故事的真義的。

假如我們可以把這些加諸耶穌身上的粉飾和莫名其妙的添加去掉，那麼，我們所看到的將是一位富有人情味、熱情而真誠的人，一位偶爾也會發發脾氣的人。耶穌所宣傳的教義簡單而深刻，他告訴人們：上帝是仁慈博愛的父親，「天國」即將降臨人間。用現在流行的話說，他就是一位擁有強大人格魅力的人，眾多信徒深深為他所吸引。

他的出現，讓信徒們的內心充滿了愛和勇氣，讓一切勞苦大眾及弱者獲得了重新生活的勇氣。但是，他的身體應該十分羸弱，因為他在被釘在十字架後不久就死去了。有一個傳說，按照慣例，他必須自己將十字架背負到刑場執行，而他在背負十字架前往刑場的途中曾一度昏厥過去。據說，他在猶太國遊歷了三年，四處傳教，最後來到了耶路撒冷。結果，他卻受到了指控，稱其欲在猶太建立一個異教王國。於是，他受到了審判。隨後，他和兩個小偷一起被執行死刑，同樣都被釘在十字架上，兩個小偷卻在其死後許久才咽了氣，而他已早早結束在人世間的苦難。

耶穌所倡導的「天國」教義，是一種能改變人類思想、激發人類智慧的革命性教義。當初，人們還無法充分了解其真正意義，或者是當人們剛剛一知半解地了解到這種教義是對傳統習俗和舊制度的大膽挑戰時，便立即畏懼退縮了。其實，這一點也不奇怪，因為耶穌所傳播的「天國」教義宣揚的就是無所畏懼的、永不妥協的精神，要求人類拋卻爭鬥的欲望，對自己的生活進行一番從裡到外的改變和淨化。如果讀者想要更全面地了解耶穌的教義，可以去翻閱《福音書》，我們在此只談論其對傳統觀念的影響。

猶太人堅信，正義之神是這個世界上唯一的眞神。此外，他們也相信，正義之神是一位懂得世俗交易的神，他曾與猶太民族的先人亞伯拉罕訂下了契約，承諾讓猶太民族成爲世界上最優秀的民族。對於猶太人而言，這是一個對猶太民族極爲有利的、寶貴的契約，但耶穌卻要解除這一珍貴的承諾。爲此，猶太教徒感到異常失望，又十分憤怒。耶穌卻教導衆人說：「上帝不是買賣約定者，他沒有跟人類做過任何交易，天國裡既不存在上帝的寵兒，也沒有被上帝選中的民族。上帝是一位仁慈的天父，就像太陽把陽光灑在時間的每一個角落一樣，上帝也是平等對待萬物生靈的。在他眼中，一切人類皆是兄弟，所有人都是罪人，所有人都是他的愛子。」

在《福音書》行善人的寓言中，耶穌對那種只願意稱頌本族人而鄙薄其他民族或支持其他教派的人，表示了深切的憐憫。在勞動人民的寓言中，耶穌對猶太人一向自詡是上帝所寵愛的民族的主張，給予了批判。耶穌告訴信徒說，不管是誰，只要其被上帝接入天國，那他就會受到平等的無差別對待，因爲上帝的恩澤是無限的、不可衡量的。此外，耶穌用了許多寓言倡導人們盡力行善，如埋藏銀子的寓言、寡婦捐款的寓言等。耶穌向人們所說的「天國」，是一個沒有特權、不打折扣、沒有藉口的「天國」。

但是，耶穌並不只是想單純指責猶太人所抱持的濃厚狹隘的民族主義。毫無疑問，猶太民族是一個有著強烈的民族觀念的民族。耶穌希望能用上帝偉大的博愛精神來感化猶太民族，使他們的愛不再是一種狹隘的、有限的家族之愛，而是一種大愛。

在耶穌眼中，「天國」是一個由所有信徒共同組成的大家庭。《聖經》上說：「當耶穌正同大家說話的時候，他的母親和兄弟正站在外面並有話對他說。於是，有人就立即告訴他說：『你的母親和兄弟正在外面呢，他們有話跟你說呢。』耶穌卻回答道：『誰是我的母親？誰又是我的兄弟？』接著，他伸手指著信徒們說：『看，在座的就是我的母親，就是我的兄弟。凡是遵照上帝旨意行事的所有人，都是我的母親，都是我的兄弟姊妹。』」（《馬太福音》第十二章，第四十六—五十節）

耶穌對狹隘的愛國主義和片面的家族情感進行了有力的抨擊，並以上帝的博愛和全人類皆兄弟的理念教導人們。耶穌還譴責了經濟制度上的貧富等級以及一切個人財產和個人利益。他教導人們說：天下所有的人都屬於「天國」，一切的私有財產也都屬於「天國」，任何人都應該不遺餘力地為上帝效勞。對於私有財產以及各種形式的個人生活，他進行了一次又一次的批評。

「在耶穌剛要起程上路的時候，跑來一個人，並跪在他的面前問道：『完美的主啊，我怎麼做才能永生不滅呢？』耶穌反問道：『你不能說我是完美的啊！只有上帝是完美的。你該知道聖誡吧，不能殺人、不能偷盜、不能行騙、不能姦淫、不能作假證，應該孝敬父母。』那人回道：『主啊，我從小就把這些謹記在心，從來沒有違反過啊。』耶穌看著他，充滿愛憐地說道：『還有一件事你沒做到，把你的一切財產都變賣掉，發給貧窮的人，那樣你就會在天國擁有財產了。做完以後，拿上十字架跟我走。』那人聽了這話，怏怏地走掉了，因為他擁有大量的私有財產。

「耶穌掃視了一下四周，對他的信徒說：『恐怕那些富人進入天國的願望很難達成啊！』他的信徒們都對他的這句話感到不解。耶穌繼續說：『我的孩子們，那些財主們太依賴財富了，對他們而言，進入天國是很難的，駱駝穿過針眼都要比他們容易進到天國。』」（選自《馬可福

耶穌來到耶路撒冷

音》第十章，第十七—二十五節）

此外，耶穌在宣揚「天國」中上帝將所有子民都聚集在一起的同時，還譴責了正統宗教中的那種交易式的正義。據一些記載資料顯示，他的說教中有不少是抨擊那種爲了表示虔誠而恪守戒規的行爲的。「法利賽人和文書問他：『你的門徒怎麼能違反古人遺訓，用未清潔乾淨的俗手吃飯呢？』耶穌回答說：『看來，以賽亞對你們的預言果然是眞的，你們可眞的是僞善的人。』」

「人們用嘴唇親吻我，心卻離我遠去。」

「他們雖然對我頂禮膜拜，但卻是徒勞無益的，因爲他們所遵循的只是人定的戒規。」

「你們對上帝的訓誡視而不見，卻嚴格遵守人定的戒律，你們所做的許多事情，就猶如是刷鍋洗杯之類的煩瑣雜事，沒有多大意義。」接著他又說道：「你們這是拋棄

耶穌被釘死在十字架

了上帝的教導，而堅持自己的傳統。」（引自《馬可福音》第七章，第一—九節）

耶穌教導人們的最終目的，絕不僅僅是在社會和道德層面上的變革，種種跡象表明，他的傳教具有明顯的政治傾向。他曾說過，「天國」不屬於這個世界，也不在於帝王的寶座，它只存活於人們的心中。但同時，不管身在何處，在人們心裡「天國」占據多大分量，外部世界的變革與革新也以同樣的程度發生並持續。

耶穌在傳道時，不論聽衆再怎麼盲，再怎麼失聰，再怎麼漏聽，他們也不可能聽不出耶穌想要改變這個世界的決心。從那些反對他的理論要略以及他受審、受刑的情形來看，不難發現他爲那個時代的人們提出了一整套用於改革、融合、拓展人類生活的方案。

耶穌所宣揚的教義十分明確，同時也被富人們視爲洪水猛獸，富人們擔心自己的世界一不小心就會被這洪流所吞沒。耶穌也曾經試圖說服大衆，貢獻出他們的社會勞動所得，將這些私有財產全部納入普遍的宗教生活中。他就像是一位可怕的道德狩獵者，將人們從居住習慣了的舒適的洞穴中拉出來。他的「天國」光芒萬丈，那裡沒有特權、沒有私產、沒有炫耀、沒有優越感，除了愛再沒有另外的動機和報酬了。對此，人們感到迷茫，不知如何是好，於是有些人開始反對他，就連他的門徒也感到不解。至於那些祭司，他們簡直將耶穌當成了不共戴天的仇人，只能與他進行魚死網破的較量，而別無他法。對於羅馬士兵而言，面對這種難以理解又威脅其行爲準則的教義，他們除了用狂笑來掩飾其吃驚的感受外，別無他法。他們將耶穌打扮成凱撒大帝的樣子，給他戴上用荊棘編成的皇冠，披上紫色的袍服。他們認爲，如果接納耶穌的教義，那就說明他們將要過的生活是奇特且膽戰心驚的，說明他們將要放棄原有的習俗，克制自己的衝動和本能，去探尋一種難以置信的幸福……。

第三十八章 基督教的發展

我們可以透過閱讀四部《福音書》，了解耶穌本人以及他的傳教情況，但書中卻很少提到基督教教義，如果想完全了解基督教教派的信條，那就只能在耶穌最忠實的信徒所寫的《使徒書》中找到想要的答案。

基督教教義的最主要的創立者是聖保羅。聖保羅不曾見過耶穌本人，也沒有聽過耶穌的傳教。聖保羅，原名掃羅。在耶穌受難後，他一度迫害過一小部分耶穌信徒，並因此遠近聞名。但是，後來他突然皈依基督教，並將自己的名字改爲保羅。

保羅是一個思維敏捷的人，他對當時的宗教運動有著極大的興趣和熱情。對於當時的猶太教、密特拉教、亞歷山大城的宗教，保羅都十分熟悉，他還將這些宗教中的不少思想和概念都帶入基督教中。儘管保羅並沒有發揚耶穌所提出的「天國」的教義，但他卻教導人們說：耶穌是上帝所承認的救世主和猶太人的領袖；耶穌的死就是一種殉道，耶穌是爲了拯救人類才獻身的，他的犧牲與古老的血祭中殉難者的犧牲是同一性質的。

當各種宗教派別並存共榮時，那麼它們之間就必然會相互借用對方的宗教儀式及其獨特的外在表現形式。比如，中國的佛教，就擁有與奉行老子教訓的道教相似的廟宇、僧人和宗教儀式，然而它們的原始教旨卻是完全不同的。同樣地，基督教也借用了密特拉教和亞歷山大宗教中的神廟僧侶、祭壇、供品、香燭、誦經、為神靈塑像等宗教儀式，還採納了它們的神學思想以及禱告用語，不過人們並沒有因此而懷疑和輕視基督教的宗旨。這些宗教同其他不怎麼興旺的宗教並存，一起發展。它們都在尋找自己的信徒，所以各宗教之間經常會出現改變信仰的人。

在歷史發展的不同階段，往往會有某種宗教能夠得到統治者的特別垂青，而受到扶持。在眾多宗教中，基督教總是更容易遭到統治者的猜忌，因為基督教的信徒不肯向神聖的羅馬皇帝施禮，就像猶太人一貫做的那樣。我們暫且不說耶穌本人所提出的改革精神，僅憑這一點，基督教就被看成是一種具有煽動性的反叛宗教。

聖保羅要求信徒必須牢記一點：與冥神奧西里斯一樣，耶穌會復甦並為人類帶來永生。後來，隨著基督教的日益興盛，基督教內部產生了分裂，原因是信徒對耶穌和天父的關係的複雜神學產生了極大的分歧。撒伯里烏派認為：耶穌是天父的化身，只是模樣不一樣而已，上帝是耶穌也是天父，這就好比一個既可以是工匠又可以是父親的道理；而阿里烏教派認為：雖然耶穌是神，但天父的地位比他高很多，耶穌應該在天父之下；然而，三位一體派的教義更為玄奧，他們是這樣認為的：上帝是三位一體的，集聖父、聖子、聖靈為一體。似乎有一段時期，阿里烏派在論戰中占了優勢。後來，在經過辯論、暴力、戰爭後，三位一體的教義終於成為基督教的信條。這在《亞他拿修信經》中有詳細的介紹。

在這裡，我們不打算對這些神學辯論做太多的評論，因為這些爭論對世界的影響與耶穌本人的教義對世界的影響相比，顯得太微不足道了。耶穌所提出的教義，確實為人類的道德和精神生活開闢了一個新的時代。

耶穌認為，上帝是所有人的慈父，天下之人都是兄弟姊妹，每個人的人格都是上帝居住的殿堂，是神聖無比的。這些教義對人類後來的社會和政治生活都有深遠的影響。隨著基督教地位的確定以及教義的廣泛傳播，一種人類的作爲人的新尊嚴問世了。沒錯，就像一些反對基督教的批評家所指出的那樣，《福音書》曾明確記載著，耶穌鼓勵人們奮起反抗，而聖保羅則曾向奴隸宣揚服從之道。此外，更具有說服性的是，基督教是極力反對競技場上那種踐踏人類尊嚴的角鬥的。

在耶穌死後的二百年裡，基督教已經傳播至羅馬帝國的每一個角落，並且越來越多的人加入了這一思想和主張都十分鮮明的宗教團體。對於基督教，各代羅馬皇帝所持態度各不相同，有的敵視反對，有的則包容接納。公元二世紀至三世紀時，基督教這一新型宗教形式開始受到打壓。在公元三〇三年及其後幾年的時間裡，羅馬皇帝戴克里先終於率先發起了迫害基督教徒的運動，基督教會積聚的巨額財富遭到查封，所有的《聖經》及各種宗教著作均遭焚毀，基督教徒不再受法律保護，大批基督教徒遭到了殺戮。其中，關於「銷毀書籍」的事情最值得我們關注，它說明了：統治者已經察覺到文字在宣傳新的宗教信仰方面起到了至關重要的作用。基督教和猶太教一樣，都是「有書籍的宗教」，是教導人的宗教。它們之所以能夠繼續生存，在很大程度上就是因爲它們有宗教書籍，人們能夠透過閱讀而理解其教義的思想。舊的宗教從來沒有向人類的智慧和理性請求過幫助。在西歐即將出現的因野蠻民族的入侵而引起的暴亂中，恰恰是基督教會成爲保存學術傳統的中堅力量。

雖然戴克里先大肆迫害、打壓基督教徒，但是基督教的發展並沒有因此而停滯。事實上，由於當時許多的官吏和居民都是基督教的信徒，所以許多地方對基督教的迫害都失敗了。公元三一七年，伽萊里烏斯皇帝頒布大赦令，停止迫害基督教徒。公元三二四年，君士坦丁大帝成爲羅馬皇帝，基督教徒得到了友善對待，而且他本人還在臨終之際接受洗禮，皈依了基督教。君士坦丁大帝放棄了所有的聖號，卻在自己軍隊的盾牌和旗幟上加上基督教的標誌。

　　沒過幾年，基督教便迅速發展爲羅馬帝國的國教，地位更加牢不可破。那些欲與其一較高下的其他宗教，或者是很快滅亡了，或是被其給吸收了。公元三九〇年，狄奧多西大帝下令銷毀亞歷山大城的朱庇特像。這樣，從公元五世紀開始，羅馬帝國境內就只有一個宗教的神廟和神職人員了，而它便是基督教。

第三十九章　蠻族的入侵，羅馬帝國的東、西瓦解

公元三世紀，羅馬帝國逐漸走向衰微，社會道德處於崩潰邊緣。與此同時，它又面臨著野蠻民族的侵略。這一時期的羅馬皇帝都是崇尚武力的軍事獨裁者，為了達到自己的軍事目的，他們經常遷都。所以，羅馬帝國的首都有時設在義大利的北部城市米蘭，有時又設在今塞爾維亞的西爾敏或尼什，有時還可能設在小亞細亞的尼科米堤亞。

當時的羅馬城位於義大利的中部地區，遠離帝國的中心而不適宜再做帝國首都，此後羅馬開始走下坡路。帝國大部分的疆域依然很祥和安寧；掌管大權的仍是軍隊。帝王們憑藉著手中掌控的軍隊力量，對人民的專制統治越發嚴酷，羅馬帝國這種日漸嚴酷的專制，與波斯和東方其他的君主制國家越來越相近了，戴克里先大帝也戴上了皇冠，披上東方的皇袍。

羅馬帝國的北部邊境線大致上是沿著多瑙河及萊茵河而設的。此時，敵人的大軍已經逼近了。法蘭克人和其他日耳曼民族入侵萊茵河。汪達爾人襲擾匈牙利北部；西哥德人侵擾達契亞（即今羅馬尼亞）地區；而東哥德人則駐紮在南俄羅斯；再往後，阿蘭人駐守於伏爾加河流域。與此同時，匈奴軍隊也不斷向歐洲方向推進。由於受到匈奴人的脅迫，被逼進貢，東哥德人和阿蘭人不得不向西方遷徙。

在亞洲，羅馬帝國則受到了來自再次崛起的波斯帝國的巨大壓力，羅馬的疆界越縮越小。新

馬賽克上的君士坦丁大帝

波斯帝國在薩桑王朝的統治下朝氣蓬勃。在此後的三百年裡，波斯帝國一直是羅馬帝國在亞洲最厲害的對手。

有興趣的讀者可以瀏覽一下當時的歐洲地圖，就會發現羅馬帝國版圖有著很明顯的薄弱環節：多瑙河在今天的塞爾維亞和波斯尼亞地區往南拐了個彎，呈現出一個U字形，亞得里亞海離這裡只有二百英里。此前，羅馬人從來沒有管理過海上交通，而這二百英里寬的地方是個重要的交通樞紐，它就是連接西方拉丁語世界和東方希臘語世界的地方。也正是這個原因，野蠻民族爲了獲得這一U形地區的控制權，投入了大量的兵力，如果他們的進攻成功了，羅馬帝國勢必一分爲二。

假如此時的羅馬帝國依然國力昌盛的話，那麼它完全有能力用武力奪回達契亞，然而此時的它已經不再像從前那般強大了。雖然君士坦丁大帝是一代明君，他的確驅逐了入侵羅馬要害巴爾幹地區的哥德人，但要將羅馬的勢力擴張到多瑙河的對岸，他也沒有足夠的力量。君士坦丁大帝將他的大部分精力都用於整頓帝國內部的弱點了，他想盡一切辦法來挽救日漸衰亡的帝國精神，甚至試圖借助基督教的道德力量和凝聚力團結臣民。此外，他還下令在達達尼爾海峽附近的拜占庭修建一座新首都，作爲羅馬帝國永久性的首都。爲了歌頌他的功績，後人便以他的名字爲該城命名，稱其爲君士坦丁堡。事實上，君士坦丁堡是在君士坦丁大帝過世之後才建成的。

在君士坦丁大帝執政的晚期，曾發生過一件很奇特的事件：受哥德人奴役的汪達爾人，請求羅馬帝國同意他們遷入其境內，他們的要求得到君士坦丁大帝允許，並賜予他們一片土地——潘諾尼亞地區，即今多瑙河西岸匈牙利的一片土地。這樣，汪達爾人的士兵在名義上就成了羅馬軍人，但他們依然歸自己的軍官指揮，羅馬未能整編他們。

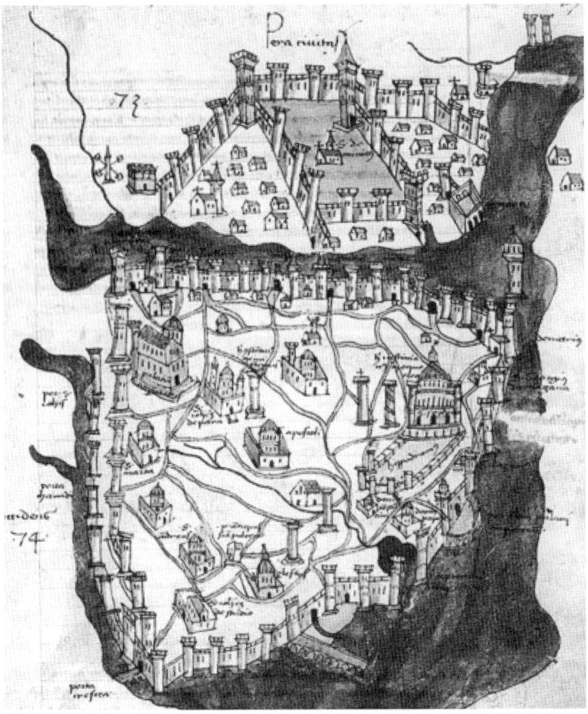

一四二二年的君士坦丁堡

君士坦丁大帝花費畢生的精力和心血用於重振羅馬帝國，最終在勞碌中離開了人世。沒過多久，羅馬帝國的邊境防線再次被撕裂，西哥德人幾乎就要攻到君士坦丁堡了。他們在亞得里亞那堡擊潰了羅馬皇帝瓦林斯，然後仿效汪達爾人在潘諾尼亞的做法，在今天的保加利亞建立自己的定居點。雖然他們看起來像是羅馬帝國的市民，但事實上他們卻是征服者。

公元三七九年至三九五年，羅馬帝國處於狄奧多西大帝統治之下。雖然此時的羅馬帝國在形式上還是統一的整體，但義大利軍隊和潘諾尼亞軍隊的統帥權都已經掌握在汪達爾人斯底利哥手中，而巴爾幹半島的軍隊則由哥德人阿拉列統率。公元四世紀末，狄奧多西去世，留下了兩個兒子。在君士坦丁堡，阿拉列擁立狄奧多西的長子阿卡丟爲皇帝；而在義大利，斯底利哥則將狄奧多西的次子霍諾留推上了皇帝寶座。換言之，阿拉列和斯底利哥以兩位皇位繼承人爲掩護，展開了對羅馬帝國的實際掌控權的爭奪。在這場爭鬥中，阿拉列大舉發兵義大利，圍攻羅馬，並於公元四一〇年攻占了羅馬城。

到公元五世紀的前五〇年，羅馬帝國的整個歐洲板塊，幾乎成了那些掠奪成性的野蠻民族的軍隊的爭搶目標。關於當時的世界局勢，想要將其清晰地描述出來是極其困難的。在法國、義大利、西班牙和巴爾幹半島等地，那些在帝國早期曾繁榮興盛的大城市，此時依然還在，但當地的百姓卻過著窮苦、單調和擔驚受怕的生活。由於入侵者頻繁造訪，這些地方遭到了嚴重的踐踏和蹂躪，人口數量銳減，一派蕭條衰敗的景象。由於天高皇帝遠，許多地方官員便盜用皇帝之名，在當地耀武揚威，高壓控制百姓，爲惡一方。此時，教會仍繼續運作，但是充當神職人員的大都是一些不學無術的傢伙，他們不怎麼讀書，腦海中裝著的盡是迷信和恐懼。不過，在那些未遭受劫掠的地方，依舊可以發現大量的書籍、繪畫、雕刻及其他藝術作品。

農村的生活也不如從前。羅馬帝國漸漸衰退，到處都是凋敝的景象。有些地方，由於受到戰爭的洗劫、瘟疫的蔓延，變得荒無人煙；有些地方，還出現多次攔路搶劫的盜匪。野蠻民族入侵這些地方是輕而易舉的。後來，他們讓自己的首領爲統治者，還冠以羅馬帝國的官銜。倘若侵略者是半開化的民族，他們通常會對被征服地區較爲寬容。當他們占領城市之後，就開始和當地百姓交往、結婚，還學會了帶有口音的拉丁語。但入侵羅馬的還有些農耕民族，如盎格魯人、撒克遜人以及朱特人，對於這些農耕民族而言，城市沒什麼用處，他們幾乎將所有的羅馬化的居民驅逐出城，並在征服地推行自己的語言條頓土語，而不用原居民的語言。時間一久，這種條頓土語便演變成了英語。

受篇幅所限，我們不能詳述那些日耳曼和斯拉夫各部族爲爭奪財富和尋找舒適家園，趁羅馬帝國四分五裂之際而轉戰南北的情景。在這裡，我們只能介紹其中的汪達爾人這一個例子，讓大家對整個戰局有所理解。

德意志東部地區是汪達爾人首次登上歷史舞臺的地方。我們在前面提到，汪達爾人曾定居在潘諾尼亞。公元四二五年左右，他們經長途跋涉而來到了西班牙，結果發現這裡已經有南俄羅斯的西哥德人和其他一些日耳曼部族建立的王國和貴族階層了。於是公元四二九年，金塞里克又帶領著汪達爾人從西班牙出發，漂洋過海到了北非，並於公元四三九年攻占了迦太基，還創建了自己的艦隊。從此，汪達爾人掌控了海上霸權。公元四五五年，汪達爾人攻陷並洗劫了羅馬城，而此時的羅馬城還沒有從半個世紀前的阿拉列的強占和掠奪中緩過勁兒來。不久，汪達爾人便掌控著西西里、薩丁尼亞、科西嘉以及地中海西部諸多島嶼。

實際上，從疆域層面來看，汪達爾人所建立的海上帝國，與七百年前的迦太基人所建立的海上帝國，已經十分接近了。至公元四七七年，汪達爾人的勢力達到了頂峰，然而他們不過是統治著這一個廣大地區的人數極少的征服者。直到一個世紀之後，統治者查士丁尼一世將這個海上帝國一度推上了更加輝煌的位置，但這種輝煌只是曇花一現。很快，它的整個海上帝國，幾乎都被君士坦丁堡帝國給奪走了。

汪達爾人的故事，不過是諸多同類侵略故事中的一個。隨後，匈奴人和韃靼人——和先前的入侵者沒有絲毫親緣關係的民族，席捲而來。與以往的征服者比起來，這些黃種民族更加兇猛彪悍，更富有活力和戰鬥力。至此，西方世界還從來沒與他們交鋒過。

第四十章　匈奴人，西羅馬帝國的崩潰

匈奴人入侵歐洲，可以看成是人類歷史上一個嶄新的開始。直到基督教時代之前的上個世紀左右，北歐人還從沒有與匈奴人有過眞正意義上的接觸。儘管曾生活於北方叢林以北的凍土地帶的拉普人，一度向西遷移至拉普蘭地區，但是他們卻從來沒有在歷史舞臺上扮演過重要角色。幾千年以來，西方的亞利安人、閃米特人以及那些主要的淺黑色人種，他們幾乎沒有被匈奴人或南方黑色人種侵略過（衣索比亞人侵略古埃及是一個例外），而一直維持著他們之間頗具戲劇性的歷史進程。

匈奴遊牧民族之所以西遷，原因大致有兩方面。其一，當時中國處於漢王朝的繁榮時期，人口猛增，其疆界不斷向北擴張，由於國力強盛，匈奴人無力與之抗衡。其二，氣候發生了變化，一些地方雨量增多，原先的沙漠地帶出現了草原；一些地方雨量減少，原先的沼澤和森林消失不見，這兩種氣候變化發生在不同地區，共同作用，鼓勵匈奴人西遷。

另外，羅馬帝國人口迅速減少、經濟衰退、國力明顯不如從前也是一個原因。羅馬共和國後期的富人們揮霍著帝國的財產，又加上行伍出身的皇帝們的稅賦官澈底榨乾了帝國的活力。根據這些因素，我們就能看出匈奴人向西遷徙的原因、途徑和時機所在了，這就是：迫於東方的壓力，來自西方的衰落和道路的暢通無阻。

匈奴王阿提拉

公元一世紀，匈奴人就已經到達歐洲東部的俄羅斯邊界了，但是直到公元四世紀至五世紀，這些馬背上的民族才眞正成爲這片草原的統治者。可以說，公元五世紀是匈奴人的世紀。第一批進入義大利的匈奴人，是汪達爾人斯底利哥的雇傭兵團，而他們也是傀儡王霍諾留的主子。很快，他們便占領了人去屋空的潘諾尼亞，即汪達爾人的原駐地。

公元五世紀的二〇年代至五〇年代，匈奴部族誕生了一位偉大的軍事統帥阿提拉。至於他的軍事實力到底有多強，我們並不十分了解，我們只知道：其在統治匈奴的同時，還同時統治著日耳曼部族，他的帝國從萊茵河起跨越歐洲大平原一直延伸至中亞，帝國的勢力範圍十分廣大。他經常派使節出使中國。在多瑙河東岸的匈牙利平原上，他還建立自己的大本營，並且還在這裡接待過君士坦丁堡的使臣普利斯克斯。

後來，普利斯克斯寫了一本《出使記》，並在其中記述了阿提拉帝國的風土人情。與那些被匈奴人驅逐的原始亞利安人的生活相比，這些匈奴人的生活方式也沒什麼特別之處，兩者十分接近。一般而言，部落首領居住在有圍欄的木屋裡，而一般百姓則居住在小屋或帳篷中，大家在首領的木屋中舉辦宴會，飲酒作樂或是欣賞吟遊詩人的說唱表演。先不說荷馬史詩中的英雄人物，就算是亞歷山大大帝的馬其頓騎士，與身處君士坦丁堡狄奧多西二世（阿卡丢之子）沒落頹廢、充斥著繁文縟節的宮廷比起來，他們寧願待在阿提拉的營帳中。

猶如很久以前未開化的希臘人給愛琴文明帶來的衝擊一樣，一個時期以來，匈奴人阿提拉率領的遊牧民族在地中海地區對希臘—羅馬文明造成了同樣的衝擊。歷史在一個更廣闊的舞臺上開始重演。比起那些因季節的變遷而遷徙的半農半牧而非眞正遊牧的古希臘人，匈奴人更喜歡遊牧生活，他們四處掠奪，經常入侵，可他們從來都不會在哪個地方過定居的生活。

長久以來，阿提拉總會到狄奧多西的土地上炫耀自己的武力，四處破壞劫掠，甚至直逼君士坦丁堡城下。根據著有史學巨著《羅馬帝國衰亡史》的英國歷史學家吉本的考證，阿提拉至少摧毀了巴爾幹半島上的七十座城市。而狄奧多西爲了解決阿提拉的問題，也費盡心思，曾試圖用重金和貢品來拉攏阿提拉，卻以失敗告終；後來又派刺客去刺殺阿提拉，也沒能成功。

公元四五一年，阿提拉又將目標鎖定在了羅馬帝國使用拉丁語的地區，並對其實施入侵計畫。後來，匈奴人大軍直搗高盧，幾乎洗劫了所有的北高盧的城鎮。這一次，羅馬軍團終於與西哥德人、法蘭克人結盟，組成聯軍對抗阿提拉，並在法國的特魯瓦地區重創阿提拉。這是一場規模宏大的血戰，據估計此戰共致十五萬到三十萬士兵戰死沙場。特魯瓦大敗，雖然讓阿提拉無法如願以

汪達爾人洗劫羅馬城

償地侵占高盧，但其強大的軍事實力卻並沒有因此而被摧毀。此戰後的第二年，阿提拉又率領大軍借道威尼西亞，入侵義大利，並在途中焚毀了帕多瓦和阿奎里亞兩城，而後又將米蘭洗劫一空。

難民們紛紛從義大利北部城鎮——特別是帕多瓦湧出，逃到了亞得里亞海北端的瀉湖島上，並在那裡建立了最初的威尼斯城邦。中世紀時，威尼斯獲得良好的發展，成爲當時世界上最大商貿中心之一。

公元四五三年，阿提拉娶了一位年輕女子爲妻，並爲此舉行盛大的慶祝宴會。誰知在宴會結束後，他卻突然暴卒。他的死亡，也使得他那掠奪成性的聯盟遂告解體。從這個時候開始，歷史上再不存在獨立的匈奴部族了，匈奴人都融入到其周圍人口數量更多的亞利安語系的各部族之中。但是毫無疑問的是，正是匈奴人的大舉入侵，導致了羅馬帝國的最終滅亡。

在阿提拉去世後的二十年間，羅馬相繼出現了十位皇帝，他們都是由汪達爾人和其他雇傭軍團扶植的。公元四五五年，羅馬遭到來自迦太基的汪達爾人的入侵，最終淪陷。公元四七六年，雇傭軍首領鄂多亞克先是廢黜了有著響噹噹名字的潘尼亞人皇帝羅穆盧斯·奧古斯都，接著又對君士坦丁堡宮廷報告說：「西羅馬從今往後再也不會有皇帝了。」於是，西羅馬帝國就這樣滅亡了，而且是以一種十分不體面的方式結束的。公元四九三年，東哥德人狄奧多里克成了羅馬的皇帝。

當時，在整個西歐和中歐地區，蠻族部落首領紛紛自立為王或自封為侯，並依此統治著自己的領地。他們在表面上仍會向皇帝表示自己的忠誠，但實際上卻各自為政。這種實際上是割據一方的盜匪式王侯，有成百上千個之多。此時，在西班牙、高盧、達契亞和義大利等地區，拉丁語中儘管摻雜著一些當地土語，但它也仍然還是通用的語言；在不列顛、萊茵河東部地區，人們的通用語言則是日耳曼語，而其中的波希米亞地區通用的則是斯拉夫語系的捷克語，只有高級神職人員和極少數受過教育的人才能用拉丁文進行閱讀和書寫。那一時期，社會動盪不安，人們需要靠武力來保衛自己的財產；城堡與日俱增，而道路狀況卻不斷惡化。到六世紀初，整個西方世界都開始出現衰敗景象，呈現出一種分裂局面，文化知識領域也陷入一片黑暗之中。當時若不是有基督教徒和修道士傳承拉丁文化，恐怕拉丁文化早已不復存在了。

羅馬帝國為什麼會崛起？最後它為什麼又徹底滅亡了呢？

事實上，羅馬帝國之所以能夠崛起，憑藉的是羅馬早期的公民權理念，它令羅馬民眾緊緊團結在一起。羅馬自共和國擴張時期開始，一直到帝國初期，大多數羅馬人都十分重視公民權。在他們看來，公民權不僅是他們的權利，也是他們的義務。對於這種受羅馬法律保護的權利，羅馬人對其表現出了極大的信任，並做好了為之付出一切的準備。那個時候的羅馬，還以公正、嚴格遵守法律而為人們所稱頌。然而布匿戰爭爆發後，這種公民權理念受到了財富積累和奴隸激增的衝擊，從羅馬人的思想中日漸消退。儘管「公民權」這一概念在當時得到了廣泛傳播，擁有公民權的人數不斷增加，但是此時的公民權卻越來越背離其原來的意義。

當時的羅馬帝國是一個非常原始的國家組織，沒有加強對公民的教育，沒有向人數不斷增加的公民解釋治國之道，也沒有邀請民眾共商國是。更確切地說，羅馬既沒有一個學校一類的機構來保證民眾能達成共識，也沒有發布一條新聞去支持公民的集體活動。自馬略、蘇拉統治以來，野心勃勃的軍事家從來沒想過讓公民參與政務，他們只想到了自己的霸業，公民權早已被拋棄，卻無人注意到這一點。在人類社會中，任何國家、帝國和組織機構的維繫，都離不開認識和意志的統一。失去了這種意志，羅馬帝國也就難逃滅亡厄運了。

公元五世紀，拉丁語系的羅馬帝國終於滅亡了，但依賴於它的傳統和權威，使用拉丁語的天主教得以保存，並且一直延續至今。雖然羅馬帝國消亡了，但是基督教會卻仍然存在，因為教會迎合了人類的思想與意志。憑藉書籍、教師和傳教士，這個龐大的團體始終團結在一起。他們的這個體系，比任何法律和軍隊都具有更強的力量。公元四世紀至五世紀正是羅馬帝國衰亡之期，但基督教的傳播卻沒有受到消極的影響，反而迅速傳播至歐洲各地。在阿提拉準備進軍羅馬時，羅馬教皇純粹用道德的力量成功說服他退兵，這種力量是任何軍隊都不具備的。

羅馬大主教，即羅馬教皇，要求成為基督教會的最高領導人。既然羅馬不會再有皇帝，那麼皇帝的稱號和權力就一併歸教皇所有了。教皇還自封為「大祭司長」，也就是在羅馬領土範圍內主持祭祀的最高祭司。事實上，大祭司長是先前皇帝所採用的稱號中最古老的一種。

第四十一章 薩桑帝國、拜占庭帝國的發展

和西羅馬帝國相比，使用希臘語的拜占庭帝國（即東羅馬帝國）更具有政治韌性。公元五世紀，使用拉丁語的西羅馬帝國，即羅馬帝國的發源地，最終崩潰了，但拜占庭帝國卻安然渡過了這場危機。儘管狄奧多西二世不斷遭到阿提拉的威脅，領土常遭侵犯與劫掠，君士坦丁堡甚至一度遭到兵臨城下的危機，但是君士坦丁堡最終還是平安無事。儘管努比亞人的軍隊沿著尼羅河一路向南進攻，洗劫了上古埃及，但下古埃及和亞歷山大城卻一如既往地繁榮。儘管薩桑王朝的波斯軍隊不斷侵襲，但是小亞細亞的大部分地區也能有效地抵禦敵人。

公元六世紀，西羅馬陷入了無盡的黑暗之中，而希臘語系的東羅馬卻出現了極大的復興。公元五二七年到五六五年間，查士丁尼一世成爲東羅馬的統治者，他是一位精力旺盛而具有雄才大略的統治者，他還娶了非常有才幹、演員出身的狄奧多拉爲他的皇后。查士丁尼一世當政後，先從汪達爾人手中奪回了北非的統治權，又將義大利的大部分從哥德人手中搶回來，甚至還重新取得了西班牙南部的掌控權。不過，他並不只專注於海上和陸上的軍事活動，他還十分關注教育，創辦了大學；在君士坦丁堡，他建立了宏偉高大的聖索菲亞大教堂；組織人編纂了《羅馬法典》。但是，爲了讓自己創辦的大學免於競爭，他竟然下令關閉擁有千年歷史的雅典哲學院，而這座學府從柏拉圖時代起就已經開始傳承了。

馬賽克上的查士丁尼一世（左）與他的皇后狄奧多拉（右）

自公元三世紀開始，波斯帝國始終是拜占庭帝國最強大的敵人。由於這兩大帝國之間的紛爭，使得小亞細亞、古埃及和敘利亞這些地區的百姓長期生活在動盪不安中，民不聊生。在公元一世紀的時候，這些地區仍具有較高的文明水準，人口眾多，人們生活富足。然而，就是這一片富饒之地，後來連遭戰亂、重稅、搶劫等各種災難，逐漸沒落，除了被搗毀的支離破碎的城市和零星散居於鄉間的農民外，就什麼也沒有了。在這樣令人黯然神傷的衰敗、混亂景象中，只有下古埃及的境況似乎稍微好一些。此外，亞歷山大城也像君士坦丁堡一樣，仍然繼續著東西方之間的貿易往來，雖然這種貿易也越來越不景氣。

在這兩個深陷戰亂並日益衰敗的帝國之中，科學和政治哲學不僅得不到發展，甚至逐漸消亡。雅典哲學院中的那些最後的哲學家們懷著無限的敬意和強烈的求知欲，一直保護著偉大的古文獻，直到他們受到查士丁尼一世的鎮壓。社會上，再找不到一個勇敢的擁有獨立思維能力的自由志士——一個能將這些文獻所體現出的自由議論和大膽探索的精神傳承下去的人。造成這種局面的是社會和政治的動亂。另外，造成這一時期人類知識匱乏和混亂的原因還有：這一時期的波斯帝國與拜占庭帝國都嚴重排外，各自建立了新的宗教形式，而新宗教卻是極力壓制人類精神自由活動的。

世界上的古老帝國幾乎沒有哪一個是不具有宗教傳統的。在這些國家中，百姓的生活往往是以敬神或是敬奉具有神一樣地位的帝王爲中心的。比如，亞歷山大大帝就曾被當成是神；而羅馬皇帝也是神，他們都有專屬的神廟、祭壇，對其敬香就表示忠於羅馬帝國。

然而，以基督教爲代表的新興的宗教，它們更關注人們的眞實想法，要求人們在心中眞正理解和信仰他們的神，而不僅僅是在表面上花功夫。由此，也就自然產生了對信仰本質的激烈爭論。更確切地說，新興的宗教都屬於信念上的宗教。於是，「正教」這一新名字就誕生了。正教有著嚴格的教規，其制定了一套教義，用於限定個人的行爲甚至個人言論和思想。根據這一規定，假設一個人持有錯誤的見解，然後他還將這種錯誤的見解傳達給他人，那他就不僅是犯了知識方面的錯誤，更是道德犯罪，他的靈魂將得不到救贖。

阿爾達希爾一世在公元三世紀建立薩桑王朝，而君士坦丁大帝於公元四世紀重建了羅馬帝國，而他們都一度求助於宗教團體，因爲他們都在宗教團體中找到了利用、控制人民意志的新手段。早在公元四世紀結束之前，這兩大帝國就大肆破壞言論自由和宗教革新。在波斯，阿爾達希爾發現了一種古老的波斯宗教，即索羅亞斯德教，亦稱爲拜火教。該教擁有神殿、祭司，還有一種在祭壇上點燃聖火的儀式——阿爾達希爾十分滿意，於是將其定爲國教。

公元二七七年，摩尼教的創始人摩尼被釘死在十字架上，連屍身也被剝皮。而在君士坦丁堡，人們正在追捕殺害異教徒，即非基督教的宗教信徒。基督教之所以對摩尼教進行如此激烈的反擊，原因是摩尼教的思想干擾了基督教。另一方面，拜火教則認爲，基督教的思想也同樣擾亂了拜火教的純潔性。如此一來，幾乎所有的宗教思想都遭到了人們的普遍懷疑。在這各宗教水火不能相容的歲月中，科學之光也日漸暗淡，畢竟科學發展的前提是擁有不受干擾的能自由活動的靈魂，而此時哪裡還有這樣的靈魂存在。

這期間，拜占庭在戰火中度過，到處充斥著人類慣犯的惡行和邪惡的神學，就好比一幅充滿驚險傳奇的生動畫面，幾乎沒有美好和光明。北方蠻族入侵的架勢一旦消退，波斯帝國和拜占庭帝國就會在小亞細亞和敘利亞來一場氣勢洶洶的紛爭，使這些地方的居民無法生活，即便當時的兩大帝國可以結成同盟國，也不一定能與入侵的北方蠻族抗衡，恢復帝國以往的繁榮。不過，在這兩個帝國之間，還有一股勢力，那便是突厥人。突厥人，即韃靼人，他們最初是以拜占庭帝國或波斯帝國的盟友的身分登上歷史舞臺的。公元六世紀時，拜占庭的查士丁尼與波斯的科斯洛埃斯一世成爲主要對手，而到了公元七世紀初期，則由拜占庭的赫拉克利烏斯皇帝對陣波斯帝國的科斯洛埃斯二世。

在赫拉克利烏斯成爲皇帝（公元六一〇年）之前，在兩個帝國的較量中，科斯洛埃斯二世一直處於領先地位。科斯洛埃斯二世先後將安提俄克、大馬士革和耶路撒冷納入自己的統治之下，接著又直取與君士坦丁堡遙遙相對的小亞細亞的加爾西頓，還在公元六一九年征服了古埃及。但是沒過多久，赫拉克利烏斯便開始反擊了。公元六二七年，雖然當時的波斯大軍仍駐防在加爾西頓，但赫拉克利烏斯的軍隊還是擊潰了尼尼微的波斯駐軍。公元六二八年，科斯洛埃斯二世被自己的兒子卡瓦特廢黜並殺害。此時，這兩個帝國都已經元氣大傷，雙方終於維持了一段暫時的和平。

最終，拜占庭和波斯之間展開了最後一次廝殺。但是，任誰也不會想到，爲這場漫長的毫無意義的戰爭畫上句號的風暴，此時已經在沙漠中積聚而成。

正當赫拉克利烏斯忙於恢復敘利亞的秩序時，一封用難懂的閃米特語言阿拉伯文書寫的信，送到了他的手上。這封信最初是被送到大馬士革南面波士特拉的帝國前沿陣地的。想必，赫拉克利烏斯見了這封信，也是由一位翻譯爲他複述信中內容的。這封信的署名爲：神的先知穆罕默德。他在信中奉勸赫拉克利烏斯一定要信奉唯一的眞主，做眞主的僕人。至於赫拉克利烏斯到底是怎麼回答的，史料上並無記載。

與此同時，在泰西封的卡瓦特也收到了內容一樣的信。卡瓦特得知信的內容後，大發雷霆，撕了信，趕走了信使。

事實上，穆罕默德是貝都因部族的一位首領，他的大本營設在一個當時並不起眼的沙漠小鎮麥地那，他傳播的是一種信仰「唯一的眞主」的新宗教。

當他得知卡瓦特的態度後，便說：「既然這樣，主啊，那就讓卡瓦特也撕碎他的王國吧！」

第四十二章　中國的隋唐時代

從公元五世紀開始，一直到公元八世紀，遊牧民族在這四百年間從來都沒停止過他們向西前進的腳步。在這些西進大軍中，阿提拉的匈奴部族只是先鋒隊。最後，蒙古人終於在諸如芬蘭、匈牙利、愛沙尼亞和保加利亞等地區，建立了自己的定居點。在這些地方，他們的後裔說著與土耳其語十分相似的語言，在這裡繁衍生息，並延續至今。土耳其民族中的一些人也定居於保加利亞，但是這些人所使用的卻是亞利安語。對於歐洲、波斯和印度的亞利安文明來說，蒙古人的到來給它們帶來了極大的衝擊。在若干世紀以前，閃米特和愛琴文明也遭到了相似的衝擊，只不過當時帶來這種衝擊的是亞利安民族。

在中亞，突厥人已經站穩了腳跟。在波斯，不少突厥人擔任政府官職，有些人則成了雇傭兵。此時，帕提亞人已不在歷史舞臺上拋頭露面了，他們吸收了波斯的文化，融入了波斯人的大家庭。亞利安遊牧民族已退出了中亞的歷史，突厥人取代了他們。這一時期，突厥人統治著從中國邊境到裡海這一大片亞洲領土。

公元二世紀晚期的那場瘟疫，不僅讓羅馬帝國從此頹敗，也使得中國的漢王朝逐漸走向沒落。中國開始陷入分裂狀態，匈奴人也乘機不斷騷擾邊境，國家局勢震盪不安。但是與歐洲比起來，中國的復興不僅更為迅速，而且更加全面。到公元六世紀結束前，隋朝又重新統一了中國。當拜占庭正值赫拉克利烏斯統治時期，中國又進入了另一個時代，唐朝取代隋朝，成爲新的政權。唐朝的建立，意味著中國開始進入一個極度繁榮的時期。

從公元七世紀至九世紀，在這整整三百年的時間裡，中國可謂世界上最安定、最文明的國家。如果說中國的漢王朝將中國的領土不斷向北拓展，而隋、唐兩代則將文明推廣到了南方。中國的疆域版圖，在這一時期就已經形成近乎今天的結構了。在中亞，中國的邊界越過附屬於它的突厥部族領地，一直延伸到波斯與裡海。

先前漢王朝與重新崛起的中國有著很大的不同。中國誕生了一種新興的文學流派，它更具活力，那是一場偉大的詩歌復興。同時，由於佛教在中國的普遍傳播，使得人們的宗教思想和哲學思想都發生了本質的變化。在這一時期的藝術創作、工藝技巧、社會生活方面都取得了突飛猛進的進步。人們開始飲茶，造紙術早已開始流行，木版印刷術也已經出現。就在歐洲和西亞人口迅速減少，當地百姓不是住在茅屋就是城牆高築的城鎮裡，或者蟄居在陰暗恐怖的山寨裡之時，中國人已經在秩序井然的社會裡過著安寧穩定、優雅體面的生活了。正當西方人的心智被神學緊緊糾纏而無法掙脫時，中國人的精神卻是開放的、包容的、不斷探索的。

公元六二七年，即拜占庭皇帝赫拉克利烏斯在尼尼微大敗波斯的那一年，唐朝初年的皇帝唐太宗在長安登基稱帝。唐太宗曾接見過赫拉克利烏斯派往中國的使臣，後者可能是爲了爭取前者成爲同盟，以達到鉗制波斯帝國的目的。公元六三五年，波斯帝國也派遣一隊基督教傳教士訪問中國，並被批准向唐太宗講解《聖經》，唐太宗甚至還讀過中譯本的《聖經》。後來，唐太宗下令，同意這一異域宗教在中國傳播，並允許其在中國建立教堂及修道院。

公元六二八年，穆罕默德也派出使節，求見唐太宗。他們搭乘商船從阿拉伯出發，沿著印度海岸一直航行，終於到達了中國廣東。與赫拉克利烏斯、卡瓦特不同，唐太宗十分認眞地聽了使節們的介紹，並對伊斯蘭教的教義表現出了極大的興趣，還同意他們在廣州修建清眞寺並給予幫助。據說，這座位於廣州且保存至今的清眞寺是世界上最古老的清眞寺。

第四十三章　穆罕默德和伊斯蘭教

「用不了幾個世紀，整個歐亞大陸都將掌握在蒙古人種手中。」——在了解了七世紀初的世界形勢後，就算是一位業餘的歷史學家，也會順理成章地做出上面的預言。在當時，西歐各國根本沒有要建立秩序或是結盟的跡象，拜占庭帝國與波斯帝國甚至還相互爭鬥不休。而印度此時也面臨著分裂的問題，國勢微弱。至於中國，其憑藉巨大的實力不斷對外擴張，人口可能比歐洲的總人口還要多。在中亞，突厥人逐漸崛起，並採用了中國式的擴張之道。不過，上述預言也並非全部落空。到公元十三世紀的時候，終於出現了一位蒙古統治者——成吉思汗，他征服了從太平洋沿岸一直延伸至多瑙河的這一廣闊疆域。另外，突厥各代王朝則將整個拜占庭帝國、波斯帝國全境、古埃及和印度的大部分地區都納入其統治圈。

如果說上面這則預言出錯了的話，那就是它低估了歐洲拉丁語系的復興力量，並且還忽略了阿拉伯沙漠地區所潛伏的能力。從很早的時候開始，阿拉伯半島就一直被看成是遭受戰亂之苦的弱小遊牧部族的避難之所。一千多年以來，閃米特人從來沒有在這裡建立他們的政權。

不過，後來生活在這片土地上的貝都因人，卻突然在人類歷史上嶄露頭角，並且還表現突出。這種情形維持了一百多年。他們開始向世界傳播自己的文化和語言，並且一直從西班牙擴張到中國邊境。他們為這個世界帶來了一種全新的文化，他們創造了至今依然活躍在世界各地的宗教。

點燃了阿拉伯宗教聖火的人就是穆罕默德。人們最初認識穆罕默德時，他的身分是麥加城一位富商遺孀的年輕丈夫。在四十歲之前，穆罕默德幾乎沒幹過什麼大事，一直沒引起人們的注意，不過他卻好像十分熱衷於宗教辯論。那時，麥加被視爲異教城市，麥加人虔誠地供奉著「麥加黑石」——一塊在阿拉伯世界享有盛譽的石頭。麥加是穆斯林朝聖者心中嚮往的聖地，但是在整個阿拉伯半島包括麥加在內，許多居民都是猶太人。而事實上，阿拉伯半島南部地區的人全都信仰猶太教，而敘利亞還建有基督教教堂。

就像一千二百年前的希伯來先知那樣，穆罕默德也在其四十歲時有了預言的能力。他的首位傳道對象是他的妻子，他讓她相信「唯一眞主」，還與她談了善有善報、惡有惡報的理念。他將自己的一部分信徒召集起來，帶領著他們走街串巷去佈道，公開進行反對偶像崇拜的宣傳。然而，他的宣講遭到了麥加市民的厭惡，因爲市民清楚地知道：如果沒有崇拜偶像的朝聖者，那麼麥加就不可能如此繁榮昌盛。市民的態度並沒有打擊穆罕默德的佈道熱情，相反地，他更加大膽地進行說教，而且旗幟也更加鮮明。穆罕默德聲稱自己是神的使者，是世界上的最後一位先知，他的使命就是完善宗教。他還說亞伯拉罕與耶穌是他的先行者，他是被神選出的去實現和完善神的旨意的人。他寫了許多詩歌，並宣稱這些詩歌都是天使傳給他的。他還聲稱自己做了一個奇特的夢，夢中他被帶入了「天國」，接受了神的親自指點。

隨著穆罕默德傳教的影響力越來越大，他的麥加同胞也越來越敵視他。這種敵視發展到最後，他們竟然策劃了一個殺害穆罕默德的計畫。穆罕默德和他忠實的朋友兼弟子艾卜·伯克爾得到消息後，便立即逃到對他友好的城市麥地那。在那裡，穆罕默德擁有大批信徒。由此，麥加和麥地那不可避免地爆發了一場戰爭，最終通過談判才結束。戰後，麥加承諾信奉「唯一眞主」，同時還承認穆罕穆德是先知。不過，這些信仰「唯一眞主」的教徒被允許仍然可以到麥加朝聖，就像他們以異教徒身分所做的那樣。就這樣，在沒有打亂朝聖的秩序下，穆罕默德便在麥加確立了「唯一眞主」的地位。公元六二九年的一年後，在他派遣使臣拜見包括赫拉克利烏斯、卡瓦特、唐太宗等，世界各地的統治者。穆罕默德返回麥加城，並成為麥加的國君。

穆罕默德於公元六三二年辭世，在穆罕默德的統治下，其國的勢力範圍伸展到整個阿拉伯。具有虔誠的宗教激情的穆罕默德，口述了一本有關伊斯蘭教訓諭和闡釋的書——《古蘭經》，他宣揚這是上帝的聖諭。

穆罕默德灌輸給阿拉伯人的伊斯蘭信仰，有著巨大的啓示和能量。它毫不妥協的「一神論」就是其中之一，意思就是對眞主的統治與眞主的聖父身分的單一、狂熱的信仰，避免了神學的錯綜複雜；其次，他傳教的思想澈底擺脫了祭祀牧師和神廟，它屬於一種完全先知性的宗教，杜絕了血祭死灰復燃的可能性。《古蘭經》中明確規定，麥加朝聖是一種有限的儀式性活動，爲了避免在穆罕默德死後，人們將其神化，穆罕默德採取了各種預防措施；再次，伊斯蘭教認爲，所有的信徒不管是何種人種、何種出身和地位，大家在眞主面前都是肝膽相照的好兄弟，都是平等的。

就是因爲以上這些特徵，才使得伊斯蘭教成爲人類歷史上最有影響力的一股力量。有人曾說，伊斯蘭帝國眞正的創立者與其說是穆罕默德，不如說是他的朋友兼弟子艾卜·伯克爾。如果說穆罕默德以他機智謀略，賦予伊斯蘭教最初的思想和想像力，艾卜·伯克爾則注入了良心和意志。每當穆罕默德動搖不定時，艾卜·伯克爾便支持鼓勵他。穆罕默德死後，艾卜·伯克爾繼位成爲哈里發。他以移山塡海的信念，成立了一支僅由三千至四千阿拉伯人組成的軍隊，按照六二八年那位先知從麥地那寄給各國君主的信函所宣揚的，開始從事使全世界歸屬於眞主阿拉的征戰。

第四十四章　阿拉伯的文明

從這一刻開始，人類歷史上最令人嘆服的征服故事揭開面紗。在公元六三四年的亞莫克（約旦河支流）一役中，拜占庭的軍隊被摧毀；皇帝赫拉克利烏斯染上了水腫病，他的勢力也因此元氣大傷，又因爲在波斯戰爭耗費了巨大的財力物力，他只能看著他剛剛征服的巴爾米拉、安提俄克、敘利亞、耶路撒冷以及其他一些地區，在幾乎沒有做任何反抗的情況下，就落到穆斯林軍隊手中，此後，這些地區的大部分人皈依了伊斯蘭教。接著穆斯林軍隊調頭東進。爲了阻擋穆斯林軍隊，波斯人在拉士丹地區尋得一位幹將，然後組建起一支象軍。公元六三七年，波斯人與阿拉伯人在卡迪西亞擺開陣勢，雙方激戰了三天，最後以波斯人的失敗告終。

緊接著，穆斯林軍隊征服了波斯帝國全境，穆斯林帝國的勢力日益強大，其疆界西至大西洋，東抵中國邊境。接著，穆斯林軍隊又入侵古埃及，結果古埃及人不戰而降。這些崇信《古蘭經》的征服者，一進入亞歷山大城便讓亞歷山大城圖書館中一息尚存的圖書抄寫行業遭到了毀滅性的打擊。穆斯林征服者的征服狂潮從非洲北部海岸一直延伸到直布羅陀海峽和西班牙。穆斯林軍隊於公元七一〇年入侵西班牙，公元七二〇年抵達庇里牛斯山脈。公元七三二年，阿拉伯的先鋒軍隊抵達法國中部，卻在普瓦捷一役中受挫，退回庇里牛斯山脈。另外，穆斯林軍隊在征服古埃及後，得到了一支艦隊。這樣，在某一段時期裡，他們似乎具備了入侵君士坦丁堡的實力。從公元六七二年至七一八年間，穆斯林軍隊曾多次從海上對君士坦丁堡發起了進攻，但是君士坦丁堡這座偉大的城市就是屹立不倒。

阿拉伯人缺乏政治才能和經驗，所以他們所建立的——以大馬士革爲首都，擁有延綿於西班牙至中國之間廣闊疆域的帝國，註定不能長久。從一開始就存在著教義的分歧，嚴重影響了帝國的統一。不過，這裡我們要討論的不是有關其政治解體的問題，我們關注的是其對人類精神和共同的命運的影響。就知識觀念的傳播來說，阿拉伯文化的傳播速度要快於一千年前希臘文化的傳播速度，而且勢頭也更強勁。這種知識對中國以西的整個世界的思想都有刺激作用，並且極大地促進了觀念的推陳出新。

在波斯，這種新鮮、活躍的阿拉伯思想，在和拜火教、摩尼教、基督教的思想發生碰撞的同時，還與靠希臘文獻和敘利亞譯本而保存下來的希臘科學發生了接觸。此外，它也在古埃及發現了希臘文化。它還發現不管哪裡的猶太人都有思辨傳統，尤其是在西班牙最爲活躍。在中亞，它接觸了佛教，感受了中國發達的物質文明，並從中國人那學會了造紙，使得印刷書籍成爲現實。最後，它還接觸了印度的哲學和數學。

很快，那種將《古蘭經》視爲唯一寶典的狹隘與自滿的初期信仰被拋棄了。從此以後，阿拉伯征服者所到之處，其學術活動便十分活躍。到公元八世紀時，在「阿拉伯化」的世界裡，教育組織就已經隨處可見了。至公元九世紀時，西班牙科爾多瓦地區各學校的學者們，經常與巴格達、開羅、布哈拉、撒馬爾罕等各地的學者們，進行書信交流。在這樣的交流中，阿拉伯的思想與猶太思想發生了融合。在很長一段時間裡，這兩個閃米特民族，用阿拉伯語交流，相互合作。即使在阿拉伯政權瓦解後許久，這樣的知識交流在阿拉伯語範圍內一直繼續著，在公元十三世紀時還創造出令人矚目的成就。

這樣，希臘人開創的這套有系統地積累和考證事實的方法，在經過閃米特人的驚人復興後，也隨之復活了。這一由亞里士多德和亞歷山大博物館播下的知識種子，在被擱置多年無人問津之後，又重新開始萌芽、生長甚至結出果實。此外，數學、物理學、醫學等領域也取得了極大的進步。

在數學方面，沿用至今的阿拉伯數字取代了煩瑣的羅馬數字，「零」的符號也開始使用。另外，阿拉伯語應用廣泛：化學（chemistry）、代數（algebra）等名詞，就是出自阿拉伯語；畢宿五（Aldebaran）、大陵五（Algol）、牧夫座（Boötes）等名詞也都源自阿拉伯語的星座名稱。後者還說明，當時阿拉伯人已經具備較高水準的天文知識。而且，阿拉伯人的哲學爲中世紀的法國、義大利及整個基督教社會的哲學都帶來了新的活力。

在化學方面，阿拉伯人的實驗化學家往往被人稱爲「煉金術士」，當時他們的思想還十分守舊，不肯公開自己的實驗方法與實驗成果。他們從一開始就知道，自己的發現將會對人類的發展帶來多大的影響，又能爲自己帶來多大的利益。他們發明了各種冶金方法和工藝技術，爲人類帶來了許多價值巨大的東西，如合金、染料、蒸餾、酊劑、香料和光學玻璃等。不過，他們一直在追逐的兩大目標，即「點金石」和「長生藥」，卻始終沒能實驗成功。所謂「點金石」，就是把一種元素轉變爲另一種元素，以此獲得人造金子；而「長生藥」即指能讓人延長壽命、返老還童的藥。後來，這套極其考驗人類智慧與耐心的阿拉伯冶金術被傳到了基督教世界。同時，冶金術士堅韌的探求精神也傳播而至，成爲大家學習的目標。慢慢地，煉金術士的活動終於變成一種社會性的協作活動，人們發現互相交流在實踐中大有裨益。久而久之，經過極其緩慢的演變之後，最後一批冶煉術士終於成了最早的實驗哲學家。

雖然古代冶金術士是爲了追求能將普通金屬變成黃金的「點金術」與「長生藥」才展開實驗的，但是他們卻在這一過程中發明了近代實驗科學方法，而這種方法對人類掌控世界和自身命運有極大的作用。

第四十五章　拉丁語基督教的發展

我們必須注意這一點：亞利安人在公元七八世紀控制的勢力範圍明顯縮減。一千年前，中國以西的文明世界似乎都是由亞利安語系民族掌控的。現在遊牧民族的勢力範圍已經擴張到匈牙利。亞利安人幾乎失去了所有在亞洲的領地，只有小亞細亞的拜占庭帝國還完好無損，西班牙的絕大部分疆域和整個非洲都已經落入他人之手。有關昔日羅馬的記憶，人們恐怕只能從西方基督教牧師所使用的拉丁語中找尋了。大希臘世界也光輝不再了，其領土範圍縮小至以君士坦丁堡這個貿易城市為中心的一小塊地方。與以上這些亞利安勢力的衰敗景象形成鮮明對比的是，閃米特民族的文化傳統在經歷了千年的黑暗歲月後又從被征服的屈辱與湮沒中崛起了。

不過，北歐的日耳曼民族並沒有因此而在歷史上銷聲匿跡。雖然他們的勢力只限於歐洲的中部和西北部，而且社會動亂、政治思想混亂不堪，但是他們卻沒有因此而放棄，反而逐步地建立起一套嶄新的社會秩序，並在沉默中準備再次崛起，他們打算建設一個比以往更加龐大的帝國。

在前面的章節中我們就已經介紹過，西歐在公元六世紀時就已經不存在統一的中央政權了，地方王侯紛紛割據自立。然而，這是一種無法長久維持的不穩定狀態，於是在這種混亂中逐漸形成一種「合作與聯盟」的全新體制，即至今依然在歐洲生活中留有痕跡的封建制度。所謂封建制度，實際是強權社會的某種體現。

在封建社會裡，個體無論身處何方，都會感覺不安，所以隨時有人會爲了獲得幫助和保護而放棄部分自由。他們需要投靠一個強有力的人，讓他做自己的主子和保護人，並願意爲此去服兵役、繳納稅賦，以確保自身財產的安全。而這些人的主子，爲了尋求安全和保護，則需要找一個更有權勢的人來效忠。此外，各個城市也從這種尋求封建保護者中獲得方便，就連教會和修道院也存在類似的附屬關係。

在一般情況下，尋求保護者在獲得保護前一般需要起誓，表示永遠效忠保護者，然後才能獲得保護。這套體制既自上而下地發展，又從下向上發展。就這樣，一種金字塔式的制度便逐步發展起來了。這種制度在不同地區有不同的發展模式，差異性極大。要建立這樣的制度，需要付出很大的代價，最初的時候經常發生暴力衝突和私鬥，但最終確立了新秩序和新法律。在封建制度確立之前，這種金字塔式的制度始終被不斷完善著。到公元六世紀初，在今天的荷蘭、法國地區，就已經形成由克洛維建立的法蘭克王國，此後西哥德王國、倫巴底王國和哥德王國相繼出現。

公元七二〇年，穆斯林軍隊在穿過庇里牛斯山脈時，發現了法蘭克王國，而這個王國的實際控制者其實是查理·馬特——衰微的克洛維王室後裔的王宮總管大臣。公元七三二年，查理·馬特在普瓦捷戰役中大敗穆斯林軍隊，取得了關鍵性的勝利。事實上，這位查理·馬特是阿爾卑斯山以北的歐洲霸主，他的領地從庇里牛斯山一直伸展至匈牙利，他還掌控著不少的分別使用低地德語、高地德語、法蘭西拉丁語的封建諸侯。

查理·馬特的兒子丕平，不僅推翻了克洛維王朝最後一位統治者的統治，而且還搶了王位。查理·馬特的孫子查理曼對該王國的統治始於公元七六八年。查理曼登基後才發現，原來自己竟然擁有一個如此龐大的王國，然後他便不斷想要恢復拉丁皇帝的稱號。後來，他發兵攻占了北義大

查理．馬特在普瓦捷戰役中所向披靡

利，終於讓自己成了羅馬的統治者。

倘若我們站在世界歷史宏觀角度探求歐洲的歷史，我們就會比純粹的民族主義的歷史學家更清晰地發現，拉丁羅馬帝國的傳統是怎樣的專橫壓抑，又是怎樣災難深重的。一千多年以來，爲了得到某種虛幻的霸權，歐洲人彼此間進行著持久的你爭我鬥，從而極大地損耗了歐洲的精力。縱觀這一時期的歷史，我們可以明顯感覺到某種壓制不住的仇視情緒，而這種仇視情緒吞噬著歐洲人的心智，就好像是一個瘋子又患上了強迫症，簡直到了無可救藥的地步。

而造成政治混亂的原因之一，則是統治者的野心，這一點從一心想成爲羅馬皇帝的查理曼（即查理大帝）身上就能明顯看到。查理曼的王國，是一個由許多開化程度不一的日耳曼封建小國組成的王國。在萊茵河以西，許多日耳曼人都是以拉丁化的土語進行交流的，各種土語融合在一起，最終演化爲後來的法語；在萊茵河以東，這裡的日耳曼人則始終以日耳曼語爲流通語言。如此一來，兩支未開化的征服者之間的交流就顯得不是那麼順暢了，分裂也就在所難免了。根據法蘭克王國的傳統，查理曼去世之後，他的王國理所當然地由他的兒子們瓜分，這又加快了領土分裂的速度。

所以，查理曼之後的歐洲歷史，就成了這樣的歷史：一方面是君主與王室成員之間的爭鬥史，即他們爲了爭奪不穩定的君位、爵位、主教之位和歐洲城市掌控權的爭鬥；另一方面是日耳曼語系民族和法語民族之間的仇視在動盪的局勢中不斷加深的歷史。當時，每一個皇帝在接過權杖的時候都應該有一個加冕儀式，所以許多皇帝的最大願望便是，不惜一切奪取那座早已衰敗的徒有其名的羅馬城，並在那裡舉行自己的加冕儀式。

造成歐洲時局混亂的第二個原因是：羅馬教會希望讓羅馬教皇當皇帝，而不是由俗世的王子們來繼承王位。事實上，羅馬教皇早就已經是「大祭司長」了，但出於各種目的，他還是希望能由自己統治日漸衰敗的羅馬城。雖然教皇並沒有軍隊，但他卻擁有一個由教士組成的龐大宣傳體系，整個拉丁語世界都能爲其所用。儘管他無法控制人的肉體，但他卻掌握著能夠操控他人靈魂的神奇鑰匙，而這把鑰匙則決定著人們到底是下地獄還是上天堂。所以在整個中世紀時期，當諸侯們先是爲了平分權力、繼而爲了獨掌大權、最後是爲了至高無上的皇帝寶座而相互爭鬥時，羅馬教皇則以基督教世界最高領導者的身分進入人們的視野。他們時而顯得咄咄逼人，時而顯得老謀深算，時而又顯得虛弱無力——因爲擔任教皇一職的都是上了年紀的人，並且平均任期不超過兩年——他們出面斡旋，但實際上卻是希望所有君主都服從他的指令。

雖然王侯之爭、國王與教皇之間的較量是導致歐洲時局動盪的重要原因，不過卻不是全部。當時，在君士坦丁堡，仍有一位說著希臘語，聲稱要統治整個歐洲的皇帝——查理曼。這位一心想要重振羅馬帝國的查理曼，他所復興的僅是拉丁語部分的羅馬帝國，所以這便極容易讓希臘語羅馬帝國和拉丁語羅馬帝國發生對立，而且這種對立還不斷升級。而導致雙方矛盾一觸即發的關鍵問題是，希臘語地區的基督教與拉丁語地區的基督教之間的對立。羅馬教皇自稱是基督教第一聖徒聖彼得的繼承者，是基督教的最高領導者。對此，君士坦丁堡的皇帝和主教們完全不接受。於是，雙方之間便展開了關於「三位一體」說的合理性的論戰。在經過長期的爭論之後，統一的基督教會終於在公元一〇五四年宣布破裂。從此以後，拉丁語系教會和希臘語系教會劃清界限，而且公開對立。正是這種宗教對立加上其他矛盾衝突，共同造成了拉丁語基督教派的衰落。

然而，在這種四分五裂的基督教世界的基礎上，後來又出現了三組對抗勢力。當時在北海沿岸和波羅的海一帶，還生活著一些不肯接受基督教教化的北歐部族，即諾曼人。諾曼人雄踞海上，幹一些海盜勾當爲生，肆無忌憚地在南至西班牙整個由基督教國家控制的海岸進行搶劫掠奪。他們沿著俄羅斯河流一直往北推進，然後來到了荒蕪的中部地區，開闢了南部河流航道。此外，他們還將自己的海上勢力擴展到黑海和裡海。他們在俄羅斯創建了公國，並成爲最早的俄羅斯人，就是這些諾曼系的俄羅斯人差一點就攻占了君士坦丁堡。

在公元九世紀的初期，英格蘭還是一個基督教化的低地日耳曼國家，統治它的是國王艾格伯特，而艾格伯特也正是查理曼的學生和門徒。艾格伯特的繼承者是阿爾弗烈德。至公元八八六年時，諾曼人奪走了阿爾弗烈德所統治的英格蘭超過半數的領土。到公元一〇一六年時，卡紐特率領諾曼人攻占了英格蘭全境。公元九一二年，另一支諾曼人在首領羅倫的帶領下，征服了法蘭西北部，並建立起一個諾曼底公國。

雖然征服者卡紐特手中牢牢掌握著英格蘭、挪威、丹麥三地的大權，但是他一去世，他的帝國也隨即土崩瓦解了。這種局面其實是因爲未開化民族的政治缺陷造成的，即國王死後，其王國便由其子嗣共同瓜分。我們不妨做一個假設，如果諾曼人的王國沒有分裂，那麼接下來將會發生什麼？這的確是一個值得深思的問題。諾曼民族是強悍的、精力充沛的民族，他們乘坐自己的大木船到過冰島和格陵蘭島，他們是第一批抵達美洲的歐洲人。後來，他們還從撒拉遜人手中將西西里島奪了回來，甚至洗劫了羅馬城。我們不妨想像一下，卡紐特的王國本可以更加強盛，它可以發展爲範圍橫跨美洲到俄羅斯的海上強國。

在日耳曼人和拉丁化歐洲人的勢力範圍之東，是突厥民族與斯拉夫部族的混居之地。其中，在這一地區生活的最多的是馬札爾人，即匈牙利人，他們是在公元八世紀至九世紀西遷至這裡的。他們一度生活在查理曼的統治之下，待查理曼一死，他們就在今天的匈牙利境內定居，建立了自己的國家。他們一度效仿自己的同族祖先匈奴人，一到夏天就到歐洲人的定居點進行搶劫。公元九三八年，他們借道德意志入侵法蘭西，接著又翻越阿爾卑斯山進攻義大利北部，最後打道回府。一路上，他們燒殺搶掠，無惡不作。

最後，羅馬帝國的殘存勢力遭到了撒拉遜人從南方發動的猛烈攻擊。當時，撒拉遜人已經掌握了大部分的制海權。除了來自黑海的俄羅斯諾曼人以及西方的諾曼人外，它在海上再沒有其他強敵。

儘管當時的羅馬帝國已經被這些強悍而好戰的民族重重包圍了，並且這些民族的勢力及危險程度都難以預計，但是查理曼及其後的野心家們，依然打著神聖羅馬帝國的旗號上演了一場所謂的復興羅馬帝國的鬧劇，而這對羅馬帝國而言是徒勞無益的。西歐的政治生活，自查理曼時代開始，便始終糾纏於復興之念，且揮之不去。與此同時，羅馬帝國的希臘語地區也早已開始衰敗，最後只剩下一息尚存的商業城市君士坦丁堡及其周圍幾英里的領地。在查理曼去世後的千年歲月中，歐洲大陸的政治一直是一派死寂的景象，絲毫沒有進步。

查理曼的名聲在歐洲史上可謂家喻戶曉，但其個人形象卻很模糊。據說，他十分尊重知識，但是他本人卻既不能讀也不會寫。他總喜歡在吃飯的時候，讓別人爲其大聲朗讀，還十分喜歡神學論辯。每年的冬天，他都會在位於愛克斯·拉·夏倍爾或美因茲的冬季行宮，召見一批學者，與他們一起探討學問，並從中獲取知識。到了夏季，他便和馬札爾人、撒拉遜人、撒克遜人、斯拉夫人及其他不肯接受教化的日耳曼民族開戰。但是，有關他是何時產生接替羅穆盧斯·奧古斯都成爲羅馬皇帝的念頭的，我們至今尚不清楚——或許其征服北義大利之前就已經有了這樣的想法，或許他是受一心想讓拉丁教會從君士坦丁堡獨立出來的教皇利奧三世的蠱惑後才有了這種想法的。總之，他最後是如願當上了羅馬皇帝。

當時，就是否由教皇爲皇帝加冕一事，準皇帝查理曼與羅馬教皇之間展開了一場奇妙的較量。公元八〇〇年的聖誕節，當查理曼到聖彼得大教堂參拜時，羅馬教皇出人意料地爲其舉行了加冕儀式。據說，當時教皇拿出一頂皇冠，並直接戴到了查理曼的頭上，還祝賀查理曼成爲凱撒和奧古斯都*，觀衆爆發出熱烈的掌聲，表示擁戴。然而，查理曼卻十分不高興，並對此事耿耿於懷，覺得自己受到了莫大的侮辱。於是，他還一度給兒子留下一道密旨：無論如何，絕對不能再讓教皇插手皇帝的加冕一事。原來，查理曼想親自拿起皇冠戴在頭上，親手給自己加冕。所以，從帝國復興的那一刻起，羅馬教皇與皇帝之間爭權奪利的鬥爭就已經開始了，而且這還是一場持久戰。然

---

*凱撒和奧古斯都都是羅馬統治者最早的稱號，都是指羅馬皇帝的意思。——譯者注

而，在歷史上被稱為「神聖路易」的查理曼之子卻沒有遵照父親的遺訓去做，反而是對羅馬教皇言聽計從。

「神聖路易」死後，查理曼帝國即告分裂。德語系的法蘭克人與法語系的法蘭克人之間的矛盾進一步加深。接著，撒克遜人「獵鳥人亨利」的兒子奧托登上了皇位，他是在公元九一九年的德意志王侯與主教的大會上被推選為德意志國王的，接著又在公元九六二年來到羅馬並成為羅馬皇帝。十一世紀初期，撒克遜王朝覆滅，取代它的是另外的德意志人。事實上，早在查理曼所開創的加洛林王朝滅亡之後，操各種法蘭西方言的西部封建王侯和貴族便不再臣服於德意志皇帝的統治了。此外，不列顛的任何一部分都不曾加入過神聖羅馬帝國。接著，法蘭西國王、諾曼底大公和其他大大小小的封建統治者也紛紛脫離了羅馬帝國的統治。

公元九八七年，法蘭西王國擺脫加洛林王朝的控制，由休・卡佩統治，而且卡佩王朝一直延續到公元十八世紀。在休・卡佩時代，法蘭西僅控制著巴黎及其周圍極小的一片區域。

公元一〇六六年，英格蘭遭到了由諾曼底大公統領的拉丁諾曼人與由哈羅德・哈爾拉德國王所統領的挪威諾曼人的入侵，而且兩支諾曼人幾乎是同時進攻。英格蘭國王哈羅德在斯坦福德打敗了挪威諾曼人，卻在黑斯廷斯被拉丁諾曼人打敗。在被諾曼人征服後，英格蘭斷絕了與俄羅斯人、斯堪的納維亞人以及條頓人的往來，而與法蘭西建立密切的關係，同時也與之衝突不斷。在此後的四百年裡，英格蘭被捲入法蘭西封建領主的爭鬥當中，並在法蘭西戰場上耗損了大量的國力。

第四十六章　十字軍東征與教皇

有一件很有意思的事，查理曼曾與伊斯蘭教的哈里發有過書信來往，哈里發即《天方夜譚》裡的哈倫．阿爾．拉希德。據記載，哈倫．阿爾．拉希德從巴格達（已代替大馬士革成爲穆斯林的都城）派出使節奔赴羅馬，並給查理曼送去了這幾樣東西：一座水鐘、一頭大象、一頂華麗的帳篷以及聖城的幾把鑰匙。其中，鑰匙這份禮物是極富深意的，其眞實目的是挑撥拜占庭帝國和新興的神聖羅馬帝國之間的關係，讓它們爲爭做耶路撒冷基督徒的眞正保護者而相互廝殺。

透過這些禮物，我們可以知道：公元九世紀，正當歐洲各國戰火連天之際，在古埃及和美索不達米亞已經出現了一個繁榮富足的阿拉伯帝國，其文明程度已遠超歐洲各國。在這個帝國裡，科學和文學領域高度繁榮，藝術水準得到飛速提升，人們的思想極爲活躍，它們都不曾受到迷信和恐懼的汙染。即使西班牙和北非在撒拉遜人的統治之下陷入混亂，學術活動在這些地區仍得到了廣泛開展。就在歐洲最黑暗的幾個世紀裡，阿拉伯人與猶太人卻一直在研究亞里士多德的著作，頑強地守護著這些被別人拋棄的科學和哲學的種子。

在哈里發統治區的東北部，生活著許多突厥部落，這些突厥人此時已大都是伊斯蘭教信徒了。和那些熱衷學問的阿拉伯人及波斯人相比起來，突厥人的信仰更加狂熱也更加淳樸。到十世紀時，阿拉伯人的勢力急劇下降，面臨崩潰的威脅，而突厥人卻變得越來越強大。此時突厥人與哈里發帝國之間的關係，類似於十四個世紀之前的米底亞人與末代巴比倫帝國之間的關係。十一世紀，塞爾柱突厥人抵達美索不達米亞，他們表面上擁戴哈里發爲他們的統治者，但實際上卻是將其當成俘虜和傀儡。接著，他們占領了亞美尼亞，擊敗了在小亞細亞的拜占庭殘餘勢力。公元一〇七一年，墨拉斯格德戰役爆發，最終突厥人澈底打敗了拜占庭帝國的軍隊，結束了其在亞洲的統治。他們還占據與君士坦丁堡隔海相望的尼西亞要塞，並爲攻打君士坦丁堡做著各種準備。

面對兇悍強勁的突厥人，當時的拜占庭帝國皇帝邁克爾七世被嚇得手足無措。因爲他剛剛在與諾曼人的交鋒中失去了拉索，又和渡過多瑙河的侵略者佩徹涅格人發生了激戰，實在是無力再抵抗突厥人的入侵了。被逼到絕境的邁克爾七世只好四處求助。然而值得注意的是，他向拉丁基督教的首領羅馬教皇格列高利七世寫了一封求援信，卻獨獨沒有向西方的皇帝求助。後來，他的繼位者阿歷克修斯·科穆寧也向教皇烏爾班二世寫過求援信，而且請求更爲急迫。

此事發生時，距拉丁教會與希臘教會澈底決裂還不足二十五年，人們對過去所發生的不愉快事件記憶猶新。對羅馬教皇而言，拜占庭的危機卻恰好是證明拉丁教會比希臘教會更有權威的一個極好的機會。同時，拜占庭皇帝的求助也給教皇帶來了一個機會，即解決另外兩個讓西方基督教世界極爲頭痛的問題的機會。這兩個問題分別是：當時「私鬥」風氣盛行，嚴重破壞了社會秩序；低地日耳曼人和基督教化的北方人，尤其是諾曼人和法蘭克人有著過剩的戰鬥力，必須爲其找到一個發洩出口。

於是，一場針對耶路撒冷的統治者突厥人的宗教戰爭——十字軍遠征便開始了。與此同時，羅馬教會還號召基督教徒結束基督教內部的所有紛爭。戰爭發動者們公開表示，這次戰爭的目的就是從異教徒手中收復聖城耶路撒冷。據說，當時有一個叫作彼得的隱士走遍法國和德國，以民主遊說的方式廣泛宣傳十字軍遠征的「意義」。彼得身穿粗布衣服，光著腳丫，騎著毛驢，扛著一個巨大的十字架，在教堂、街頭等各個角落對人們進行遊說。他告訴人們說突厥人大肆迫害基督教朝拜者，聲稱聖城應該由基督教徒來掌管，否則就是基督教世界的恥辱。幾個世紀的基督教教化的結果，激起了一種強烈的反應，整個基督教世界突然遭到了一股強大的狂熱浪潮的席捲。

這種僅靠一個單純的想法就在民衆間產生強烈反響的現象，在人類歷史上尙屬首次——無論是在羅馬帝國的歷史上，還是在印度或中國歷史上，都不曾出現過這種現象。不過，規模較小的類似的運動在一些地區倒是出現過，如被俘至巴比倫的猶太人在獲釋之後的行爲、伊斯蘭教徒的團結行爲。毫無疑問，這類運動的產生，與宗教傳播的發展導致新精神的萌發息息相關。耶穌與他的使徒、希伯來的先知們、摩尼、穆罕默德等，都是人們靈魂的勸慰者，他們讓人們的良心直接受到「神」的照顧。而在此前，宗教其實更多的是一種僞科學，一種迷信，並不涉及人的「良心」。古代的宗教大都對神廟、祭司、各種神祕的祭祀活動有著極大的依賴性，利用恐怖控制著人——就像是奴隸主控制奴隸一樣。而新宗教則完全不同，新宗教更強調個人的思想，讓人成爲自己。

事實上，歐洲歷史上的第一次平民暴動便是第一次十字軍遠征。或許，稱此次暴動爲近代民主的發端並不恰當，但是近代民主的確是在那個時候出現的。在那之後不久，民主的意識再次燃起，並對社會性的和宗教性的各種問題產生強烈的衝擊。

然而，這第一次民主運動的結局卻是十分可悲可歎的。實際上，十字軍中大部分人都不是軍人，而是平民。這些普通民衆爲了讓聖城早日脫離困境，不等統帥和武器到來，自己便從法國、萊茵蘭、中歐等地向東開進了。所以說，第一次十字軍東征，簡直就是「平民十字軍東征」。很快，兩支十字軍隊伍湧進了匈牙利，誤將不久前剛皈依基督教的馬札爾人當成異教徒，殘忍地殺害了他們。他們由此犯了一個天大的錯，最後自己也遭到屠殺。同樣，第三支隊伍也在萊茵蘭幹了一樣的事情，在沒弄清情況時就殺害了猶太人，然後繼續東進，結果在匈牙利也被消滅了。由隱士彼得所帶領的兩支隊伍，則先抵達君士坦丁堡，然後跨過博斯普魯斯海峽，不過最終卻被塞爾柱突厥人屠殺殆盡。就這樣，歐洲歷史上第一次人民運動——十字軍遠征，結束了。

第二年（一〇九七年），東征隊伍中的眞正戰鬥部隊，終於渡過了博斯普魯斯海峽。實際上，這是一支諾曼人的軍隊，不僅隊伍的主力是諾曼人，而且領導權也掌握在諾曼人手中，他們攻占了尼西亞。然後，他們沿著一千四百多年前亞歷山大曾走過的路線，進軍安提俄克。他們對安提俄克進行了整整一年的圍攻，才終於攻克該城。一〇九九年六月，他們終於抵達並包圍了耶路撒冷。一個月以後，他們發起猛攻，戰鬥場面極爲慘烈，鮮血四處飛濺，就連騎馬路過的人都會被濺得渾身是血。七月十五日黃昏，氣勢洶洶

一〇九九年七月十五日，十字軍占領耶路撒冷

的十字軍攻入聖城教堂，消滅了所有的反抗力量。這一群人個個渾身是血，已疲憊至極，他們高興得哭了起來，跪下來虔誠地祈禱著。

不久，拉丁人與希臘人的矛盾衝突再次升級。十字軍是拉丁教會的力量，所以在耶路撒冷的希臘大主教認爲，與其讓驕奢的拉丁人統治耶路撒冷，還不如繼續由突厥人來統治。如此一來，十字軍其實面對的是兩個敵人，一個是突厥人，另一個則是拜占庭帝國，與這兩股勢力共同作戰。結果，小亞細亞的大片地區都被拜占庭帝國奪回了，只給拉丁諸侯留下了耶路撒冷及敘利亞的一些小國，以此作爲希臘人與突厥人之間的緩衝帶。其中，敘利亞的埃德薩是最重要的城市。儘管領土不多，但是拉丁人還是沒能守住它們，埃德薩在公元一一四四年時落入穆斯林手中。爲此，他們緊接著發動了第二次十字軍東征，只不過這第二次東征是徒勞無益的，他們並沒能奪回已經失去的領土，只是守住了安提俄克而已。

公元一一六九年，庫爾德冒險家薩拉丁掌握了古埃及的統治權柄。他重新召集伊斯蘭士兵，發動了一場反對基督教徒的戰爭。公元一一八七年，薩拉丁奪回了耶路撒冷，並由此引發了第三次十字軍遠征。不過，十字軍的這次遠征卻沒能重獲耶路撒冷。

公元一二〇二年至一二〇四年間，拉丁教會發動了第四次十字軍東征。這一次，拉丁教會不再尋找任何藉口對突厥人宣戰，轉而公然挑釁希臘帝國。十字軍從威尼斯開拔，並於一二〇四年攻陷了君士坦丁堡。在十字軍的此次東征中，新興的貿易城市威尼斯起到了關鍵作用，所以拜占庭帝國的大部分海岸和島嶼都被納入威尼斯的版圖內。在君士坦丁堡，人們擁立了一位「拉丁人」（佛朗德勒的鮑德溫）爲新皇帝，同時宣布，拉丁教會與希臘教會又重新統一了。就這樣，君士坦丁堡自一二〇四年開始由拉丁裔皇帝來統治了，直到一二六一年希臘人重新奪回它爲止。

如果說公元十世紀是北歐人稱霸的時代，公元十一世紀是塞爾柱突厥人的霸權時代，那麼公元十二世紀到十三世紀初期便是教皇的權力到達頂峰的時代。這一時期，在教皇的統治下，基督教教會得到了統一，其實際工作效率比任何時候都高。

在幾個世紀的時間裡，一種樸素的基督教信仰廣泛地傳播至歐洲這一廣闊地區的每一個地方。但是，羅馬自身卻經歷了長時間的黑暗，飽受恥辱。對於十世紀的教皇約翰十一世與約翰十二世，應該不會有作家願意為其辯解，因為他們的確令人恨之入骨。不過，拉丁基督教教徒們不管是在肉身上還是在精神上，都還保持著忠貞和淳樸，大多數的牧師和修女都過著規範而虔誠的生活。正是因為對這樣一種生活充滿無限的信心，所以基督教會才會擁有無限的力量。

當然，歷史上也出現過偉大的教皇。如格列高利大教皇，也稱為格列高利一世（公元五九〇—六〇四年）。又如利奧三世，即出其不意為查理曼加冕的那一位。到十一世紀的末期，又有教皇格列高利七世（公元一〇七三—一〇八五年），也稱作聖職者希爾德布蘭德，他還是一位偉大的政治家。接著，又有烏爾班二世（公元一〇八七—一〇九九年），其任職於十字軍第一次東征時期。正是格列高利七世和烏爾班二世，開創了教皇控制皇帝的權威極盛期。這一時期，從挪威到西西里再到耶路撒冷，從保加利亞到愛爾蘭，最富權威的人都是教皇。格列高利七世曾逼迫亨利四世皇帝親自到卡諾薩請罪，當時在鄉間城堡庭院的雪地裡，亨利四世穿著麻布衣服光著腳丫整整恭候了三天，才乞得原諒。公元一一七六年，腓特烈（巴巴羅薩·腓特烈）皇帝來到威尼斯，然後跪在教皇亞歷山大三世身前，宣誓永遠效忠教皇。

十一世紀初，教會的偉大力量來源於教徒的意志和良知，可是教會卻沒能提供維持力量的基礎——道德威望。所以，當基督教發展到十四世紀初期時，教皇就已沒什麼權威了。那麼，基督教世界的普通百姓爲何會對基督教失去信任，不再聽從教會的召喚，也不再爲教會服務呢？

關於這一問題，原因很多，而其中第一個原因便是：教會貪斂財富。教會是永存的，而人的生命卻是有限的，所以，一些無兒無女的老人便將自己的土地作爲遺產贈給教會；一些身懷罪過的人爲了懺悔，也常常捐出自己的土地和家產。結果，歐洲的四分之一土地都被納入教會的私囊。但教會對積累財富卻沒有罷手之意，而且胃口越來越大。所以十三世紀的歐洲流傳著這樣一句話：神父和牧師都是貪圖遺產、金錢的小人。

對於這種形式的財產轉讓，各國的國王及王侯們都是極爲反對的，因爲他們發現用於維持軍事力量的封建領土並沒有起到其該有的作用，而是去爲教士和修女們服務了。而且，這些土地的支配權還握在外國人手中。另外，「聖職任命權」的問題一直困擾著各國的國王。所謂聖職任命權，即任命主教的權力，早在格列高利七世之前，國王與教皇就曾因爲這個問題進行過激烈的爭執。對於國王而言，如果繼續讓教皇掌控任命權，那麼其不僅無法在臣民面前立威，而且還會喪失對大部分領土的支配權。此外，基督教的神職人員一直要求享有免稅權，以便他們對羅馬納稅。不僅如此，教會還擁有對平民徵納十分之一稅收的權力，這是平民在向王侯交完稅後另外繳納的稅收。

到了公元十一世紀時，似乎所有的拉丁基督教國家都上演了這樣一段歷史：國君和教皇爲爭奪聖職任命權往往大動干戈，但每次敗下陣來的總是國君。教皇還宣布，自己擁有承認王位繼承人的權力、解除臣民對王室的義務的權力、驅逐王侯出教會的權力、開除某國教籍的權力。一旦被開除教籍，那這個國家就必須停止除洗禮、堅信禮和懺悔外所有的宗教職能；該國牧師不能繼續主持日常宗教儀式，不能主持婚禮也不能主持喪禮。憑藉以上這兩件武器，十二世紀的教皇們才能控制得住多數對其心懷不滿的王侯，才能威懾那些難以馴服的百姓。事實上，這些都是非比尋常的權力，按慣例只有在非常時刻才能使用。然而，教皇們卻無視傳統，濫用這些權力，最終導致權力失效。在十二世紀的最後三十年裡，蘇格蘭、英格蘭以及法國都被逐出教會。而教皇們甚至還利用十字軍來對付那些與自己意見相左的王侯，最終導致十字軍精神滅亡。

假如羅馬教會只與冒犯他們的王侯作對，而去籠絡其他人，或許它統治整個基督教世界的時間還會久一點。但教皇的這些權力，卻使教士們的行為極其猖獗和傲慢。公元十一世紀以前，羅馬的教士可以結婚，因此他們可以與四周的人群保持著密切的聯繫，他們實際上就是普通民眾中的一員。但到了格列高利七世時期，教皇要求教士們保持單身，以便教士更親近羅馬，卻切斷了教士與世俗百姓之間的密切關係，從而使得教會與平民之間出現了一道裂痕。

當時，教會已擁有自己的法庭，只要涉及神父、教士、十字軍、學生、寡婦、孤兒和無助之人的案子，都應交由教會法庭進行審理判決。另外，有關異教、巫術、褻瀆、誓約、遺囑、婚姻的案子，也是由教會法庭來處理的。如果一個俗世的平民與教士發生了爭執，那麼他必須遵從教會法庭的判決。總之，在基督教社會裡，不管是在戰爭年代還是在和平時期，承擔各種義務的總是普通百姓，而教士卻從來不用擔負任何義務。在這樣的情況下，普通民眾對教士們產生仇視情緒也就沒什麼好奇怪的了。

然而，羅馬教會卻似乎始終沒有意識到這一點：教會所擁有的至高無上的權力是來自普通人的信仰。教會始終沒弄明白這一點，所以它不斷對民眾施壓；當民眾對某些問題表示不滿或提出質疑時，它還用教條式的正統教義來壓制民眾的思想。當教會干預道德問題時，民眾選擇與他們站在一邊，但當它干預教義時，民眾便不再與其站在同一陣線了。

在法國南部，沃爾多教派號召人們恢復質樸的信仰和生活，結果卻招致教皇英諾森三世的討伐，他的十字軍對沃爾多教派進行凌辱、燒殺搶掠，鎮壓手段極為殘酷。阿西尼的聖方濟各（公元一一八一—一二二六年），曾教導人們應該向耶穌學習，過一種儉樸和為別人服務的生活，但是由他的信徒所組成的「方濟各會」，卻遭到了教會的各種迫害，有的被罰鞭笞之刑，有的被關入牢獄，有的被驅逐出境。在馬賽，四位方濟各會的成員在一三一八年被判處火刑，即被烈火活活燒死。另一方面，由聖道明（公元一一七〇—一二二一年）所創辦的殘忍的正統教派「道明會」，卻得到了英諾森三世的極大支持。而道明會也幫助英諾森三世建立了「宗教裁判所」——一個迫害異教徒、禁錮自由思想的宗教機構。

後來，教會無限擴張的權力欲望、神職人員的日漸腐敗、令人無法容忍的迫害，摧毀了普通民眾的自由信仰，而這種自由信仰又正是教會全部力量的源泉。從教會衰落的故事中我們可以明白這樣一個道理：任何一種勢力，即使沒有外部敵人的破壞，其內部的腐朽也能令其消亡。

第四十七章 王侯進行的反抗，教會的分裂

羅馬教會為了確保自己在基督教國家中始終處於核心地位而不斷進行鬥爭，不過其卻在鬥爭中表現出一個巨大的弱點，那便是教皇選舉制。

一位教皇，如果他想要統治整個基督教世界，並且讓各基督教國家保持秩序與和平——為了實現這些野心，那麼他必須制定一個強大、穩固、持久的方針政策。所以，教皇的首要素質應該是年富力強；其次，每一任教皇都應該擁有一位能夠與其探討各項教會政策的繼承者；再次，教皇選舉的形式與過程必須是清晰明朗的、固定不變的和沒有爭議的。然而，實際情況卻與此理想狀態相差甚遠。在選舉教皇時，對於誰才具有投票選舉資格這一項並沒有明文規定，甚至連神聖羅馬帝國或拜占庭帝國的皇帝是否具有發言權也不清楚。為此，偉大的政治家兼教皇希爾德布蘭德（教皇格列高利七世，公元一〇七三—一〇八五年），花費了極大的精力去規範這一選舉制度。他將選舉權限限定在紅衣主教之列，而皇帝不具選舉權也沒有發言權，只對教會提交的公文決議做例行的批准便可。不過，他卻沒有對確立繼承人的問題做任何規定，從而導致紅衣主教為討論繼承人的問題而爭論不休，使得教皇之位空置了一年多的時間。

我們不難發現，十六世紀以前的教皇選舉並不嚴謹，而由此也產生了一系列嚴重的後果。為選舉教皇而發生爭執的現象在很早以前就已經有過，有時甚至會出現兩個或是更多人都自稱教

皇。每當發生這種事情的時候，教會就會屈尊去請皇帝或是其他局外人來調停此事。而且，任何一位教皇，不管其是否偉大，在死去時總會留下一大堆問題。他一死，教會就會陷入群龍無首的境地，往往會亂成一鍋粥。有時，繼位者是前任的對頭，所以一上任便大肆詆毀、破壞前任的功績；有時，繼位者是一位耄耋老人，是早就徘徊於墓旁的人了，一般無所作為。

教皇機構中的這些弱點，讓英格蘭的諾曼系統治者、德意志王侯、法國國王和法蘭西系的國王們，找到了可乘之機。他們用盡一切手段去干預教皇的選舉，都想著將對自己有利的人推上羅馬拉特蘭教堂的教皇之位。教皇在歐洲事務中所起到的作用越大、地位越重要，各國國王與王侯之間的這種干預和爭奪就越厲害。這也就難怪大多數教皇都是軟弱無能之輩了。相反，如果教皇中突然出現一位富有才學的、膽略過人的教皇，倒是頗令人感到驚訝！

事實上，這一時期就出現了一位精力旺盛且頗有趣的教皇——英諾森三世（公元一一九八—一二一六年在位）。英諾森三世非常幸運，當上教皇時尚未年滿三十八歲。當上教皇之後，英諾森三世和他的繼承者們不斷與那位更有意思的人物進行著激烈的較量，這位人物便是被譽為「世界奇才」的腓特烈二世。腓特烈國王與羅馬教會的較量是歷史上的一個轉折點。最後，腓特烈不但被羅馬教會給打敗了，而且他所建立的王朝也遭到了摧毀，不過他卻也讓羅馬教會和教皇威望掃地，導致教會和教皇勢力不斷走向腐朽衰敗。

腓特烈的父親是德意志皇帝亨利六世，母親則是西西里諾曼王羅傑一世的女兒。一一九八年，腓特烈只有四歲，但就在這一年他繼承了外祖父的王國——西西里王國，教皇英諾森三世做了他的監護人。當時，西西里剛被諾曼人占領，宮廷中有一半人都是東方人，其中大部分是受過良好教育的阿拉伯人。腓特烈就是在這種環境中長大的，他不僅接受了這些人的共同教育，而且深受其影響。毫無疑問，這些人無不傾盡全力地想用自己的思想去影響他。結果，腓特烈既能夠用穆斯林的觀點去窺視基督教，又能用基督教的思想去觀察伊斯蘭教。然而，這種雙重教育卻令腓特烈萌生了一種想法，而這一想法在當時那個宗教信仰至上的年代是十分可怕的，即他認爲所有的宗教都是欺騙。他甚至公開發表自己的想法，他的這些褻瀆神靈的、悖教的言論都被記錄了下來。

隨著年齡的增長，腓特烈發現了自己與監護人英諾森三世開始有了衝突和對立，英諾森三世對他的要求也越來越嚴格。而且，當腓特烈繼承皇位時，教皇還以各種條件對此事橫加干涉，如教皇要求腓特烈鎮壓德意志的異教，放棄對西西里與南義大利的繼承權。事實上，教皇之所以提出這些要求，無非是腓特烈的強大力量令他感到害怕。此外，德意志的主教們還要求免除他們的各種賦稅。對於這些要求，腓特烈都滿口答應了，不過他卻沒打算要履行自己的承諾。曾經，教皇因一己之私，唆使法蘭西國王在法國發動了一場戰爭，用殘酷血腥的方式來鎮壓沃爾多派。這時，教皇竟然又想讓腓特烈在德國也做一樣的事情。然而，和那些因爲太過樸實、虔誠而招致教皇憎恨的沃爾多派教徒相比，腓特烈則更像是一個激進的異教徒，他並不願意鎮壓異教徒。所以，當教皇讓他組織十字軍去征討耶路撒冷時，他口頭上答應了，可行動上卻遲遲不見動靜。

腓特烈登上皇帝寶座之後，還是到西西里居住了。事實上，他更喜歡以西西里作爲居住地，而不是德國。對於自己對英諾森三世的各種承諾，他根本就沒打算履行。一二一六年，教皇英諾森三世最終在憤懣中去世。

英諾森三世的繼任者是霍諾留三世，但是這位新教皇也拿腓特烈一點辦法也沒有。後來，教皇之位傳到了格列高利九世（一二二七年）手上，他決心無論付出什麼代價也要讓這位年輕的皇帝臣服。他開除了腓特烈的教籍，剝奪了他的一切宗教特權，但這對生活在充滿阿拉伯色彩的西西里宮廷裡的腓特烈來說，根本無關痛癢。格列高利九世還發表了一封公開信，痛斥了這位年輕皇帝的種種悖教行徑與其他罪行。對此，腓特烈準備了一份更爲有利的文件進行反擊。這份文件是爲歐洲所有的王侯準備的，而後者也都收到了這份文件，腓特烈在文件中明確陳述了教皇與王侯之間的爭端，還揭示了教皇企圖控制整個歐洲的狼子野心，並對此進行有力的抨擊。最後，腓特烈還建議王侯們一定要團結起來，共同抵抗教皇，同時也提醒大家要特別留意教會的財產。

當發射了這枚致命的導彈後，腓特烈終於打算履行其十二年前對英諾森三世的承諾，組織十字軍東征。這就是所謂的第六次十字軍遠征（一二二八年），也是一場戰爭鬧劇。軍隊開拔後，腓特烈二世先到了古埃及，與蘇丹（某些伊斯蘭教國家統治者的稱號）進行了會晤，一起談論國家大事。由於兩人都對基督教持懷疑態度，所以此次會談的氣氛極爲融洽，他們彼此交換了相似的宗教觀點，並簽署了互惠互利的商業協議。最後，蘇丹還答應把耶路撒冷交給腓特烈。

所以說，這次的十字軍東征完全是一種新式的遠征，既沒有戰場上的血腥拼殺，也沒有「喜極而泣」的戰後場景，而是透過私人交涉就完成了遠征。這眞是一次不可思議的遠征行動，而它的領導者卻是一個被開除教籍的人。所以當這位領導者要在耶路撒冷舉行加冕禮時，所有的主教都躲著他，而他只能自己從聖壇上取下皇冠戴在頭上，完成了這個純粹世俗的加冕儀式。後來，他回到了義大利，並將那些入侵其領地的教皇軍隊全都趕了出去，還迫使教皇恢復了他的教籍。在十三世紀，王侯對教皇採取這樣的措施，已經不會引起百姓的抗議了，因爲那樣的時代早已過去了。

公元一二三九年，格列高利九世再次挑起與腓特烈的鬥爭，教會又一次解除了腓特烈的教籍，於是嚴重有損教皇權威的辱罵鬧劇再次上演。這場論戰持續了很久，直到格列高利九世去世而英諾森四世成爲新教皇後，仍未平息。腓特烈又給歐洲的王侯們寫了一封信，其在信中對教皇的所作所爲進行了強烈的抨擊，對主教們的傲慢和無視教規的行爲進行嚴厲的斥責，同時還指出正是教士的驕奢和貪婪導致了種種腐敗現象。他還建議王侯們沒收教會的所有財產，以重新樹立教會的名聲。他的這一建議，一直縈繞在王侯們的腦海裡。

在此，我們不再詳述腓特烈的晚年了。與他的日常生活相比，他一生的各種逸事都稍顯遜色了。關於這一點，我們只要將他在西西里王宮中的一些生活片段拼湊在一起，就能窺其一二了。腓特烈對生活極爲講究，喜歡美麗的東西。有人認爲他放蕩不羈，但也清楚地了解他是一個好奇心強、熱衷鑽研探究的人。他將基督教、伊斯蘭教和猶太教的哲學家都召集到他的王宮裡，與他們探討學問；拼命地用撒拉遜的文化去影響義大利人的思維想法；還將阿拉伯數字和代數介紹給基督教的研究者。在他的王宮裡，住著一位名叫麥克爾．斯科特的哲學家，此人不僅翻譯了亞里士多德的許多作品，還翻譯了阿拉伯哲學家阿威羅伊（科爾多瓦人）對這部分作品的評注。在腓特烈的幫助下，那不勒斯大學（最古老的大學之一）在一二二四年建成，而薩勒諾大學的醫學院也得以擴大充實。他還創建了一個動物園，並且留下一本有關放鷹的書，可見他曾細緻觀察過鳥類的生活。另外，他還是義大利人中第一批用義大利文寫詩的人，義大利的詩歌就是從他的王宮中誕生的。有人稱他是「第一個近代人」，這一稱號恰恰說明了，他在知識方面是超然的、沒有偏見的。

當法國國王的勢力一天天強大起來，並且還不斷與教皇發生衝突時，即意味著：教皇的權威下降的趨勢正日益加劇。腓特烈二世在位之際，德意志就已經開始分裂了。而在法國，法國國王成爲繼霍亨施陶芬王朝各位皇帝之後，教皇的護衛者、支持者與競爭者。所以，連續幾代教皇都推行支持法蘭西君主的策略。在羅馬的支持和幫助下，法國的親王們建立了西西里和那不勒斯王國，這也催生了法蘭西國王恢復查理曼帝國的想法。不過，讓這種想法變成現實，卻是困難重重。當腓特烈二世，即德意志霍亨施陶芬王朝的最後一位皇帝去世後，因爲沒有繼承人，王位曾空置了一段時間。一二七三年，哈布斯堡家族的魯道夫被衆人推上了王位，結束了德意志的虛君時代。後來，羅馬教廷的政策便開始在德意志與法蘭西之間搖擺不定，而且完全取決於繼任教皇的好惡。在東方，希臘人於一二六一年從拉丁系皇帝那裡奪回了君士坦丁堡。新王朝的締造者是邁克爾·帕萊奧洛古斯，即邁克爾八世，他不止一次表示願意與教皇和解，卻從未實現諾言，最終澈底與羅馬教皇決裂。另外，亞洲各拉丁王國逐一陷落，教皇在東方的勢力也逐漸消失。

公元一二九四年，義大利人博尼法斯八世成爲新一任教皇。這位教皇對法國有極大的敵對情緒，其擁有強烈的羅馬傳統意識和使命感。曾經有一段時

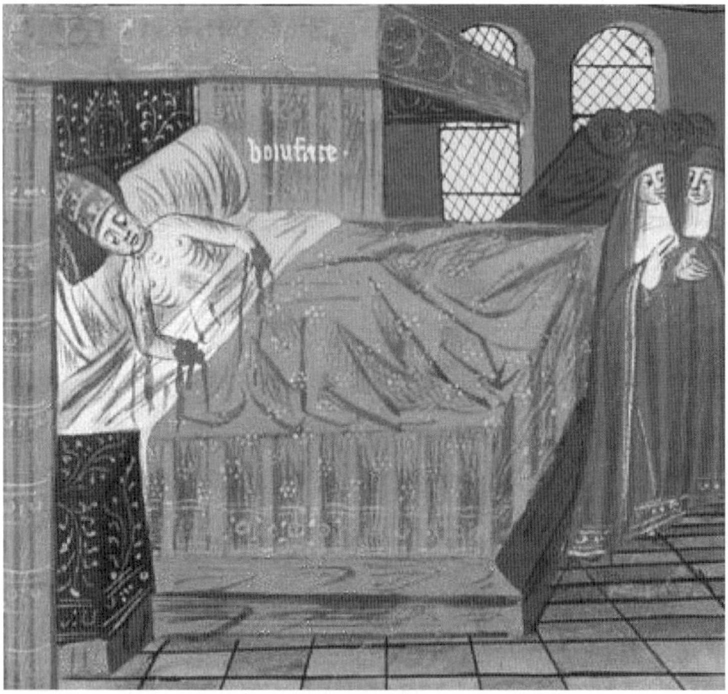

博尼法斯八世彌留之際

間，他處處獨斷專行。一三〇〇年的時候，他主持了大慶典，各路朝聖者紛紛湧入羅馬，而「流入教皇財庫的金錢如此之多，使得他的兩個助手只好用耙子來收集堆積在聖彼得墓上的獻禮」。然而，這個慶典不過是表面上看起來勝利了而已。不久，博尼法斯便同法國國王發生了衝突，而此時不過是慶典結束的兩年後。公元一三〇三年，博尼法斯剛準備宣布廢除法國國王的教籍，法國國王的代理人紀堯姆·德·諾加雷便突然出現在他的阿納尼宮殿裡，出其不意地逮捕了他。這位代理人闖入宮殿，衝進早已驚慌失措的教皇（此時教皇正捧著十字架躺在床上）的臥室裡，對他進行大肆的侮辱和威脅。大概是在一兩天後，教皇才被鎮上的居民給釋放了，他這才得以逃回羅馬。但後來又遭到奧爾西尼家族的某些成員的逮捕，又一次淪爲階下囚。過了幾週，老人由於驚嚇、幻想破滅，在囚禁中死去了。

諾加雷侮辱教皇的暴行，招來了阿納尼人的憤怒和憎恨，他們奮起反抗並解救了博尼法斯。當然，諾加雷之所以遭到反抗，原因之一是，阿納尼是教皇的家鄉。不過值得我們注意的是，法國國王這種粗暴對待教皇的行爲是得到法國人的支持的。在行動前，法國國王曾召開了法國的三級會議，即由教會、貴族和平民共同參與的會議，會議通過了以這種方式制裁教皇的決議。另外，德意志人、義大利人和英格蘭人對隨意處置這個教皇，都表現出贊同的意思。由此可見，基督教的觀念已經完全失去了人心。

在整個十四世紀，羅馬教廷仍然始終沒有恢復其道義上的權威。博尼法斯八世去世之後，教皇之位由法國人克勒芒五世接任，他其實是法國國王菲利普選定的教皇人選。克勒芒五世不曾到過羅馬，他將教廷設在了亞維農鎮。亞維農鎮實屬法國，卻又不由法國管轄，而由羅馬教皇統治。繼克勒芒五世後，又有幾位教皇也都居住於此，直到公元一三七七年，格列高利十一世任教皇，這才搬回羅馬梵蒂岡宮居住。然而，格列高利十一世雖然回到了羅馬，但他卻無法將整個教會的情感支持也帶回羅馬，因為大部分紅衣主教都是法國人，他們已經將自己的各種習慣和社會關係都扎根在了亞維農。一三七八年，格列高利十一世去世，義大利人烏爾班六世被選為教皇，卻遭到了不支持他的紅衣主教們的反對，他們宣布選舉無效。接著，他們另外選出克勒芒七世為教皇，讓他與羅馬教皇分庭抗禮。這就是歷史上稱為「教皇分裂」的事件。羅馬教皇還是居住在羅馬，凡是反對法蘭西的勢力都擁護羅馬教皇，如英格蘭、匈牙利、波蘭以及北歐各國的君王。而與之對抗的教皇則駐紮在亞維農，並有法國、法國的盟國蘇格蘭、西班牙、葡萄牙各國國王以及部分德意志王侯的支持。兩大陣營的教皇將對方的信徒開除出教，並對其施以詛咒（一三七八—一四一七年）。

在這樣的境況下，歐洲人民為了自己去思考各種宗教問題，就顯得再正常不過了。

在前面的章節中我們曾經提到了方濟各會與道明會，它們不過是基督教世界裡眾多新興教派中的兩個代表。這些教派根據自己的視角，支持或反對教會。雖然教會一度對方濟各會進行暴力鎮壓，但對於方濟各會和道明會，教會更多的還是希望能夠同化和利用它們。然而，其他教派可就沒那麼幸運了，教會對它們往往持反對和消滅的態度。

在方濟各會與道明會出現的一百五十多年後，出現了一個敢於直言批評教會無知和教士的腐敗的人，此人便是牛津大學的一位極有學問的博士教士威克利夫（公元一三二〇—一三八四年）。威克利夫將那些貧苦的牧師組織起來，成立了一個威克利夫派，並且還在英格蘭的街頭巷尾宣傳他的觀點。他把《聖經》譯成了英文，以便人們更方便地評判教會，同時又能讓人明白他和教會之間的是非曲直。和方濟各會與道明會比起來，他能力更強，見識更廣博。在普通民眾中，他擁有大批信徒；在上層社會裡，他也擁有不少的支持者。雖然羅馬教會憎惡他，還下令要逮捕囚禁他，但他卻一直是一個自由人，直到去世時還是。然而，那些將教會引向滅亡的腐朽邪惡的勢力卻不願讓他的屍骨在墓穴中安睡，根據一四一五年康士坦茲宗教會議的一項教令，他的遺骸被從墓中拖出並焚毀。一四二八年，弗萊明主教執行了羅馬教皇馬丁五世下達的這項命令。這種褻瀆神聖精神的舉動，並不是某一個狂妄者的一時衝動，而是教會的正式活動。

第四十八章　蒙古人的興起和武力

十三世紀，正當歐洲為實現統一基督教世界、實現教皇的唯一統治而進行各種莫名其妙而又徒勞無功的鬥爭時，亞洲的政治舞臺上卻正在上演著遠比這更重大的歷史事件。此時，發源於中國北部的韃靼人，突然在世界事務中嶄露頭角，完成了人類歷史上史無前例的擴張。他們便是蒙古各部。在十三世紀初期，蒙古民族還是一個騎馬遊牧的民族，其生活方式與他們的祖先匈奴人十分相似，吃的是肉類和馬奶，住在毛氈帳篷裡。那時，他們早已脫離中國封建王朝的統治，還跟許多突厥部落結成了軍事聯盟，並在蒙古的喀喇崑崙建立了大本營。

此時，中國正處於分裂狀態。唐朝自十世紀開始便逐漸沒落，經過一系列的分裂和戰爭之後，最終形成了三股重要勢力：南方有行都臨安（今杭州）的宋朝，北邊有以北京為首都的金國，中部還有西夏王朝。一二一四年，成吉思汗率領蒙古人直撲金國，並且攻占了北京。接著，成吉思汗麾軍西進，他的鐵騎先後征服了中亞、波斯、亞美尼亞、印度，一直攻到拉古爾，還奪得了南俄國、匈牙利以及西里西亞的統治權。到他去世的時候，他的帝國已經是一個疆域橫跨太平洋至聶伯河的大帝國了。

成吉思汗去世之後，其子窩闊台繼承了他的汗位，並且延續其令人驚歎的征戰人生。窩闊台的部隊裝備精良，訓練有素，戰鬥力極強，並掌握了中國人所發明的火藥，還發明了靠填充的火藥實現打擊的武器火炮。當他澈底征服金國後，他馬上跨過亞洲，大軍直指俄羅斯（一二三五年），其攻城略地速度之快簡直令人瞠目結舌。一二四〇年，蒙古大軍攻陷基輔，至此，幾乎整個俄羅斯都落入了蒙古人手中。除此之外，波蘭也難逃厄運，在一二四一年的下西里西亞的利埃格尼茲戰役中，波蘭人雖然與德意志軍隊聯手抗敵，但最終還是全軍覆沒了。面對蒙古人這股如潮水般猛進的勢力時，德意志皇帝腓特烈二世似乎並沒有決心對抗。

伯里在注釋吉本的《羅馬帝國衰亡史》時曾說：「直到最近，歐洲的歷史才開始懂得，公元一二四一年春天，蒙古軍隊之所以能夠蹂躪波蘭、侵占匈牙利，不僅因爲其在數量上占有優勢，還因爲這支軍隊擁有完美的戰略。然而，這一事實卻仍然沒得到普遍的認可，而占據主導地位的仍是那些庸俗的見解，即將韃靼人說成是一群野蠻的遊牧民族，仗著人多勢衆才獲得了成功，還稱他們是毫無計畫地跨越東歐的，全憑蠻力才衝破了所有障礙而取得成功，等等。這些見解都是荒謬的。」

「從維斯瓦河下游到特蘭西瓦尼亞的戰役中，蒙古指揮官的部署井井有條，而且軍隊執行起來也十分準確且有效，實在是令人驚歎。這樣的戰役完全在所有歐洲指揮官的意料之外，而且也不是任何一個歐洲軍隊的作戰能力所能承受的。當時歐洲的那些將領，上自腓特烈二世本人，下至他麾下的將軍，沒有一個人能在戰略上與速不臺比肩——在速不臺面前，他們都顯得過於淺薄和幼稚了。另外，我們還應該注意到，蒙古人在出兵作戰之前，就已經詳細掌握了波蘭及匈牙利的政治形勢了。他們擁有組織良好的密探系統，從而能夠獲取敵方情報。然而，匈牙利人和基督教各國，卻好似一群幼稚的野蠻人，對敵情完全不了解。」

在利埃格尼茲大獲全勝之後，蒙古人停止了西進的步伐。這是因爲，他們繼續西進的話就要進入森林和丘陵地帶作戰了，而此類地形卻令他們的戰術無法施展，勝算不大。所以，他們調轉馬頭，向南方進發，準備在匈牙利駐紮下來，屠殺或同化和他們有血親關係的馬札爾人，就像當年馬札爾人屠殺和同化他們之前的阿瓦爾人、塞西亞人和匈奴人的混血後裔一樣。以匈牙利平原爲起點，他們或許會揮軍南下或西進，就好像公元五世紀的匈奴人、公元七世紀至八世紀的阿瓦爾人、公元九世紀的匈牙利人所做的一樣。然後，由於窩闊台的突然離世以及公元一二四二年發生的繼承權之爭，這支攻無不克的蒙古軍隊才奉詔回朝。他們經過匈牙利、羅馬尼亞，最終回到了東方。

這之後，蒙古人將征服的重心放在了亞洲。公元十三世紀中期，蒙古人征服了中國的大宋王朝。公元一二五一年，蒙哥繼承了窩闊台的汗位，並任命自己的弟弟忽必烈負責中國事務。公元一二七九年，忽必烈統一中國，成爲中國的皇帝，國號元。此後，到公元

一二四一年，蒙古軍隊入侵匈牙利

一三六八年，一直都是元朝統治著中國。正當宋朝的殘餘勢力被逐一消滅之時，蒙哥的另一個弟弟旭烈兀則發動了征服波斯和敘利亞的戰爭。蒙古人仇視伊斯蘭教，所以當巴格達被他們占領後，便遭到了血腥的屠城。除此之外，他們還破壞了蘇美爾族人從遠古時候就留下來的灌溉系統，而這個灌溉系統是美索不達米亞平原人丁興旺、繁榮發達的根本保證。自此以後，美索不達米亞平原就成了一片荒蕪之地，除了廢墟就剩下沙漠，至今還人煙罕至。公元一二六〇年，旭烈兀的軍隊在巴勒斯坦遭到了古埃及蘇丹的重創，使得其征服古埃及的計畫泡湯。

經此一役，蒙古人的勢力逐漸開始滑坡，偌大的蒙古帝國分裂成若干個國家。東方的蒙古人，成了虔誠的佛教徒，和中國人一樣；西方的蒙古人，則開始崇信伊斯蘭教。到了公元一三六八年，元朝的統治被推翻，取而代之的是明朝。明朝的統治一直延續到公元一六四四年。而俄羅斯人則繼續向居住在其東南方向草原上的韃靼遊牧部落進貢，直到公元一四八〇年俄國大公拒絕了這一義務，由此奠定了近代俄國的基礎。

十四世紀，蒙古人在成吉思汗的後人帖木兒的領導下，一度恢復了活力，只是持續的時間並不長。帖木兒在中亞河中地區建立了蒙古人自己的國家，並在一三六九年自封為「大汗」。他征服了從敘利亞到德里的大片土地。在衆多蒙古征服者中，他是最野蠻的，也是破壞力最強的。不過，他一去世，他的帝國也隨之土崩瓦解了。公元一五〇五年，一支用槍炮武裝的軍隊蕩平了印度平原，而該武裝力量的領袖便是帖木兒的後人巴布爾。對印度的完全征服，後來由他的孫子阿克巴（公元一五五六—一六〇五年）完成了。阿克巴由此建立起被阿拉伯人稱為「蒙兀兒王朝」的蒙古人王朝，並且建都德里。這個蒙古人王朝幾乎統治著整個印度，而且這種統治一直持續到公元十八世紀。

公元十三世紀，在蒙古人第一次入侵狂潮的席捲下，突厥部落的一支鄂圖曼土耳其人被趕出中亞，驅逐到了小亞細亞。鄂圖曼土耳其人於是在小亞細亞立足，並且不斷擴張自己的勢力範圍，後來還跨越達達尼爾海峽入侵塞爾維亞、保加利亞和馬其頓王國。最後，他們還攻占了君士坦丁堡四周的土地，把君士坦丁堡變成了一座「孤島」。公元一四五三年，鄂圖曼蘇丹穆罕默德二世用猛烈的火炮，從歐洲這邊對君士坦丁堡發起猛攻，並占領了它。君士坦丁堡的陷落，使得整個歐洲都騷動起來，一時間重組十字軍的呼聲一浪高過一浪，然而十字軍的時代已經結束了。

到公元十六世紀時，鄂圖曼的蘇丹們不僅掌控著匈牙利、巴格達、古埃及和北非的大部分土地，而且他們的艦隊也稱霸於地中海上。當時，維也納差點就陷落到他們手上，連羅馬帝國都不得不對其納貢。公元十五世紀，基督教國家的統治頹勢日益明顯，唯有兩件事情可以稍微掩蓋一下這一事實：第一，莫斯科公國於公元一四八〇年復興並恢復獨立；第二，基督教徒終於逐漸搶回西班牙。公元一四九二年，阿拉貢國王斐迪南和他的王后，即卡斯提爾女王伊莎貝拉，攻克了格拉納達——西班牙半島上的最後一個穆斯林國家。

直到公元一五七一年，基督教徒在勒潘多海戰中，一舉擊潰了鄂圖曼人的傲氣。自此，基督教又重新獲得了地中海的統治權。

第四十九章　歐洲人的理性復甦

種種跡象表明，在整個公元十二世紀，歐洲人在探索知識方面的活力和勇氣又重新迸發了，人們萌生了向早期希臘人學習進行科學的研究和理性的探索的想法，同時又打算像義大利人盧克萊修一樣繼續沉思。引起這種理性的復興的因素很多，也很複雜。比如，對私鬥的管制，十字軍東征結束後人們獲得了較爲安寧和舒適的生活，十字軍多次遠征對歐洲人思想的刺激等，都是促成這次復興的極爲重要的前提因素。而且這一時期，歐洲各地商業貿易越來越繁榮，城市又恢復到以前那種閒適、安逸的狀態，教會中的教育水準也在提高，而且這種教育還惠及普通民衆。

到了公元十三世紀和十四世紀時期，那些已經獨立的或半獨立的城市獲得了極大的發展。例如，威尼斯、佛羅倫薩、熱那亞、里斯本、巴黎、布魯日、倫敦、安特衛普、漢堡、紐倫堡、諾夫哥羅德、維斯比以及卑爾根等。這些城市是貿易城市，往來的旅行者很多，人們到這裡旅行，在這裡交易，在這裡進行思考和討論。對於教皇和王侯之間的相互傾軋、教會對異教徒的迫害行爲，人們都極爲痛恨，開始質疑教會的權威，同時也對一些根本性問題提出質疑，並進行探討。

我們在前面的章節中已經談到，阿拉伯人是如何讓歐洲人重新重視亞里士多德的著作的；腓特烈二世是如何讓冥頑不靈的歐洲人對阿拉伯哲學與科學發生興趣的。事實上，對人們思想觸動最大的是猶太人，而他們存在的本身就是對教皇權威最好的質疑。除此之外，由於冶金術士那種神祕

在牛津大學觀察星星的羅傑・培根

的、充滿誘惑的研究的廣泛傳播，使得人們也加入到那種細微隱祕而效果顯著的實驗科學研究行列。

此時，精神出現覺醒的，不只有那些獨立的、受過高等教育的知識分子，還包括普通人——這種現象在以前是從未出現過的。雖然有教士的迫害與壓制，但是所有基督教教義傳播到的地方，都能引起人們精神上的騷動，它直接聯繫著個人的良知與正直的上帝。如此一來，只要有必要，人們就有對信條、高級教士和王侯提出自己見解的勇氣。

早在十一世紀，歐洲再次進行有關哲學的討論。牛津、巴黎、波隆納以及其他中心城市都已經出現了許多優秀的、發展迅速的大學。在這些大學裡，中世紀的「經院哲學家」崛起，並提出了一系列有關某些概念的意義和價值的問題，並對此展開討論，而這就是爲了迎接馬上就要到來的澄清思想的科學時代而進行的奠基。這一時期，以獨特的天才傲然出現在人們面前的是羅傑・培根（約公元一二一〇——一二九三年）。羅傑・培根是牛津大學方濟各派的修士，被後人譽爲「近代實驗科學之父」。在人類歷史上，培根的地位僅次於亞里士多德。

羅傑・培根在其著作中，言辭激烈地抨擊了那些無知的人、無知的行爲，並大膽提出時代的無知——這在當時可謂冒天下之大不韙。現在，我們可以自由發表自己的言論，我們可以說這個世界是莊嚴的，也可以說它是愚蠢的，可以說這個世界的各種方法都是幼稚的、拙劣的，或者說所有的教條都是幼稚的假設，但無論如何都不會招致死亡威脅。然而，生活於中世紀的人們，只要沒有被餓死、染上瘟疫而死、遭屠殺，他們都會極爲虔誠地相信自己的信仰，認爲它是完美無缺的，而且還對質疑其信仰的人表現出極大的仇視。所以，羅傑．培根的著作就好像是一道劃破黑暗的閃電，不僅抨擊了當時的各種愚昧思想，還爲豐富人類的知識提供啓示。他提出了一個主張，即人類必須具有知識積累的意識以及進行科學實驗的熱情，從中我們彷彿看到亞里士多德的精神又復活了。羅傑．培根始終堅持的便是：實驗，實驗！

但是，羅傑．培根並不迷信權威，他甚至敢去冒犯亞里士多德。究其原因，是因爲當時人們不敢面對現實，只是一味地在家研究亞里士多德作品的拉丁文譯本——這種譯本極爲拙劣，卻是當時能找到的最好的亞里士多德著作的版本。羅傑．培根用極爲苛刻的言辭寫道：「如果給我權力，那我就把亞里士多德的著作全都燒光，因爲閱讀它們根本就是浪費時間，製造謬論，增加無知。」如果亞里士多德能夠復活，他一定會發現人們不是在閱讀而是在崇拜他的文章，並且所使用的還是像羅傑．培根所指出的最不靠譜的譯文，或許亞里士多德也會贊成羅傑．培根的說法。

爲了免於被囚禁甚至更糟糕的事情發生，羅傑．培根不得不進行一些僞裝，儘量隱藏自己的眞實想法，在表面上裝作和正統派持有一樣的觀點。但是在其著作中，他始終對人們大聲疾呼：「清醒地看待這個世界吧，不要再受權威、教條的控制了。」他對引起人類無知的根源進行了揭示和譴責，指出過分尊崇權威、墨守成規、無知百姓的想法和虛僞傲慢又不肯接受教育的人類劣根性是無知的四大來源，必須撇除。只要人類能夠克服這些問題，那麼我們將迎來一個充滿力量的世界——「未來可能會出現不用划手推動的航海機器，只需一個人便能駕駛著它遨遊海洋，而且它要比擠滿了划手的船速度更快。另外，人們也能夠造出不用畜力拉動而靠無限的動力來推動的車子，就像古人用於戰爭的上面裝有鐮刀的戰車一樣。將來還可能出現一種在空中飛翔的機器，一個人坐在飛翔機器中操控著某個機關，飛行器的人工翅膀便能像飛鳥的翅膀一樣在空中自由飛翔。」

雖然羅傑·培根在十三世紀就已經做了這樣的描述，但人們眞正去進行某種系統性的嘗試、去探索與開啓那些被人類的紛雜事務所掩藏的巨大能量和利益，已經是三個世紀之後的事了，但羅傑·培根對此卻早有清晰的認識了。

但是，阿拉伯人爲基督教世界帶來的不止衆多哲學家及冶金術士所引發的精神激勵，還有造紙術。可以說，紙的廣泛使用是歐洲理性復活的重要前提。紙是由中國人發明的，中國人大概在公元前二世紀就已經開始使用紙張了。後來，阿拉伯人從中國人那裡學到了這種造紙的技術。九世紀以來的一些阿拉伯人的紙質手稿，現在還保留著。

造紙術傳入基督教國家，或是透過希臘，或是透過西班牙——基督教徒在收復西班牙時，繳獲的戰利品中或許就有造紙作坊。然而，在西班牙基督教徒的管理下，造紙技術沒有得到良好的發展，而且紙的質量還下降了。直到十三世紀末期，歐洲的基督教世界才造出了質量較好的紙張。後來，義大利的造紙技術不斷提升，世界聞名。造紙技術傳到德意志，已經是十四世紀時候的事了。至十四世紀末期，因爲紙張的價格低廉而品質較高，這才讓印刷書籍變成了一種有利可圖的行業。印刷術很自然地也得到了發展。自此之後，人類的知識生活進入了一個全新的更加有生命力的階段。這時的知識已經成了滾滾洪流，可以同時傳播給大衆，而不再是從一個頭腦流向另一個頭腦的涓涓細流了。

印刷術這一成就直接導致了兩個顯著後果：其一，《聖經》在世界上的大量普及；其二，學校的教科書便宜了。大量書籍的出現，讓知識可以迅速地傳播開來。實際上，書籍不僅在數量上增多了，而且書籍的內容質量也有了明顯的提高，閱讀起來更加清楚，理解起來也更加容易了。這個時期，讀者不用再將時間浪費在研究那些模糊難辨的字跡及推敲其含義上，他們的閱讀往往暢通無阻，還能在閱讀的時候思考。當閱讀變成越來越方便的事，讀者也自然逐日增多，書籍不再是華麗的裝飾物品，也不再是學者們的私藏珍品，而成了人們日常生活中必不可少的物品。學者們開始爲普通讀者寫書了，他們也不再使用拉丁文了，而改用通俗的語言。到了十四世紀，歐洲文學開始萌芽。

截至目前，我們只談到了阿拉伯人對歐洲的復興所做的貢獻。現在，讓我們來看看蒙古人的侵略行爲對歐洲世界產生了怎樣的影響。蒙古人刺激了歐洲人在地理方面的想像力。有一段時間，在大汗的統治下，亞洲和西歐一度可以公開來往，道路暢通，各國使臣紛紛來到喀喇崑崙的宮廷。由基督教與伊斯蘭教的宗教恩怨而造成的亞歐之間的屏障逐漸減少了。羅馬教廷於是產生了一種要讓蒙古人皈依基督教的想法，但直到目前爲止，蒙古人唯一的宗教還是原始的薩滿教。一時間，教皇的使者，印度的佛教僧人，波斯和印度的數學家和天文學家，義大利、巴黎和中國的技工，拜占庭與亞美尼亞的商人，阿拉伯官員，這些人紛紛來到蒙古人的宮廷中。

歷史上，人們大都忽視了蒙古人對學問的好奇與探求，人們聽到有關他們的話題大都是他們的征討和殺戮。或許蒙古人稱不上是具有創造力的民族，但他們卻是知識和方法的傳播者，對世界影響極大。從成吉思汗與忽必烈那隱隱約約而又充滿傳奇色彩的人格上可以看出，他們至少和自負浮誇的亞歷山大大帝，或是政治幽靈的招魂者、精力旺盛卻又目不識丁的神學家查理曼大帝一樣，都是具有極高悟性和創造力的君主。

蒙古宮廷迎來了四面八方的異國人士，而威尼斯人馬可·波羅便是其中最有趣的一位。後來，他還將自己的故事寫成了書。大約是在公元一二七二年，馬可·波羅跟著父親和叔叔來到中國。這已經不是馬可·波羅的兩位長輩第一次來到中國了，其實他們之前就到過中國，並給大汗留下了深刻的印象，因爲那是大汗第一次見到「拉丁人」。隨後，大汗請他們回到歐洲，並拜託他們邀請學識淵博的人和教師一起來中國，向自己介紹基督教，並能一一介紹那些令他十分好奇的歐洲物品。這次他們帶馬可·波羅來拜謁，是他們第二次見到大汗。

之前他們是取道克里米亞來到中國的，而這一次他們則是借道巴勒斯坦來的。他們的這一次旅行，由於大汗的金牌及其他證物保駕護航，所以旅途中多多少少獲得了不少便利。因爲大汗曾說過他想要一些耶路撒冷城市中的燈油，所以他們便先去了耶路撒冷，然後取道西里西亞到達亞美尼亞。他們之所以向北走了那麼遠的路，是因爲當時古埃及蘇丹正在入侵伊爾汗國。接著，他們又從亞美尼亞出發，經由美索不達米亞抵達波斯灣的霍爾木茲，似乎準備走水路。在霍爾木茲，他們碰到了一些印度商人。但是因爲某種原因，他們最終沒有坐上船，而是繼續向北走，穿過波斯沙漠到達巴爾克，又翻過帕米爾抵達喀什噶爾，然後經過和田、羅布泊到了黃河流域，最終抵達北京。在北京，他們受到了大汗的盛情款待。

馬可·波羅聰明伶俐，精通韃靼語，忽必烈很喜歡他。忽必烈授予其官職，還多次派他到中國的西南部處理事務。馬可·波羅向人們介紹了這個繁華穩定的國度，「一路上到處都有供旅客休息的豪華旅店」，「優美的葡萄園、花園和田野」，佛教僧人們居住的「衆多寺廟」，「首尾相接的市鎮」以及「各種精美的塔夫綢和織錦」等。對於他的這些介紹，歐洲人最初的時候是深表懷疑的，然後又激起整個歐洲的想像力。

馬可．波羅還談到了緬甸，講述緬甸是怎樣用數百頭大象組成特殊軍隊的，而這支軍隊又是如何被蒙古人的弓箭打敗的；講述了勃固是如何被蒙古人征服的。除此以外，他也介紹了日本，還特別誇張了日本的黃金儲藏量。馬可．波羅曾被任命爲宣慰使，在揚州城生活了三年。對中國人而言，他並不比韃靼人更像外國人。他還很可能曾被派往印度。中國的歷史資料上曾有過這樣的記載：一二七七年，有一個名叫波羅的人曾任職中書省。這是一個很好的佐證，證明馬可．波羅的故事是眞實可信的。

後來，根據馬可．波羅的口述而寫成的《馬可．波羅遊記》一書在歐洲出版了，這又大大刺激了大家更豐富的想像力。歐洲的文學，特別是十五世紀的歐洲傳奇小說中經常出現契丹（中國北方）、汗八里（北京）等，而它們均源自馬可．波羅的故事。

兩個世紀以後，一位熱愛《馬可．波羅遊記》的熱那亞水手克里斯托弗．哥倫布，萌生了向西航行環遊世界到達中國的念頭。在塞維利亞，存有一本哥倫布做了注解的《馬可．波羅遊記》。克里斯托弗．哥倫布之所以萌生這樣的念頭，其實是有著多方面的原因的。首先，在一四五三年以前，君士坦丁堡還沒被土耳其人占領時，一直是一個連接東西方兩個世界的商貿中心，熱那亞人允許在那進行自由貿易，但自從拉丁系威尼斯人的盟友土耳其人占據了君士坦丁堡後，熱那亞商人就受到了不友善的對待。當時，熱那亞人與拉丁系威尼斯人是彼此最大的競爭對手，而後者後來與土耳其人結成聯盟共同抵抗希臘人，所以當土耳其人得勢之後，熱那亞商人便遭到了打壓。其次，被人遺忘了很久的地圓說又逐漸在人們的腦海中被想起，人們相信，從歐洲一直向西航行最終一定能夠到達中國。而且，還有兩個有利因素使這個想法得以實現的可能性大大增強：其一，航海指南針已經發明，海上航行的人們大可不必在夜裡尋找方向，也不用再靠求助星星來決定正確的航線；其二，諾曼人、加泰隆尼亞人、葡萄牙人以及熱那亞人都曾經遠航大西洋，到過亞速爾群島、馬德拉群島和卡那利群島。

在克服了各種苦難之後，哥倫布終於獲得了實現夢想的船隻。他一一遊說歐洲各國王室，終於在剛脫離摩爾人統治的格拉納達得到了斐迪南和伊莎貝拉的資助，然後他便帶領著三艘船駛向未知的海洋。經過兩個月零九天的航行後，他自以爲抵達了印度，可等到上了岸後他才發現，這裡其實是一片新大陸。在此之前，舊

哥倫布遊說西班牙女王伊莎貝拉

大陸的人們都還不知道世界上有這麼一塊新陸地。哥倫布回到了西班牙，並且還帶回了黃金、棉花、珍禽異獸以及兩個目光犀利的打算受洗的印第安人。這兩個人之所以被稱爲印第安人，是因爲哥倫布至死都以爲登陸的地方是印度。直到幾年後，人們才知道這塊美洲新大陸是地球的另一個部分。

哥倫布的成功，極大地促進了海外事業的發展，各國迅速發展航海事業。公元一四九七年，葡萄牙人繞行非洲來到印度；公元一五一五年，葡萄牙人的船隻到達爪哇島；公元一五一九年，葡萄牙海員麥哲倫受西班牙國王之托，帶領五艘船從塞維利亞起航，然後一直向西航行。公元一五二二年，麥哲倫船隊中的「維多利亞」號回到了塞維利亞，而這艘「維多利亞」號正是世界上第一艘成功完成環繞地球航行的船。他們共有二百八十人一起出發，但活著回來的僅有三十一人，而麥哲倫則在菲律賓群島上被當地人所殺。

突然之間，各種新鮮事物紛紛湧入歐洲人的頭腦中，如紙質印刷書籍的出現、陌生的大陸、奇特的動植物、環遊世界的實現以及各種風土人情。而那些塵封已久的古希臘經典著作，又被重新印刷和研究，使得人們的思想附著了柏拉圖的夢想、共和時代的自由與尊嚴的色彩。另外，西方人第一次產生秩序和法律意識，是源於羅馬的統治，後來拉丁教會又讓這些意識得以恢復。然而，在天主教和異教的統治下，求知欲與創新精神往往遭到宗教組織的約束和壓制。而此時，拉丁思想的統治時代已經結束。公元十三世紀至十六世紀，歐洲的亞利安人在閃米特人、蒙古人以及再次發現的古希臘經典的共同作用下，終於突破了拉丁傳統，再次復興，成爲引領人類科學和物質發展的領導者。

第五十章　拉丁教會進行改革

對拉丁教會自身來說，這種理性思維精神的重生對它影響極大，教會四分五裂，即使是那些倖存的部分，也遭到了極大程度的改造。

我們已經在前面的章節中介紹過了，公元十一世紀至十二世紀中，教會是怎樣對基督教世界進行專制統治的；公元十四世紀至十五世紀，教會又是如何失去控制人們思想行爲的權威的。另外，我們也已經論述過，先前那些支持並給予教會力量的宗教熱情，後來是如何因爲教會的狂妄、迫害和專制統治而站到教會對立面的。同時，我們也提到了，陰險多疑的腓特烈二世是如何利用宗教懷疑論讓王侯與宗教獨裁產生紛爭的。此外，教會的大分裂又極大地衝擊了教會特權，加速了教會的宗教權力和政治權力的下降趨勢。緊接著，與之對抗的力量便同時從這兩個方面攻擊教會。

就在教會日益失去權威之時，整個歐洲幾乎都在傳播英國人威克利夫的教義。公元一三九八年，捷克學者約翰·胡斯就威克利夫的教義在布拉格大學發表了一系列演講。不久，威克利夫的教義便在普通百姓中得到迅速傳播，並令人們熱情高漲。從公元一四一四年到一四一八年，教廷爲了解決教會的大分裂問題，在康士坦茲召開會議，並邀請胡斯參加大會。雖然皇帝向胡斯承諾會保證他的安全，但最終胡斯還是被捕了，被以宣傳異端邪說危害大眾定罪，並於一四一五年被活活燒死。然而，教會此舉不僅沒能鎮壓波希米亞人民，反而促使胡斯派信徒揭竿而起，並由此引發了接下來的一連串戰爭，拉丁系基督教的分裂也由此開始。爲了鎮壓胡斯派信徒的起義，使基督教再次統一，教皇馬丁五世頒布了組織十字軍的訓諭。

教皇爲了對付波希米亞這個頑強的小國家，一共發動了五次十字軍征討戰爭，但均以失敗告終。此次戰爭與公元十三世紀的攻打沃爾多派的戰爭十分類似——在這一次戰爭中，公元十五世紀整個歐洲的閒散人員都編入隊伍並被送上進攻波希米亞人的戰場。然而，波希米亞的捷克人畢竟不是沃爾多派，他們對自己的武裝抵抗信心滿滿。在公元一四三一年的多馬日利策戰役中，只要遠遠聽到胡斯派轟鳴的戰車聲、高亢激昂的聖歌聲，還不等交手，十字軍便如潮水一般從戰場上潰退下來。公元一四三六年，教廷在巴塞爾又召開了

約翰·胡斯參加康士坦茲會議

一次宗教會議，並在會上與胡斯派達成協議，終於承認了許多胡斯派的教義。

公元十五世紀，歐洲爆發了一場大瘟疫，從而引起社會的動盪。當時人民的生活極爲困苦，很多人都表現出極大的不滿，在英格蘭和法國不斷爆發農民起義，目標直指富人和地主。胡斯戰爭之後，德國農民起義的規模越來越大，而且還染上了濃厚的宗教色彩。印刷技術的出現，更是促進了這種農民起義的發展。公元十五世紀中期，萊茵蘭、荷蘭的印刷工人已經掌握了活字印刷的技術，後來英格蘭和義大利也引進了這種印刷技術。公元一四七七年，卡克斯頓在威斯敏斯特創辦了一家印刷廠。由此，《聖經》得到廣泛傳播，隨處可見人們討論有關《聖經》的問題，歐洲儼然成了一個《聖經》讀者的世界，這實在是有趣得很。由於印刷業的發展，更容易獲取的訊息和更加清晰的主張源源不斷地湧進普通百姓的頭腦中，而此時的教會則問題纏身，如教會面臨分裂且無力自衛，王侯們正準備著搶奪教會在其領土範圍內搜刮的財富。

在德意志，一場轟轟烈烈的反對教會的鬥爭，在馬丁．路德（公元一四八三——一五四六年）的領導下展開了。公元一五一七年，在維特根伯格，馬丁．路德針對正統教派的種種教義和禮節，提出了批判。最初的時候，他仿效經院哲學家的做法，用拉丁文來進行論戰。後來，他則改用印刷術這一新式「武器」，用德文向人民大眾宣傳自己的思想。當時馬丁．路德的境遇與當初的胡斯極爲相似，也有許多人想要殺害他。不過，由於馬丁．路德有許多王侯朋友——他們或公開或祕密與馬丁．路德交往，再加上印刷品的傳播，這樣馬丁．路德才能夠活下來。

這是一個思想紛繁、信仰薄弱的時代，許多歐洲統治者爲了自身的利益都切斷了自己的臣民與羅馬的宗教聯繫。他們嘗試建立民族宗教，同時讓自己成爲宗教領袖。於是，一大批國家，如英格蘭、蘇格蘭、瑞典、挪威、丹麥、德國北部、波希米亞等，都紛紛脫離了羅馬教廷的控制。直到今天，這些國家仍保持著獨立。

然而，這些王侯其實並不關心人民的道德和理性自由。開始的時候，他們爲了壯大自己的力量以抵抗羅馬，不得不利用民衆對宗教的懷疑和暴動。一旦他們成功擺脫羅馬的鉗制，成爲新建立的國家教會的領導者，他們便打算立即搶到民衆運動的掌控權。但是，基督的教誨具有一種神奇的生命力，使得人們不管是處於宗教權威還是世俗王權的壓迫下，都依然能超越忠誠和服從而追求正義與自尊。所以，羅馬教廷分裂產生的王權教會又分裂出許多小教派，這些小教派不允許教皇或王侯阻隔在上帝與人之間。例如，蘇格蘭和英格蘭的不少教派都拒絕承認教會的清規戒律，只把《聖經》當成其信仰和生活的唯一準則。在英格蘭，他們被稱作「不信奉國教者」。而這些人在公元十七世紀到十八世紀的國家政治中，起到了關鍵作用。他們拒絕讓王侯擔任教會的領導者，所以國王查理一世（一六四九年）才會被砍了頭。在不信奉國教者的統治下，英格蘭人過了十一年安穩太平的日子。

人們一般將北歐各大派脫離拉丁基督教的運動稱爲「宗教改革」。宗教改革所帶來的衝擊和壓力，同樣也對羅馬教廷產生了極大的影響，引發其內部深刻的變化。教會進行了重組，一股全新的精神闖入他們的生活。在這一過程中，一位名叫伊尼戈·洛佩茲·德·雷卡爾的西班牙年輕士兵發揮了重要的作用，實際上人們更願意稱他爲「聖依納爵羅耀拉」。早年的時候，他也曾有過一些頗具傳奇的經歷，然後在公元一五三八年成了一名教士，並獲准創建「耶穌會」，嘗試將慷慨俠義的軍事傳統注入到宗教機構中。耶穌會發展到後來，一度成爲規模最大的傳教機構之一，還將基督教帶入中國、印度與美洲。它延緩了羅馬教會的分裂速度，還提升了天主教世界的教育水準與智力水準，加快了天主教徒良心復活的速度，還極大地刺激了歐洲新教在教育方面做出具有競爭性的努力。如今的天主教活力四射、積極進取，這些都主要歸功於耶穌會的復興。

第五十一章　皇帝查理五世的一生

神聖羅馬帝國在皇帝查理五世的統治下，變得繁榮昌盛，達到了其歷史上最輝煌的時期。查理五世被視爲繼查理曼大帝之後最傑出的統治者，歐洲最偉大的國君之一。

事實上，查理五世之所以擁有如此高的聲譽，並不完全源自其自身的努力，而應主要歸功於其祖父馬克西米利安一世（公元一四五九—一五一九年）。當時的王侯們獲取權力的方式多種多樣，有的靠陰謀詭計，有的靠武力戰爭，而哈布斯堡家族則是透過聯姻逐漸取得霸權的。

馬克西米利安是靠家族遺產發跡的，這些遺產包括：奧地利、斯提利亞、阿爾薩斯的部分以及其他一些地區。透過聯姻，他又獲得了尼德蘭和勃艮第（至於他的夫人，我們在這裡便不做介紹了）的統治權。當他的首任妻子去世之後，他對勃艮第大部分地區的統治權也隨之失去了，不過他還是保住了尼德蘭。之後，他又企圖透過聯姻得到布列塔尼，只可惜沒有成功。公元一四九三年，馬克西米利安繼承了父親腓特烈三世的王位，又透過締結婚姻得到了米蘭公國。爲了擴大自己的領地，後來他還讓自己的兒子娶了一位智障的女子。他的這位兒媳婦，是支持哥倫布環球航行的西班牙國王斐迪南和王后伊莎貝拉之女。斐迪南和伊莎貝拉擁有大片領土，新統一的西班牙、西西里王國、薩丁尼亞島和巴西以西的所有美洲地區都在他們的統治之下。

正因如此，他的孫子查理五世繼承了他的領土，包括美洲的大部分地區、除土耳其之外的約三分之一到二分之一的歐洲地區。查理又在一五〇六年繼承了尼德蘭。一五一六年，其外祖父斐迪南去世以後，因爲其母親的無能，西班牙的掌控權實際上落在了他的手裡。公元一五一九年，馬克西米利安去世。次年，查理五世當上了國王，而此時他僅有二十歲，風華正茂。

查理五世長著厚厚的嘴唇，長長的下巴看起有些笨拙，一副並不出衆的長相。那個年代，才華過人、精力充沛的年輕君主不計其數，可以說那是一個少年君主輩出的時代。比如，公元一五〇九年，十八歲的亨利八世坐上了英格蘭的王位；公元一五一五年，二十一歲的法蘭西斯一世成爲法國的統治者。此時，土耳其正値蘇里曼大帝的統治時期（一五二〇年），印度則正處於巴布爾王統治時代（公元一五二六—一五三〇年），而蘇里曼大帝和巴布爾王都是極具才幹的統治者。這一時期的教皇是利奧十世（一五一三年），他也是一位卓越不凡的人。當時，教皇利奧和法國國王法蘭西斯一世都試圖阻止查理當選爲皇帝，他們都不願意看到查理大權獨握。亨利八世和法蘭西斯一世都力薦自己，希望能夠成爲帝國新任皇帝。然而，自公元一二七三年以來，皇帝始終出自哈布斯堡家族，而且查理又在選舉中大肆賄賂，最終他還是當選爲皇帝了。

起初，查理這位年輕的皇帝不過是其手下大臣的一個傀儡而已。漸漸地，他開始有意識地維護自己的權力，並最終掌控了大局。在這個過程中，他也逐步察覺到自己高貴王位的複雜性，而且其中還隱藏著某種威脅。他知道，自己的地位顯赫無比，但是不夠穩固。

從即位開始，查理就面臨著巨大的危機——因路德的宗教改革而引起的騷動。由於教皇曾經試圖阻止他當選皇帝，所以他完全有理由同改革派結盟，但從小就生長在西班牙這個天主教國家的他卻沒這麼做，他還是堅持反對路德教派。後來，他與支持新教的王侯們發生了紛爭，其中德國薩克森的當權者與他的矛盾最大。他發現，基督教正面臨著分裂爲兩大敵對陣營的可能，而自己則正好處在分裂口這個位置上。爲了縫合這個裂口，他花費了大量的精力，但效果甚微。此時，德國爆發了一場規模巨大的農民起義，這是一場交織著政治因素和宗教原因的騷亂。這一場內部騷亂加上帝國東西兩面虎視眈眈的敵人，導致帝國局勢越來越複雜。在西邊，查理的老對手法蘭西斯一世野心勃勃；在東面，貪得無厭的土耳其人已經駐紮在了匈牙利。查理的這兩位敵人還結成了聯盟，嚷嚷著要奧地利奉上拖欠的貢品。查理雖然掌握著西班牙的軍隊和財政大權，卻極難從德國獲得資金支持。財政上的問題，進一步加深了查理的社會和政治困境，他不得不大量舉債。

就總體上而言，在對抗法蘭西斯一世和土耳其的事情上，查理與亨利八世聯合起來的策略是成功的。當時，義大利北部是主要的戰場，兩方的將領都才能平庸，援軍是否到達成了雙方軍隊前進或者後退的決定性因素。後來，德國人雖然侵入法國，但是沒能攻陷馬賽，只好撤回義大利，在丟了米蘭後，又在帕維亞遭到圍攻。在很長一段時間以來，帕維亞一直在法蘭西斯一世的包圍之下，只不過法蘭西斯一世不僅沒能攻占帕維亞，反而還遭到德國援軍的重創，其本人還受傷被俘。教皇與亨利八世由此憂心忡忡，擔心查理的勢力過於強大，於是聯起手來對付查理。

當時，米蘭德軍在波旁公爵的率領下，由於沒有軍餉而忍飢挨餓，並不是跟隨，而是逼迫他們的司令向羅馬進攻。公元一五二七年，他們洗劫了羅馬，大肆搶劫和屠殺羅馬市民。就在羅馬人民遭受磨難時，教皇卻獨自逃到了聖安其洛堡。最後，教皇花了四十萬杜卡特金幣才打發走了德軍。在經歷了十年莫名其妙的混戰後，整個歐洲都陷入了貧困的境地。不過，查理卻在義大利取得了最後的勝利。公元一五三〇年，在波隆納，他接受了教皇的加冕，而這也是教皇最後一次爲德國皇帝加冕。

與此同時，土耳其人大舉進犯匈牙利，並於公元一五二六年攻占了匈牙利的首都布達佩斯，還殺了其國王。至公元一五二九年時，蘇里曼大帝還差點占領了維也納。查理大帝大為震驚，他決心無論如何也要將土耳其人趕走，然而他卻發現：即使是在這種強敵壓境的緊要關頭，他還是無法讓德國的各個王侯聯合在一起抗敵。法蘭西斯一世始終不肯和解，於是，新一輪的德法戰爭又開始了。公元一五三八年，查理大帝侵占了法國南部地區，這才迫使法國方面同意攜起手來，一起抵抗土耳其人。

然而，當時信奉新教的王侯們，即決心與羅馬決裂的德國王侯們，他們在施馬爾卡爾登締結了反對查理大帝的聯盟——施馬爾卡爾登同盟。面對形勢越來越嚴峻的內部鬥爭，查理大帝不得不將全部注意力轉回國內，而無暇顧及為基督

一五三八年，查理五世侵占法國南部後，法蘭西斯一世與查理五世講和

教世界收復匈牙利的大戰役了。查理大帝發現，這只不過剛揭開鬥爭的帷幕而已，這是一場王侯們為爭權奪勢而引發的戰爭，忽而表現為血腥的戰爭和破壞，忽而表現為陰謀和外交權術。為了獲得權力，王侯們各施手段，這種混亂的局勢一直維持至十九世紀，一次次將中歐折騰得異常衰敗荒涼。

查理大帝似乎從來沒有抓住對解決種種積聚起來的問題真正有用的力量。在那樣一種時代背景中，他的確是一個非常了不起的人物，但他似乎將致使歐洲分裂的宗教紛爭歸咎於神學上的分歧。為了調解這種分歧，他召開了多次會議，還發表聲明、頒布文告，但是都毫無用處。因為如此，德國的學者們不得不努力研究紐倫堡的宗教合約、奧格斯堡的臨時合約和雷根斯堡帝國議會的解決方案等各類文件。這裡，我們僅介紹了名滿一時的皇帝煩惱生活中的一些片段而已，至於其他方面我們便不多做介紹了。

其實，當時歐洲的王侯們所做出的種種行為沒有一件是真心實意的。當時各地紛紛湧現的宗教紛爭、平民對社會正義和真理的期待、知識的傳播與普及，無一不是歐洲的王侯們用以奪權的籌碼和陷阱而已。比如，英國亨利八世，他便是以寫了一本攻擊異端的書而開始他的政治生涯的，後來教皇還授予他「信仰衛士」的稱號。然而，後來他卻因為愛上一位名叫安妮·博林的女子而跟自己的妻子離了婚，甚至還想侵占教會的巨大的財富。發展到公元一五三〇年的時候，他還加入了新教，而此時的挪威、瑞典和丹麥也早站隊到新教一邊了。

公元一五四六年，德國爆發了宗教戰爭，但德國宗教改革的代表人物馬丁·路德卻在戰爭開始的幾個月前就已經過世了。有關戰爭的一些具體細節，我們在此不多做介紹了，只是結局為：新教的薩克森軍隊遭到慘敗。接下來，查理剩下的主要對手便是赫森的菲利普，他也因犯了背叛信仰罪而遭到逮捕和囚禁。至於土耳其人方面，對方在得到查理每年進貢的允諾後，也退了兵。至公元一五四七年，查理的勁敵法蘭西斯一世去世了，查理總算可以鬆一口氣了。這下，查理大帝終於可以集中精力爲那些尚未實現和平的地方爭取和平而進行最後的努力了。然而好景不長，在公元一五五二年時，整個德國又陷入了戰爭中，查理從因斯布魯克倉皇逃跑，所以才沒有被俘虜。隨後，查理與對方簽訂了帕紹條約，德國又恢復了平靜，但是這種平靜卻是表面上的，實際上各方勢力依舊是爾虞我詐。

以上這些就是查理帝國三十二年的政治事件。從中我們可以發現一件有趣的事：整個歐洲，無論是土耳其人、法國人、英國人還是德國人，他們發起戰爭的目的都是奪取歐洲的支配權。對於美洲大陸以及通往亞洲的新航線，他們都沒有注意到它們，沒有意識到其中存在多大的政治意義。與此同時，美洲大陸正發生一系列驚天動地的大事件：科爾特茲只帶了一小部分人馬，便爲西班牙征服了偉大的還處於新石器時期的墨西哥印第安人帝國——阿茲蒂克王國；而西班牙的另外一位冒險家皮薩洛則跨過巴拿馬海峽，攻占了另一個奇異的國度——祕魯。然而，這些事情除了給西班牙國王帶來了數目驚人的白銀收入外，根本沒有對歐洲產生什麼大的影響。

帕紹條約簽訂之後，查理大帝突然有了一種奇特的想法。他開始厭倦爲帝國的榮耀而戰的生活，並對其感到某種失望。只要一想起歐洲的戰爭，一種不能忍受的厭煩感就會侵襲他的內心。查理一直都是病懨懨的，而且生性懶散，加上痛風的折磨，他終於決心退位了。查理將德國的統治權交給了自己的弟弟斐迪南，而讓自己的兒子菲利普繼承西班牙和尼德蘭的統治權。然後，他便帶著激憤的情緒來到了位於塔古斯河谷以北的於斯修道院，這裡四周都是橡樹與栗子樹。公元一五五八年，查理在於斯修道院去世。

關於查理大帝的隱居和這個疲憊不堪、威嚴的偉人與世隔絕的故事，曾有過很多傷感的描述，說他厭倦了塵世的紛紛擾擾，所以要在孤獨和簡樸中探求與上帝同在的安寧。但事實上，他的隱退生活一點也不簡樸，也完全不孤獨——他居住的地方的華麗程度絲毫不遜於他的王宮，而且還有一百五十多名隨從陪伴著他，唯獨不一樣的只是這裡缺了宮廷的操勞而已。而且，他的兒子菲利普二世對他十分孝順，幾乎對他言聽計從。

如果說查理大帝已經對歐洲事務失去了興趣，那麼此時的他又有了一些新的愛好。普雷斯科特曾說過：「在奎克沙達、加茲特盧和瓦利阿多里德的國務大臣之間的每日通信中，幾乎沒有一封是不提到查理大帝的飲食和疾病的。就像是日常的國務議政程序一樣，這些話題後面總會跟著另一個話題。事實上，在當時國務部門的議政過程中，一項必不可少的議題便是這類話題。對於國務大臣們而言，在研究這些將烹調和政治詭異地混合在一起的急件時，實在很難保持一種嚴肅的態度。從瓦利阿多里德出發到里斯本的急差，常常需要繞道而行，因爲往往必須奉命到亞蘭迪拉採辦御膳食品。每個週四，他都要帶回魚類以供次日的齋日之用。由於查理嫌棄修道院附近的鱒魚太小了，所以伺候他的人只能從瓦利阿多里德給他弄來一種較大的魚。查理喜歡吃各種魚類，事實上他喜歡所有的水產品。最經常出現在他的日常飲食中的食物有：牡蠣、鱔魚、青蛙等。他還十分鍾情於罈裝的醃製魚類，特別是醃鯷魚。他還經常爲沒有讓人從低地王國多帶一些這樣的魚類回來而懊悔不已。除此以外，他還十分喜歡吃鱔魚餅。」

公元一五五四年，教皇尤利烏斯三世頒發訓諭給查理，允許他免受齋戒，甚至還同意他在領聖餐的那天清晨開齋進食。

回歸自然後，他最關注的便是吃飯和服藥這兩件事了。他還是沒有養成讀書的習慣，但是他卻讓別人大聲朗讀給他聽，並且還能做出「美妙絕倫的評論」——某位敘述者的確是這麼說的。他很喜歡擺弄機械玩具、聽音樂、聽講道，依然關心不斷送來的國事消息，以此消磨時間。他跟皇后之間感情深厚，自皇后離世之後，他就將全副身心都投入到了宗教之中。但是查理對宗教的理解往往僅拘泥於形式和儀式。每到四旬齋期的星期五，他總是與其他教士一起鞭笞自己，爲了顯示自己的虔誠甚至都打出血痕來。這種行爲和痛風一起折磨著他的身體，卻讓他的內心擺脫了政治煩惱的控制。

當他發現瓦利阿多里德附近有宣揚新教的事情發生時，他大爲震怒：「告訴宗教法庭庭長及其議會，讓他們無論如何要忠於職守，在邪惡尚未蔓延之時，趕快用斧子將它澈底清除掉。」雖然他懷疑在處理邪惡事件時既不通過一般審判也不表示寬恕的做法有失妥當，但是他也覺得「犯人一旦被寬恕，就等於獲得了重新犯罪的機會」。作爲例證，他還向大家公布了他在尼德蘭處理類似事件的方法：「冥頑不靈者，判處火刑；認罪悔過者，判處斬首。」

查理十分注重葬禮，他似乎有某種直覺，他感覺歐洲一些偉大的東西已經死了，雖然十分令人惋惜，但還是必須將其立即埋葬，需要透過這種方式爲其蓋棺定論。事實上，他參加了在於斯舉行的所有葬禮，甚至還爲沒死的人舉行葬禮。爲了紀念妻子，他曾在妻子的週年忌日裡爲其舉辦了一場葬禮，後來他甚至爲自己舉行了葬禮。

「教堂的四周都掛上了黑幔，那裡的黑暗用數百支燃著的蠟燭都無法驅散。查理大帝的親屬們都掛上了重孝，教徒們也個個身著禮服，大家聚集在教堂中央一個由黑布蒙著的巨大靈柩的周圍，葬禮便開始了。在修士的哀悼聲中，人們一個接一個地登上臺階與逝去的靈魂作別，祈禱這個靈魂能升入天堂。當他們腦海中浮現這個靈魂的主人死去的形象時，大家不由得淚流滿面。查理身披一件深色的斗篷，舉著點燃的蠟燭，站在親屬們中間，參加自己的葬禮。哀傷的葬禮結束後，查理將手中的蠟燭遞給神父，表示他已經將自己的靈魂交給完美的上帝了。」

在這次預先進行的葬禮結束後不到兩個月，查理就眞的過世了。神聖羅馬帝國那短暫的榮耀與偉大，也隨之煙消雲散。查理大帝早將自己的領土分給了弟弟和兒子。雖然神聖羅馬帝國一直掙扎到拿破崙一世時代，但它也只是一個垂死掙扎的腐朽帝國而已。而這個帝國尚未被埋葬的傳統，至今仍毒害著我們的政治空氣。

第五十二章　君主、議會、共和國政體在歐洲實驗的時代

拉丁教廷解體之後，神聖羅馬帝國也處於危如累卵的境地了。公元十六世紀以後，歐洲各民族爲了應對新的歷史形勢，開始在黑暗中摸索新的治國之策。回顧漫長的古代歷史，王朝不斷更迭，被征服地區的語言和文化也不斷變化，不過透過君主或神廟來實現統治的統治方式一直都顯得比較穩定，人們的生活也是越來越安定的。但是，自公元十六世紀以後的近代歐洲，王朝的更迭已無關緊要，人們將更多的關注轉移到政治與社會組織實驗的多樣性與廣泛性上。

我們已提到過，公元十六世紀之後的世界政治史主要是一種奮鬥的歷史——一種人類不斷完善自己的政治和社會而使之適應新形勢的奮鬥。基於新形勢本身就一直且越來越快地變化，所以爲了適應它的奮鬥也表現出一種十分複雜的態勢。然而，這種適應通常情況下是一種無意識的、不情願的適應（因爲多數人都不願意自發地變化），往往跟不上形勢的變化。公元十六世紀之後，政治制度與社會制度日益繁雜，也越來越不穩定，越來越無法保持平衡；人們面臨著各種全新的需要和可能性，開始緩慢地、猶豫地開始改造人類社會的整體模式。而這一改造，其實是人類有意識、有計畫的活動。

那麼，是人類的哪些生活變化，打破了帝國、牧師、商人和農民之間的平衡——一種透過野蠻民族的征服而實現的週期性更新的平衡，一種使人類在舊世界的一萬多年歷史中始終保持著某種特

定規律？

由於人類的事務本身就是複雜多樣的，所以人類生活的變化也是複雜多樣的。不過，這些主要變化又似乎都歸結於同一個原因，那便是有關事物本質的知識的增長與擴展。這種知識產生於一小部分有才智的人，然後緩慢傳播起來，直到最近的五百年，它迅速地傳播到廣大的民衆之間。

在人類生活的變化中，由人類生活的精神變化引起的占據了很大一部分。這些變化，往往與知識的增長與擴展相伴相生，並且還巧妙地與知識融爲一體。與此同時，人們不再只滿足於基本的生活需要得到保障，他們開始追求在更廣闊的空間做出更多的貢獻，讓自身投入到更多的事務中。這就是在過去的二千多年裡，基督教、佛教和伊斯蘭教等在全世界傳播的主要宗教的共同特徵。與以往宗教用來處理人類的精神問題的方法相比，這些宗教的處理方法是全新的，以前從來沒有使用過的。從本質或效果上來說，這些新力量與那些被他們取代或改造的宗教——即以祭司和神廟爲中心且有血祭傳統的宗教，是截然不同的。它們使得在早期文明中不曾有過的個人尊嚴得到了發展，促進了人類事業的參與感、責任感的發展。

在人類的政治和社會生活中，第一個明顯變化便是對古文字的簡化與推廣，其促使更多的大帝國和更廣泛的政治協定得以簽訂和實施。第二個明顯變化是，運輸工具的多樣性，人們最初使用馬匹運輸，後來又用駱駝，接著又發明了車輛，道路變寬了，鐵的出現又大大提升了軍事效能。接著出現的變化是，由鑄幣所引起的深刻的經濟變革，這種方便卻以危險的契約方式改變了交易、債券和債務的實質。爲了適應這些新形勢，各帝國的疆域不斷擴張，人類的思想也不斷發展。於是，地方神靈消失了，人類進入了一個全新的時代，即諸神混合、世界性大宗教的教義控制民衆的時代。與此同時，人們開始注重內容眞實的歷史和地理書籍，人類終於意識到自己的無知，開始系統地研究學問了。

因爲各種各樣的原因，誕生於希臘和亞歷山大城的燦爛奪目的科學研究一度被中斷。而且，日耳曼的入侵、蒙古人的西遷、宗教改革引起的動亂以及瘟疫的大爆發，都極大地破壞了政治和社會秩序，當文明在衝突和混亂中重新崛起的時候，人們經濟生活的基礎早已不是奴隸制了。最早的造紙廠，爲傳播訊息與協作的印刷品提供了原材料。於是，在不同的地方，追求知識和系統研究科學的思想又重現了。

從公元十六世紀以來，各種發明與設計作爲人類系統思維的副產品自然而然地誕生了，這些發明與設計對人類之間的交流及互動有著深遠的影響。對它們而言，小範圍內的發展已經不能滿足它們了，它們不斷追求更廣闊的發展空間，朝著對彼此有更大的利害關係、更頻繁的合作的方向發展，而且發展速度還日益加快。面對這一切，人們顯得有些措手不及，因爲大家都還沒做好準備。到了公元二十世紀初期，人們的思維突然敏感起來。在這之前，史學家一直沒辦法告訴大家，如何去應對由潮水一般湧出的發明所引起的新局面。對於剛逝去的四百年，我們可以做這樣的比喻：當監獄發生火災時，被囚的犯人還在睡夢中並未蘇醒過來，根本沒意識到危險與機遇已經降臨，而他卻只把這炙熱的火焰與劈啪作響的燃燒聲當成是過去的噩夢而已。

歷史不是個人的而是整個社會的故事，所以歷史紀錄中對人們交流影響最大的發明才是最有意義的發明。我們知道，公元十六世紀最主要的發明，就是紙質印刷品以及使用航海指南針的遠洋航船。紙質印刷品的出現，極大地促進了公共資訊、教育、探討和政治活動的發展，從而引起革命性的變革；而裝有航海指南針的遠洋航船的出現，則讓環球旅行的人類夢想得以實現。另外，同樣重要的是，蒙古人在公元十三世紀首次帶到西方世界的槍支和火藥，後來得到了廣泛應用和改進。因爲有了它們，貴族們即使躲在城堡裡也感到危機重重，城市即使圍築著高大的城牆也不再牢不可破，封建制度也遭到了極大的衝擊。例如，祕魯和墨西哥就是屈服於西班牙槍炮的威脅之下的，君士坦丁堡也是因爲槍炮的攻擊而陷落的。

公元十七世紀，系統的科研著作取得了極大的發展，儘管它們並不突出，但對未來的發展卻影響深遠。在這個偉大進步的時代裡，誕生了一位尤爲傑出的人才，他便是後來被授予維魯拉姆勳爵的英國的大法官法蘭西斯·培根爵士（公元一五六一—一六二六年）。法蘭西斯·培根是英國科爾切斯特的實驗哲學家吉爾伯特（公元一五四〇—一六〇三年）的弟子，還極有可能是吉爾伯特的代言人。法蘭西斯·培根也十分提倡觀察與實驗，還用極具說服力與想像力的語言寫了《新大西洋島》一書，表達了其願爲科學研究做出貢獻的理想。

隨後，倫敦皇家學會、佛羅倫薩學會等學會相繼成立，極大地促進了科學的發展。接著，歐洲各國爲了鼓勵學術研究，也紛紛成立一系列的出版或交流的國家學術機構。許多發明家都是從這些歐洲學術團體中脫穎而出的，而這些發明家的出現明顯地給那些禁錮和破壞人類思維的怪異神學史帶來了毀滅性的打擊。

公元十七世紀至十八世紀，雖然沒有出現類似紙張或遠洋航船那樣的能直接推動人類社會狀況發生變革的發明，但知識與科學能力的積累卻始終在穩步地進行著。等到公元十九世紀，這種積累便結出了纍纍碩果了。這一時期，勘探地形和繪製世界地圖的學術研究依舊繼續著，接著，塔斯馬尼亞島、澳大利亞和紐西蘭等一系列此前歐洲人並不知道的地區出現在了地圖上。公元十八世紀時，英國人在製鐵時已經不用木炭了，而改用焦炭，從而使得鐵的製作成本大大降低，而且還可以鑄造出更大塊的鐵。這是近代機械時代即將到來的預告。

就像天國的樹木會經歷發芽、開花、結果一樣，科學也需要經歷這樣的過程。當人類邁入公元十九世紀以後，科學開始不斷結果，而且這樣的結果一直不會停止。最先一批果實有蒸汽機、鋼鐵和鐵路，然後又有高大的橋梁、建築以及各種具有無限動力的機器。所有的這些發明和創造，都使人類對物質的需求有得到滿足的可能。更令人吃驚的是，電子科學這門深藏的知識寶庫終於向人們敞開了大門。

我們在前面做了一個比喻，把十六世紀以來的政治和社會生活比成一個仍在夢中而不知監獄失火的囚犯。事實上，公元十六世紀的歐洲人也在做夢，夢想著天主教會終將再次統一神聖羅馬帝國。但是，就像我們生活中某些難以控制的因素總會闖入我們的睡夢中並且還會做出一些荒謬的、具有破壞性的解釋一樣，當英國的亨利八世與德國的路德把天主教的再次統一破壞殆盡時，查理五世那昏昏欲睡的臉龐和貪吃的胃就闖入這夢境之中。

到了公元十七世紀至十八世紀，這種夢逐漸變成了個人的君主政體。這一時期，幾乎整個歐洲都在爲鞏固君主政體和加強君主專制而忙碌著，還試圖將自己的勢力擴張到鄰近的弱小國家中。此外，人民對王侯們濫用權力的行爲表現出極大的不滿，還不斷發起反抗苛捐雜稅的鬥爭。其中，最早站出來反抗的是地主，隨後是控制著國內工業與海外商業貿易的商人以及有產階級。不過，在這樣的鬥爭中，敵對的雙方沒有哪一方能夠完全壓制對方——或許在這個地方是國王占了上風，但在另一個地方處於優勢地位的就可能是有產階級。在那樣一個時代，這種情況是屢見不鮮的：有時候，這個國家的中心和太陽是國王，而在其鄰國，掌控著國家實權的人卻是資產階級。如此大的差異，恰好反映了這一時期各種政體具有極其濃烈的實驗性質的地方色彩。

在這些國家的政治舞臺上，最常見的角色便是國王的宰相們。如果是在天主教國家，那麼宰相一職往往由高級教士充任。他們國王背後的人，擔任不可缺少的角色，國王既是他們的服務對象也是他們的支配對象。

因爲篇幅有限，我們無法一一爲讀者講述在這些國家舞臺上演出的所有劇目，只能簡單介紹一些重大事件。在荷蘭，商人們加入了新教並成爲共和政體的擁護者，他們還脫離了西班牙國王菲利普二世，即查理五世的兒子的統治。在英國，亨利八世和他的宰相沃爾西、伊麗莎白女皇和她的宰相巴雷奠定了君主專制的基礎，但最終卻因爲詹姆斯一世和查理一世的愚蠢而讓他們的努力付諸流水。公元一六四九年，查理一世以叛國罪被送上了斷頭臺，而這成了歐洲政治思想上的一個新轉折。從此一直到一六六〇年，英國一直採用共和政體，國王的權力極爲不穩定，屢屢遭到議會的打壓。到了喬治三世（公元一七六〇—一八二〇年）時代，喬治三世付出巨大的努力以期恢復王權，並且在最後也取得了一定的成功。與之相仿的是法國國王，法國國王是歐洲所有國王中在完善君主政體方面做得最成功的一位。黎塞留（公元一五八五—一六四二年）和馬札蘭（公元一六〇二—一六六一年）這兩位傑出的法國宰相，爲法國建立了無比威嚴的王權。當然，法國「大君主」路易十四（公元一六四三—一七一五年）在其間也發揮了重要的作用，正是他傑出的政治才能與長期的統治，讓君主制在法國成功實現。

路易十四的確是歐洲國王的典範。就權限上來說，他的才幹的確罕見。他野心勃勃，並且還透過一種至今仍令人驚歎不已的氣魄和靈活外交手腕，把他的國家領至破產的邊緣。他最基本的願望是：穩固法國，並且將法國的勢力擴張至萊茵河和庇里牛斯山以及吞併西班牙的荷蘭。他還有一個更遠大的目標，那便是要看到法國國王在重建的神聖羅馬帝國中成爲查理曼大帝的接班人。對於路易十四而言，賄賂是一種比戰爭更重要的國策，接受他賄賂的人有英國的查理二世、波蘭的許多貴族，關於這些我們在後面的文章中會介紹。路易十四的錢——更確切地說是法國納稅階級的錢，被送到了歐洲的各個角落。在他心中，沒有什麼比皇室的顯赫更重要。他那規模宏大且富麗堂皇的凡爾賽大宮殿以及其中的客廳、迴廊、掛鏡、庭院、噴泉、花園和精心打造的景致等，無一不令世人羨慕和嫉妒。

然而，路易十四這種奢華的生活態度給歐洲的國王和王侯們樹立了一個壞榜樣，這些國王和王侯們也都紛紛建立屬於自己的豪華宮殿，絲毫不管自己的國力與財力是否能夠承受。而各國的貴族也紛紛跟風，按照最新的樣式重修或擴建自己的別墅。製造家具陳設和精緻針織品等的輕工業由此逐漸得到發展；奢華的工藝品，如彩色的陶器、雪花石膏雕塑、鍍金木雕、金屬製品、印花皮革、精美的印刷品、壯麗的繪畫作品、大量動聽的樂曲以及上等的葡萄酒和美味的食物，四處風行。在大大的掛鏡和精美的家具之間，走動著一些奇怪的人物——紳士，他們戴著厚重的灑了粉的假髮，身著鑲有花邊的綢袍，腳上蹬著紅色的高跟鞋，手上則持有一根奇怪的用以保持平衡的大手杖。而那些所謂的「貴婦」也著實令人驚

法王路易十四

歎，她們梳著高高的髮髻，穿著以金屬架撐起的綢裙。在這些人中就有裝模作樣的路易十四，他把自己視爲世界的太陽，卻沒有發現那些下層社會裡的一張張貧瘦而憤怒的臉正在怒視著他。

德意志民族在君主政體及其他實驗政體時代，始終處於政治分裂狀態。然而，不少德意志王侯貴族的宮廷，均在不同程度上模仿凡爾賽宮的奢華做派。從公元一六一八年到一六四八年，德國人與波希米亞人、瑞典人爲了爭奪政治霸權，掀起了一場長達三十年的毀滅性戰爭，德國的國力由此大衰。戰爭結束後，勝負雙方簽訂了《西發利亞和約》，德意志因此被瓜分得支離破碎——從當時的地圖上就能清楚看出這一點。從公元一六四八年的歐洲地圖中，我們可以

《西發利亞和約》簽訂現場

發現，當時的德意志版圖內各公國、公爵領地和自由國相互糾纏在一起，有的甚至一部分在帝國內，一部分在帝國外。我們還能看到，瑞典的勢力已經深入到德國內部；除了少數島嶼仍在帝國境內外，法國還遠在萊茵河的彼岸。在這補丁般的版圖上，於一七〇一年建立起一個普魯士王國，而這個王國還不斷發展壯大，取得了一連串戰爭的勝利。普魯士大君主腓特烈（公元一七四〇—一七八六年）在波茨坦建造了宮殿，大臣們講法語、閱讀法國文學，可以與法國在文化方面一較高下。

公元一七一四年，漢諾威選帝侯成爲英國國王，由此橫跨帝國內外的王國又多了一個。

在查理五世的後代中，有一支依然保持著「皇帝」的稱號，其便是統治奧地利的那一支；而西班牙的那一支，也始終緊握著西班牙的實權。此間，又出現了一位東方皇帝。自君士坦丁堡在公元一四五三年被攻陷後，莫斯科的大公伊凡三世（公元一四六二—一五〇五年）便聲稱自己是拜占庭帝國的皇位接班人，並以拜占庭的雙頭鷹作爲自己軍隊的武器徽章。伊凡三世之孫伊凡四世（公元一五三三—一五八四年），即暴君伊凡雷帝，採用了「沙皇」的稱號。直到公元十七世紀下半葉，歐洲人才不再將俄國視爲偏遠的亞洲國家。彼得大帝（公元一六八二—一七二五年）接任沙皇之位後，將俄國帶入了歐洲的外交舞臺，還在涅瓦河畔建立了帝國的新首都彼得堡。事實上，彼得堡是俄國與歐洲之間相互了解的窗口。除此之外，彼得大帝還在彼得堡十八英里外的彼德霍夫修建宮殿，特地聘請法國建築師爲自己設計陽臺、噴泉、小瀑布、畫廊、花園以及一切與他大君主身分相配的東西。和普魯士的宮廷一樣，俄國的宮廷也使用法語。

不幸夾在俄國、普魯士和奧地利之間的是波蘭。波蘭是一個由大地主所控制的國家，國家毫無秩序可言，貴族地主們擔心會失去自己尊貴的地位，所以只給他們自己選出的國王極爲有限的權力。儘管法國費盡心機地想保住波蘭的獨立狀態，但是波蘭還是被俄國、普魯士和奧地利這三個鄰國給瓜分了。另外，當時歐洲各國的情況也各不相同：瑞士是一個由許多共和州組成的聯邦；威尼斯是一個共和國；義大利則與德國一樣，也出現了嚴重的王侯割據的情況。此時，教皇已經不敢再干涉各國內部的紛爭，也不敢再談基督教世界的共同利益的問題了，因爲他擔心會由此引發天主教各國的叛亂。此時的歐洲，完全不存在什麼統一的政治主張，整個陷入分裂與紛爭之中。

所有這些君主國和共和國的統治者，他們一心想的就是如何擴大自己的統治疆域，都在追求入侵鄰國或建立侵略性聯盟的外交政策。這種複雜君主國時代的不良影響一直影響著人們的生活，至今歐洲人還依舊生活在它的陰影之下，同時歐洲人也始終未能擺脫那個時代所引起的仇恨、敵意和猜疑的困擾。對近代知識分子來說，對那個時代的歷史越是了解，就越覺得那個時代的歷史就像是一種令人厭倦的無聊閒話。關於這一時期的戰爭，人們經常聽到的是：某位王妃引發了某場戰爭；某位大臣因爲嫉恨另一位大臣而挑起了爭戰，等等。對於這些有關爭鬥的廢話，有頭腦的研究者往往會感到十分厭煩。當然，那個時代也出現了一些對後世意義非凡的事件，那就是雖然當時的歐洲國家林立，但是知識和科學的發展仍以一個較高的水準在發展，各種發明創造不斷出現。到了公元十八世紀時，已經開始出現質疑與批評宮廷及其政治的著作，這是歷史的一種進步。如果有讀者讀過伏爾泰的《憨第德》這部作品，就能夠體會作者對歐洲世界那種遙遙無期的混亂的厭倦。

第五十三章　歐洲新帝國的擴張

當歐洲中部正深陷分裂和混亂而無法自拔時，西歐的荷蘭人、斯堪的納維亞人、西班牙人、葡萄牙人、法國人和英國人等正越過海洋，在全世界範圍內擴張自己的勢力。印刷機這個偉大的發明已經將歐洲的政治思想帶入到一個巨大的、變化不定的紛擾中，而遠洋航船卻將歐洲的勢力推到了遙遠的大洋彼岸。

起初，荷蘭人和歐洲人遷移到海外，不是單純的移民，而是爲了進行貿易往來和開採礦石。最早到達美洲大陸的是西班牙人，他們聲稱自己掌控著整個美洲大陸。不久，葡萄牙人也來到了這裡，要與西班牙人分享這一權利。羅馬教皇於是將這塊新大陸分給了這兩個捷足先登的國家，而這也是羅馬教廷作爲基督教世界的主宰最後一次行使權力。最終，西班牙與葡萄牙人在佛得角群島以西三百七十里的地方設立了分界線，分界線的西面是西班牙人的控制區，分界線的東面則由葡萄牙人掌控。與此同時，葡萄牙人還不滿足，不斷地向南面和東面擴張。公元一四九七年，葡萄牙人瓦斯科．達．伽馬從里斯本出發，繞過好望角，途經桑給巴爾島，最後到達了印度的卡利卡特。公元一五一五年，葡萄牙船隊開進爪哇島和摩鹿加群島，他們還在印度洋沿岸建立了貿易口岸並在安全防衛方面對其進行了加強。除此以外，葡萄牙人還占領了莫桑比克、果阿、印度的兩小塊土地以及中國的澳門和帝汶島的一部分。

瓦斯科・達・伽馬從卡利卡特登陸

那些由於教皇的決定而失去了美洲權益的國家，都不承認葡萄牙和西班牙的特權。很快，包括英國人、瑞典人、丹麥人和後來的荷蘭人在內的一批歐洲國家紛紛登陸北美和西印度群島，搶占地盤，並且還用木樁標示地界。後來，甚至就連最忠誠於天主教的法國國王也和其他新教徒一樣，把教皇的決定視爲無效。從此之後，歐洲各國便在歐洲大陸上的競爭之外，又增添了對海外領土的爭奪這一項。

在這場長期的海外領土爭奪戰中，英國人取得了最大的成功。當時，瑞典和丹麥正深陷德國複雜的紛爭之中，因而無暇建立一支強大的海外遠征軍。因爲其別具一格的國王古斯塔夫·阿道夫，即新教衆所謂的「北方之獅」，瑞典在德國戰場耗損了大量的精力。荷蘭人趁機奪走了瑞典人在美洲所建立的幾小塊殖民地，基於法國侵略者就在身邊，所以荷蘭人才沒敢與英國人展開較量。在遠東，主要的殖民競爭者有英國、荷蘭和法國；在美洲，主要的競爭者則有英國、法國和西班牙。英國擁有被人們稱爲「銀色航道」的英吉利海峽，所以在對抗歐洲大陸國家時占據了極大的優勢，而且英國還是受拉丁帝國的傳統影響最小的國家。

法國就歐洲問題考慮得總是太多。整個十八世紀，它失去了向東、西方擴張的機會，因爲它總是想解決德國、西班牙和義大利的內亂。在公元十七世紀時，因爲飽受英國的政治和宗教紛爭之苦，一大批人由此來到美洲尋找自己永久的棲息地。這些人就在新家園裡扎下了根，生兒育女，繁衍生息，人口數量越來越多，這便決定了英國在北美的爭奪戰中將占據一個很大的優勢。在公元一七五六年和一七六〇年的鬥爭中，英國成功奪走了加拿大和美洲的法國殖民地。幾年之後，英國又在印度半島上擊敗了法國、荷蘭和葡萄牙。而此時，由阿克巴、巴布爾和他們的繼承者們所統治的印度蒙兀兒帝國已經完全沒落，而這個帝國實際上是掌握在倫敦一家商務公司英國東印度公司的手中。這一段歷史故事，是所有征服史上最令人驚歎的一章。

東印度公司始建於伊麗莎白女王統治時期，最初只是一個海外貿易團體。後來，該公司開始建立軍隊，武裝船隻，而這個曾經以貿易賺錢為目的的商業機構，此時也不再滿足於經營珠寶、茶葉、香料和染料，他們的雙手伸向了王侯們所經營管理的稅收和土地方面，甚至開始干涉印度政治。它本來只是一個貿易公司，而此時卻開始經營可怕的海盜勾當。然而令人驚奇的是，竟然沒有人站出來管制他們的行為。所以，大量的贓物被該公司的指揮官、官員、船長甚至一般士兵與普通職員明目張膽地帶回英國。

當東印度公司的人在這一片遼闊的沃土上隨心所欲地為所欲為之時，他們已經分不清自己該幹什麼又不能幹什麼了。在英國人的眼中，印度是一個神奇的國度，生活在這片土地上的棕色民族不過是一群不需要去憐憫的異類，建於這片土地上的廟宇和其他建築不過是其神祕行為的產物。而這些英國將軍和官員們在回到英國後，便常常相互揭發並指責對方進行敲詐勒索和威脅他人，於是英國國內出現了不滿和憤怒之聲。所以，英國議會通過了對克萊夫*的譴責案，最終致使無法承受壓力的克萊夫在公元一七七四年選擇了自殺。公元一七八八年，第二任印度行政長官沃倫．黑斯廷斯遭到了彈劾，然而判決的結果卻是無罪（一七九二年）。

這是世界歷史上從未發生過的怪事：英國國會管轄著一家倫敦的商貿公司，而這家公司卻統治著領土面積比英國的更大、人口比英國的更多的帝國。對於絕大多數英國民眾來說，印度是一個遙遠、奇異和難以到達的國家。只有那些富有冒險精神的窮困青年才會搶著去那個國度，待到多年

＊英國殖民者，曾擔任印度駐孟加拉的總督、駐印英軍總司令，一七六七年回到英國。——譯者注

後他們回鄉時，他們都成爲腰纏萬貫而又十分傲慢的老紳士了。許多英國人根本想像不出，這些有千百萬人口的棕色民族在陽光耀眼的東方國度的生活是怎樣的。當然，他們也不願意花費心思想像這些方面。總之，在他們眼中，印度就是一片奇怪的土地，所以英國人根本無法對東印度公司進行有效的監管。

正當西歐各國爲爭奪夢境般的海外帝國而在各大海洋上爭鬥不休時，亞洲也在進行著對兩片國土的征服計畫。公元一三六八年，中國擺脫了蒙古人的統治，建立起由漢族人統治的明朝，並且一直繁榮到公元一六四四年。不過，屬於通古斯語族的滿洲人，再次攻占中國，他們的統治一直維持到公元一九一二年。而此時，俄國也不斷向東推進，並逐漸成爲世界上舉足輕重的國家。這支處於舊世界中心地區的、既不完全屬於西方又不完全屬於東方的強大力量的崛起，對人類命運的發展產生了重要影響。

俄國之所以能夠獲得如此大範圍的擴張，主要應歸功於信仰基督的草原民族哥薩克人的出現。哥薩克人是介於波蘭、匈牙利等封建農耕國家與東方韃靼人之間的一道壁障，他們也屬於未開化民族。哥薩克人最先出現在荒無人煙的歐洲東部地區——這一片區域在許多方面都與公元十九世紀中葉的美國西部荒野相似。但凡在俄國無法待下去的人，如受迫害或被誣陷的無辜者、奮起反抗的農奴、異教徒、小偷、流浪者、殺人犯等，都到南部的大草原尋找棲身之所，然後在這裡重新安家立業。爲了能夠更好地生活，他們不斷與波蘭人、俄國人及韃靼人進行廝殺。後來，那些東逃的韃靼人也加入了他們的隊伍之中。就像英國政府將蘇格蘭高地上的一些部落收編爲軍隊一樣，俄羅斯統治者也將這部分邊民納入其帝國軍隊之中。哥薩克人被賜予亞洲新土地，成爲俄羅斯用以對付江河日下的蒙古遊牧部落的武器。哥薩克人先對中亞發起進攻，然後經西伯利亞抵達黑龍江。

想要弄清楚蒙古勢力爲什麼在公元十七世紀至十八世紀日漸衰微，這實在是一件很困難的事。自成吉思汗和帖木兒時代以來的兩三百年中，中亞就從主宰世界的霸主頹敗到在政治上毫無建樹的無足輕重的角色。導致這一變化的原因很多也很複雜，如氣候的變化、未曾被記載的瘟疫、某種瘧疾類的傳染病等。從整個世界歷史的角度來看的話，中亞的這次衰退或許只是一次短暫的間歇。部分權威學者認爲，從中國傳入的佛教教義曾對這裡的民族起到了軟化安撫的作用。至公元十六世紀，蒙古韃靼民族和突厥人不但無力向外擴張，甚至還淪落到被西方的俄國和東方的中國攻擊驅逐的境地。

公元十七世紀的時候，哥薩克人開始從俄羅斯歐洲的部分地方往東推進，哪裡能找到適合耕種的地方，他們便在哪裡安家落戶。當時，位於哥薩克人南面的是勢力強大的土庫曼民族。爲了抵禦土庫曼民族的入侵，哥薩克人建立了圍牆和兵站，形成一條居住地與活動邊界。其東北方向卻沒有邊界，所以俄國的疆域一直延伸至太平洋。

第五十四章　美國獨立戰爭

公元十八世紀五〇年代至七〇年代，歐洲的內部已經顯示出分裂態勢，不再有宗教和政治上的統一觀念。書籍、地圖以及新的航海行爲極大地豐富了人們的想像力，歐洲內部雖然混亂不堪、競爭激烈，但歐洲人還是在這種情況下控制了世界的各個海岸。這是一個無計畫、不相干的事業競相出現的時代。歐洲人憑藉其獨有的、暫時性的甚至是偶然的優勢，占據了美洲大陸的大部分荒蕪之地，他們下一個理想家園是南非、紐西蘭和澳大利亞。

哥倫布之所以到達美洲、瓦斯科·達·伽馬之所以到達印度，實際上是源於歐洲人對海外貿易的迫切願望，其實歷史上所有的航海家都想著貿易往來。所以，在人口稠密、物產豐饒的東方，歐洲殖民者採用的是一種貿易殖民的方法，他們將殖民地視爲一個交易市場，然後將賺到的財富帶回本土揮霍。然而，在美洲大陸的情況卻大爲不同，此時的美洲仍處於一個生產力水準較低的社會中，歐洲殖民者在這裡進行貿易往來時，發現了一個持久性的新誘惑——開採金銀礦。當時，西班牙在美洲占有極爲豐富的銀礦。一時間，除了商人外，大量的歐洲淘金者、採礦者、自然資源的勘探者以及種植園主，紛紛湧入美洲大地。在北美地區，還出現了一些採集獸皮的歐洲人。

如果要進行開礦和耕作，就必須在殖民地長期居住，於是當局便迫使人們在海外重新建立他們永久性的家園。於是，大批的歐洲人來到了大洋彼岸並定居，不過他們來到這裡的原因卻各不相同：公元十七世紀的英國清教徒，他們是爲了逃避宗教迫害才乘船到達美洲新英格蘭的；公元十八世紀的英國債務人牢獄裡的囚犯，是被慈善家歐格紹普解救後送到喬治亞的；公元十八世紀晚期的一批荷蘭孤兒，他們是被荷蘭政府給送到好望角的。至公元十九世紀，特別是在蒸汽輪船出現之後，歐洲人便開始了一次大規模的遷徙熱潮，大量的歐洲人湧入了美洲、澳大利亞這些空曠的新大陸，而且這樣的遷徙活動持續了十幾年。

就這樣，大量的歐洲人在新大陸定居了下來，他們的文化也隨之傳播到一片比其孕育地更廣闊的土地上。雖然這些海外移民將文明帶入了這些新的地區，但是這種文明的傳播卻是一個無目的、無計畫的過程。對於這種新形勢，歐洲各國從未預料到，更談不上應對了。直到這些移民者在新居住地逐漸建立了一種完全不同的文化時，歐洲的政治家和大臣們仍然只把這些地區看成是其海外探險的臨時據點，看成是國家的收入來源，當成是自己的屬地和領土。直到很久之後，移居到這些地區的人越來越多，並逐漸往內陸地區發展，而且日漸擺脫來自大洋彼岸的控制，歐洲的政治家和大臣們還依舊把他們視爲遠離祖國的無助臣民。

我們必須認識到，直到公元十九世紀，歐洲大陸和所有殖民地都是靠輪船來聯絡的，而當時輪船的速度並不快。在陸路上，最快捷的交通工具仍然是馬。這樣，政治組織的團結與統一始終受到了交通工具的限制。

公元一七七五年前後，英國控制了北美洲三分之二的土地，法國已經徹底退出在美洲的殖民爭奪。除了被葡萄牙所占領的巴西以及被英國、法國、丹麥、荷蘭等國所占據的一些小群島外，佛羅里達、路易斯安那、加利福尼亞和整個南美這一大片地區都屬於西班牙。在這些殖民地中，最先表現出光靠輪船已經無法將海外殖民者有效地控制在同一政體下的，是緬因和安大略湖以南的英國殖民地。

這些英國殖民地上的居民來源複雜，他們彼此之間存在較大的差異。他們一部分是英國人，另外還有法國人、瑞典人與荷蘭人等；住在馬里蘭的是英國的天主教徒，而住在新英格蘭的則是激進的新教徒。居住在新英格蘭的移民依靠自己的力量進行耕作生產，強烈反對奴隸制度。而與此同時，定居於維吉尼亞與南部的英國移民，則在他們的種植園裡大量使用從非洲販運來的黑奴，人口不斷增多。畢竟這些殖民地之間沒有共同點，所以根本無法實現自動的統一。從這個殖民地到另一個殖民地，必須借助輪船，然而這樣的航程幾乎與橫渡大西洋的航程一樣沉悶和令人厭煩。由於移民來源的不同和自然地理條件的限制，各地的殖民者是很難聯合在一起的，然而在自私而愚蠢的英國政府的壓迫下，他們還是聯合在了一起。他們需要聯合起來對抗英國政府的這些行爲：英國政府在殖民地強徵賦稅，並且從不告訴他們稅收的用處，也就是說他們的貿易成爲英國利益的犧牲品；維吉尼亞的移民樂於奴役奴隸爲他們幹活，但是這些移民也擔心一旦奴隸人口增加到一定程度會起來反抗他們，所以不願意接受更多的奴隸來到維吉尼亞，然而英國政府爲了追求自身的利益根本不顧及這些移民的感受，繼續向這裡販賣奴隸，造成了維吉尼亞移民的恐慌。

當時的英國，正逐漸發展更加專制的君主政體。在頑固的喬治三世（公元一七六〇—一八二〇年）的統治之下，殖民地政府與英國政府之間的摩擦也日益加深。

爲了袒護倫敦東印度公司的利益，英國政府頒布了一項犧牲美洲殖民地商人利益的一項法案，並直接引起衝突。新法案頒布後，公元一七七三年，一群喬裝成印第安人的移民潛入波士頓港，並將三艘船上的進口茶葉倒入大海裡。公元一七七五年，英國政府企圖在波士頓附近的萊克星頓抓捕兩名美國領導者，從而引發了戰爭。在這次戰爭中，第一槍是由萊克星頓的英國人打響的，而第一次大戰則發生在康科德。

就這樣，美國的獨立戰爭的序幕就這樣拉開了。雖然在此後一年多的時間裡，殖民地的英國移民們仍不願意與祖國斷絕關係，但是到了公元一七七六年的夏天，參戰各州的代表召開了會議，並發表了《獨立宣言》，表示澈底與英國決裂。在這場獨立戰爭中，喬治·華盛頓被推選爲總司令，他和其他殖民領袖一樣也在英法戰爭中受過軍事鍛煉。公元一七七七年，英國將軍博格恩率領大軍企圖經加拿大進軍紐約，但途經弗利曼斯時卻遭遇到殖民地軍隊的打擊，然後又在薩拉托加被澈底打敗，只好投降。也正是在這一年，法國和西班牙幾乎同時對英國宣戰，從而使得英國的海上交通遭到了嚴重的威脅。公元一七八一年，康沃利斯將軍率領的第二支英國軍隊又在維吉尼亞的約克城遭到圍困，康沃利斯再次投降。公元一七八三

一七七五年四月十九日，萊克星頓戰役爆發

年，交戰雙方在巴黎進行和談，並各自在停戰協議上簽字。如此一來，從緬因州到喬治亞州的十三個州，形成了一個獨立的、擁有主權的聯邦政府，美利堅合衆國由此宣告誕生。而在加拿大，那裡的殖民者仍聽命於英國國王。

在此後的四年裡，美國的十三個州所組成的聯邦政府，不過是一個用某些邦聯條款維持的軟弱中央政府。眼看各州似乎又要各自獨立出去了，但考慮到英國人的敵意和法國人的威脅，這種分裂才最終沒有出現。公元一七八八年，聯邦憲法起草制定並得以通過，根據該憲法，十三個州成立了一個更爲有效的聯邦政府，推選出一位強而有力的總統，並賦予其相當的權力。而美國人原本淡薄的國家統一意識，也在公元一八一二年爆發的第二次對英戰爭中得到了強化。儘管如此，但是由於美國幅員遼闊，各州的利益又不盡相同，而且當時的交通也不發達，相互之間的聯絡極爲不便，聯邦政府似乎早晚有一天會像歐洲一樣分裂成大大小小的若干國家。對那些身在邊遠地區的國會議員而言，到華盛頓參加會議就是一次漫長而危險的苦差事。此外，在開展公共教育和普及文化知識方面，也因爲機構重疊而難以實施。不過與此同時，阻止分裂的力量也日益增強。隨著蒸汽輪船、鐵路和電報的出現，美國的分裂苗頭才逐漸消退，人民再次團結起來，而美國後來也發展成第一個現代化大國。

二十二年後，各西班牙殖民地也效仿美國的十三州聯邦，斷絕了和歐洲的關係。但是，這些西班牙殖民地分散在美洲大陸各地，相互之間阻隔著巨大的山脈、森林、沙漠以及葡萄牙屬巴西帝國，很難聯合起來，所以只能各自成立獨立的共和國。起初，各國之間還常常會發生戰爭與革命。在這些不可避免地走向獨立的各國中，巴西所走的道路是最爲獨特的。公元一八〇七年，葡萄牙被拿破崙所率領的法國軍隊征服，葡萄牙國王逃至巴西，並一直待到公元一八二二年巴西獨立之時。與其說巴西是葡萄牙的屬地，還不如說葡萄牙從屬於巴西。公元一八二二年，巴西在彼德一世，即葡萄牙國王的兒子的統治之下，宣布成立獨立帝國。但是，這一片「新大陸」不贊成君主制，所以巴西國王只好在公元一八八九年時悄悄回到歐洲。從此以後，巴西便如同其他美洲國家一樣，成了一個獨立的共和國，即巴西合衆國。

第五十五章 法國革命戰爭、君主制的復辟

當英國在美洲失去了十三塊殖民地之後，法國的中心又發生了深刻的社會和政治騷亂。這種騷亂讓歐洲人清楚地意識到，從本質上來看，世界上沒有一種政體是持久的。

在前面的章節中我們曾提到，法國的君主政體是歐洲各專制君主政體中最成功的，而且許多相互競爭的小宮廷都十分羨慕這種君主政體，並紛紛效仿它。然而，它的繁榮是建立在某種不公正的基礎上的，所以必然會發生戲劇性的崩潰。它固然燦爛奪目、積極進取，但是它也揮霍和浪費了大量的平民生命和財產。在法國，教士和貴族可以免於納稅，而整個國家的稅收負擔則全部壓在了中下層階級的身上。稅收壓力讓法國人民的生活越來越窘迫，而中產階級則不斷遭到貴族的控制和羞辱。

公元一七八七年，法國國王發現自己債臺高築，於是便召開了一個由各階層代表參加的會議，商議解決收入不足和花費過度而引起的財政問題。公元一七八九年，凡爾賽又召開了由貴族、教士及平民代表參與的三級會議。這種三級會議類似英國議會的早期形式，由於法國一直採用君主專制制度，所以自公元一六一〇年以來就一直沒有召開過三級會議。這一次會議的召開，終於讓法國人民找到發洩自己長期以來的憤懣和不滿的場所了，由平民組成的第三等級要求控制會議，並由此發生了激烈的論戰。最終，平民階級獲得了勝利，三級會議於是被改爲國民議會。國民

議會明確提出將限制國王的權力，這與英國議會限制英國王權的做法十分相似。法國國王路易十六準備奮力反抗，還從外省調來了軍隊。隨後，一場震驚世界的革命在巴黎和整個法國爆發了。

法國的君主專制政體隨即被推翻，革命者攻進了恐怖陰森的巴士底監獄，並迅速在整個法國掀起了一場革命風暴。在法國的西北部和東部各省，許多貴族的住宅被付之一炬，地契被銷毀，有的貴族地主遭到了屠殺，有的則被趕出法國。在短短的一個月內，由貴族階級所控制的腐朽政治制度就崩潰了，很多王室成員的黨羽都逃到了國外。於是，巴黎和其他城市也都成立了臨時市政府，還組建了一支用以對抗國王部隊的武裝力量——國民自衛軍。法國人民要求國民議會創建一種符合新時代發展的新的政治和社會制度。

這是一項異常艱巨的任務，它極大地考驗了國民議會的力量。國民議會對專制主義王朝的不公正進行了大清掃，廢除了免稅制度、農奴制度，還取消了貴族的稱號及特權，並打算在巴黎建立一個君主立憲制的政體。法國國王被迫放棄凡爾賽的奢華生活，而到巴黎的杜伊勒里宮過不那麼顯赫的生活。

為了建立起一個有效的、現代化的政府，國民議會整整鬥爭了兩年。雖然國民議會所進行的工作多數是實驗性的，有一部分已經被廢除了，但是更多的是健全而有效的，並被一直保留下來。當然，不少是毫無意義的。

國民議會修訂了法典，廢除了嚴刑逼供、非法監禁、迫害異端等條款。另外，法國一些古老的省分，如諾曼底、勃艮第等，都被改為八十個郡。軍隊中的任何一名軍人，不問其出身，都有可能升為最高軍階。在法院方面，重新建立了一套簡單而完美的制度，由民眾來選出法官，但是由於每一任法官的任期都不長，所以導致這一制度的價值所有降低。這種做法，實際上是讓民眾成了上訴的最高管理者，與國民議會的議員一樣，法官如果想要得到民衆的支持，就得考慮旁聽者的心理。

與此同時，教會的巨額財富被收歸國有，由國家統一管理；任何不從事教育或慈善工作的宗教機構都被解散；教士薪金由國家統一支付。對於那些低級教士而言，由國家發放薪金顯然是一件好事，因爲與那些富有教會的教士相比，他們的報酬簡直少得可憐。除此之外，國民議會還規定，教士和主教都透過選舉產生，這便打破了羅馬教會的一貫主張：此前，羅馬教會的權力都集中在教皇手中，權威一直是自上而下發展的。實際上，國民議會的最終目的是想將法國教會變成法國新教教會，即使不能立即修改教義，也至少要改變其組織形式。結果，這卻使得國民議會選定的教士與那些忠於羅馬而反對新政策的教士之間，產生矛盾和紛爭。

公元一七九一年，在法國國王、王后及逃亡國外的貴族和保王黨的反撲下，法國的君主立憲制政體的實驗宣告結束。外國軍隊集結於法國東部的邊界上。六月的一個晚上，國王、王后及其子女悄悄溜出杜伊勒里宮，打算出逃至外國友人及流亡貴族的軍隊那裡，結果卻在瓦雷內被發現了，被捕並帶回巴黎。接著，愛國風潮和共和主義思潮在全法國迅速蔓延。法國共和國宣告成立，接著便對奧地利和普魯士宣戰。公元一七九三年一月，法國國王以叛國罪被送上了斷頭臺，而這一幕在英國也曾發生過。

接著，法國的歷史進入了一個十分奇特的時期。此時，舉國上下的法國人民都燃起了誓死要保衛法蘭西共和國並將共和國的思想發揚光大的熱情，他們下定決心決不妥協——不管是對內還是對外。對內，他們消滅了保皇黨以及所有反對共和國的勢力；對外，法國支持並資助所有的革命活動。法國人熱切地盼望著所有的歐洲國家都成爲共和國。法國青年踴躍參加共和國軍隊。同時，一首像醇酒一樣能令人熱血沸騰的新歌響徹整個法國大地，這首歌便是《馬賽曲》。在《馬賽曲》的激勵下，法國士兵在炮火中奮勇前進，外國軍隊被打得七零八落。公元一七九二年底前，法國軍隊所攻占的土地已遠遠超過路易十四的領地。法國軍隊一直在外國領土上作戰，他們入侵了布魯塞爾，攻占了薩瓦，襲擊了美因茲，又從荷蘭人手中搶走了斯凱爾特河。

然而就在他們節節取勝的時候，法國政府幹了一件不明智的事。當法國處死了國王路易十六後，英國便將法國的代表驅逐出境，而怒不可遏的法國馬上對英國宣戰。可以說，法國的這一做法是極爲不明智的。儘管法國革命清除了大量的貴族軍官，消滅了許多束縛性的傳統，組建了一支充滿激情的步兵和名聲顯赫的炮兵，卻令海軍紀律遭到嚴重破壞。而此時，英國已經在海上建立了霸權地位。雖然此前有不少的英國自由主義運動組織是支持和同情法國的革命的，但是當法國向英國宣戰後，英國上下突然團結一致，共同抵抗法國人的侵略。

關於此後幾年法國與歐洲聯盟之間的戰爭情況，我們在這裡便不再多說了。總之，法國人將奧地利人永久地趕出了比利時，又讓荷蘭建立了共和國。凍結在特塞爾島的荷蘭艦隊竟然未放一槍就向法國的一支騎兵小部隊繳械投降了。在一段時間裡，法國在向義大利的推進過程中受挫。直到公元一七九六年，缺吃少穿的共和國軍隊才在新上任的將領拿破崙·波拿巴的率領下，順利跨越皮埃蒙特高原，進入曼圖亞和維羅納。C·F·阿特金森曾如此說：「共和軍的兵力和行軍速度讓盟軍大吃一驚。事實上，沒有任何力量能夠與這支臨時集結的軍隊相對抗。沒有錢就買不到帳篷，沒有足夠的馬車就無法搬運東西，不過他們也根本不需要這些東西。對職業軍隊來說，這些不利因素肯定會引起許多士兵開小差，然而在公元一七九三年至一七九四年的法國軍隊中，士兵卻能夠忍受這樣的事情。爲這樣一支龐大的軍隊提供充分的補給實在是不可能的，於是法國士兵便學會了

『就地謀食』。就這樣，到了公元一七九三年時，近代戰爭方式出現了。這是一種行動迅速、充分調動國民力量、野營露宿、徵用軍需以及打硬仗的戰爭方式，與以往那種行軍謹慎、作戰部隊規模小、有營帳和充足的軍糧以及耍手段的戰爭方式，有天壤之別。這兩種方式就是兩個極端，前者體現了堅決果斷的精神，後者則代表了不敢冒險、牟取小利益的精神。」

當這支衣衫襤褸的大軍高唱著《馬賽曲》爲法國而戰時，他們自己心中也無法分辨清楚：自己到底是掠奪，還是爲了解放他們所進攻的國家。而在巴黎，共和主義的革命熱情正在以一種極爲不光彩的方式被一點點地損耗。此時的革命正掌握在狂熱的領導人羅伯斯庇爾手中。他決心要按照自己的想法去拯救共和國，他始終認爲自己是唯一能夠解救共和國的人，而解救的前提是自己要保住手中的權力。共和國充滿活力的精神，像是從屠殺貴族分子與處死國王中產生的。當時在法國，也發生了幾處叛亂，其中一起發生在西部的旺代郡：那裡的人民在主教和貴族的指揮下，反對徵兵和沒收正統派主教的財產。另外，在南部的馬賽和里昂都發生過暴動，土倫的保王黨還同意英國和西班牙的軍隊進入法國境內。那時的革命，除了屠殺，似乎已經找不到更好的鎮壓叛亂的方法了。

於是，革命法庭開始工作了，持續的屠殺也開始了。斷頭機被發明製造出來的時機恰到好處，王后被砍了頭，大部分的羅伯斯庇爾反對者的腦袋也搬了家，就連那些不相信上帝的無神論者也被送上了斷頭臺。斷頭臺上沾染了越來越多人的鮮血。羅伯斯庇爾的統治似乎就是靠鮮血維持的，如同吸食鴉片者對鴉片的依賴一樣，他的統治對鮮血的需求也越來越大。

到了公元一七九四年夏天，羅伯斯庇爾的統治被推翻，而他最終也被送上了斷頭臺。隨之，國民議會選出五個執政官組成的督政府，由他們接替羅伯斯庇爾的工作，對外繼續抵抗外敵的進攻，對內則維護團結和統一。這樣的局勢一直維持了五年。在動盪的歷史中，督政府的這五年的統治就像是一段奇特的插曲。在這五年中，政府並沒有進行任何改革，完全一副得過且過的樣子。接著，宣傳者的革命熱情又將法國軍隊帶到了荷蘭、比利時、瑞士、德國南部以及義大利的北部。法國軍隊每到一處，就推翻國王的統治，然後建立共和國。

然而，由於督政府的狂熱宣傳，被解放人民的財產遭到了他們的大肆劫掠，他們試圖透過這種方法來減輕法國的財政困難。戰爭的性質發生了根本的改變，法國的戰爭越來越不像是為了神聖的自由而發起的，倒是越來越像舊制度下的侵略戰爭。法國準備放棄大君主政體的最後一個特徵，即放棄傳統的對外政策，但是人們卻發現督政府的對外政策幾乎就與革命前是一樣的。

接著，法國出現了這麼一個人，他以最強烈的方式將法國人的「自我中心」的精神展現出來，在給法國帶來了十年的榮耀後，又將失敗和恥辱加諸法國。他便是統率督政府的大軍大敗義大利軍隊的拿破崙．波拿巴。

在督政府統治的這五年裡，拿破崙．波拿巴一直在為獲得更大的權力而策劃著，奮鬥著，並逐漸地爬上了權力的巔峰。拿破崙．波拿巴的理解力實在有限，但是他卻擁有某種近乎冷酷的直率和無限的精力。他是以羅伯斯庇爾派的極端主義分子的身分開始他的政治生涯的，並且獲得了其人生中的第一次升遷。然而，他沒能真正理解歐洲當時的新形勢，一心想要建立一個像古羅馬那樣的大帝國，可這種政治設想卻是過時的。他試圖消除羅馬帝國對歐洲的影響，並建立一個以巴黎為中心的新帝國。這樣，維也納的皇帝就不再是神聖羅馬帝國的皇帝，而僅僅是奧地利的皇帝，而他之所以不惜與自己的法國妻子離婚，就是因為他想與奧地利公主結婚。

公元一七九九年，拿破崙．波拿巴出任法國第一執政官，但實際上他已經是法國國王了。公元一八〇四年，他效仿查理曼大帝當年的做法，加冕成爲法蘭西皇帝。教皇在巴黎爲他舉行了加冕典禮，在典禮進行到高潮時，他卻按照查理大帝當年教導的那樣——從教皇手中取過皇冠自己戴在頭上。他的兒子被封爲羅馬國王。

在短短幾年裡，拿破崙的統治取得了一連串的勝利。他攻占了義大利和西班牙的大部分領土，征服了普魯士和奧地利，還取得了俄羅斯西部的整個歐洲部分的統治權。不過，他卻始終沒能從英國人手中奪取制海權。公元一八〇五年，他的船隊在特臘法爾加戰役中被英國海軍上將納爾遜擊敗。公元一八〇八年，西班牙人奮起反抗拿破崙的統治，而威靈頓率領的英國軍隊則迫使在西班牙半島上的法國軍隊北撤。公元一八一一年，拿破崙和沙皇亞歷山大一世發生了衝突，拿破崙派出六十萬大軍於公元一八一二年向俄國進攻，結果卻遭到了俄國軍隊的奮力抵抗與俄羅斯嚴寒氣候的侵襲，法國軍隊幾乎全軍覆滅。接下來，德國背叛了他，瑞典也將矛頭對準了他，法軍腹背受敵，節節敗退。公元一八一四年，拿破崙被迫宣布退位，並被流放至厄爾巴島。公元一八一五年，他重返巴黎，企圖東山再起，卻不曾想在滑鐵盧遭到英國、比利時和普魯士聯軍的重擊，澈底潰敗。最終，他成了英國的階下囚，並於公元一八二一年在聖赫勒拿島去世。

法國因革命而獲得的各種能量，最終就這樣被全部消耗掉了。爲了在這場革命風暴之後迅速重建社會秩序，獲得勝利的各同盟國齊聚維也納舉行會議。此後，歐洲獲得了近四十年的和平，一種精疲力竭之後的和平。

拿破崙・波拿巴的加冕禮

第五十六章　歐洲不穩定的和平

從公元一八五四年到一八七一年，歐洲未能實現社會間與國際間的完全和平，其原因有二：第一，貴族們還妄圖恢復其不正當的特權，甚至無恥地干涉人們的思想、著作、講學等方面的自由；第二，在維也納會議上由各國外交家們定下的國界線存在許多的不合理，從而使得歐洲的局勢日趨緊張。

在西班牙，君主政體復辟的傾向表現得十分明顯，甚至還恢復了宗教裁判所。到了公元一八〇八年，當拿破崙把西班牙交給自己的哥哥約瑟夫統治時，大西洋彼岸的西班牙屬殖民地卻正向美國學習，對歐洲的強權體系予以抵抗、反擊。在南美洲，也出現了一位喬治·華盛頓式的人物，他便是玻利瓦爾將軍，正是他帶領著南美人民反抗西班牙的統治。對於這次起義，西班牙根本不具備鎮壓的力量，於是這次的起義也就和美國的獨立戰爭一樣被拖延了下來。後來奧地利方面提出：根據神聖同盟的精神，歐洲各國君主應該在這場戰爭中對西班牙施以援手。不過，這一提法卻遭到了英國的強烈反對，但眞正對歐洲列強企圖在西班牙復辟君主制給予嚴重警告的，則是美國的總統門羅。

公元一八二三年，美國的總統門羅採取了果斷的行爲，公開發表聲明稱：任何歐洲國家，只要其在西半球進行擴張，那就是與美國爲敵。這便是著名的「門羅主義」。門羅主義宣稱，美洲之外的國家都不准在美洲擴張。由於門羅主義的存在，歐洲列強在之後的一百年時間裡一直不敢干預美洲事務，而西班牙屬美洲的新國家能夠按照自己的方式發展。

儘管西班牙君主制度喪失了殖民地，然而其在歐洲協約的保護下依然可以在歐洲做任何它想做的事情。公元一八二三年，西班牙的一次民眾起義遭到了鎮壓，而鎮壓他們的便是得到歐洲會議授權的法國。與此同時，奧地利也鎮壓了一次那不勒斯的起義。

公元一八二四年，法國國王路易十八去世，王位由查理十世繼承。查理十世破壞出版和大學的自由，企圖復辟專制政府，甚至打算給在一七八九年大革命中遭受損失的貴族賠款十億法郎，以補償他們財產被沒收、城堡被燒毀的損失。公元一八三〇年，巴黎市民奮起反抗妄圖復辟舊制度的查理十世，然後擁立路易·菲利

維也納會議的各國與會代表

浦爲國王。路易．菲利浦的父親是在恐怖政治時代被處死的奧爾良公爵菲利浦。對於法國的這次革命，由於英國公開表示支持，而奧地利和德意志境內都出現了自由主義運動，所以歐洲大陸上的其他國家也大都沒表示反對。然而，法國畢竟還是一個君主制國家，而路易．菲利浦（公元一八三〇—一八四八年）當了十八年的法國立憲君主。

維也納會議所達成的和平，由於各國君主的倒行逆施又被打破了，歐洲再次陷入了動盪不安之中。而且，由於參加維也納會議的外交官們還劃分了不合理的國界線，也造成了局勢的緊張，這種緊張對人類的和平威脅越來越大。

將思想不同、語言不同、文化不同的各民族的事務放在一起來治理，本來就不是一件輕鬆的事情。而且，一旦這些分歧因爲宗教的紛爭而日益加深和惡化的話，那事情就更難辦了。除非是在某種強烈的共同利害關係的刺激下，否則這些有著不同的語言和傳統的各個民族是無法團結起來的。比如，瑞士山地族的各個民族之所以一度緊密團結，就是因爲他們需要抵抗共同的入侵者。況且，在瑞士，施行的是高度的地方自治政策。另外，像馬其頓那樣的國家，各民族混居在一起，村子零落，極其有必要實行郡縣自治制度。如果讀者看一下根據維也納會議繪製的歐洲地圖，就會發現，這次會議似乎就是爲了激怒各國人民。

維也納會議將荷蘭共和國毀壞殆盡，其完全沒有必要地將信仰新教的荷蘭人與原來的西班牙屬地（後歸奧地利）尼德蘭法語系的天主教徒，湊在一塊兒，並由此建成尼德蘭王國。維也納會議還確定，把原來的威尼斯共和國和遠至米蘭的整個義大利北部地區，全都交給講德語的奧地利人統治。會議還將講法語的薩瓦和義大利的某些地區拼在一塊兒，薩丁尼亞王國就這樣重新恢復了。由日耳曼人、匈牙利人、捷克斯洛伐克人、南斯拉夫人和羅馬尼亞人組成的奧地利和匈牙利，本來就是由彼此不和的民族組成的易爆混合體，會議後又加上了義大利人，這便令局勢顯得更加緊張了。公元一七七二年和一七九五年，奧地利侵占了波蘭並得到承認，這就更使得戰爭一觸即發了。信仰天主教並具有共和精神的波蘭人民，大部分都是在信仰希臘正教的俄國沙皇的統治之下生活著；波蘭的一些重要地區，則被劃到了信奉新教的普魯士名下。俄國沙皇還在維也納會議的支持下，獲得了對異族芬蘭人的統治權。而彼此之間差異甚大的瑞典和挪威，則被劃入同一個國王的統治之下。在這種混亂局面中，讀者應該也發現了：德國的處境極為危險和混亂。普魯士和奧地利，它們都是部分位於擁有衆多小邦的德意志聯邦境內，部分置身於聯邦之外；丹麥國王由於在荷爾斯泰擁有一些講德語的地區，因此也加入德意志聯邦；雖然盧森堡的大部分人所使用的語言是法語，掌握其國家政權的是尼德蘭國王，但這個國家還是隸屬德意志聯邦。

如果能讓講德語且認同德國文化的人、講義大利語且認同義大利文化的人、講波蘭語且認同波蘭文化的人各自管理自己的事務，以語言作爲劃分國界的標準，那麼這樣不僅於他們自己有利，對其他民族也是有好處的。然而，對於這樣一個事實，維也納會議卻壓根兒沒有注意到。難怪當時的德國最流行的一首歌謠這樣唱道：只要是說德語的地方，就是德國人的祖國！

公元一八三〇年，法語系的比利時人受到了當時轟轟烈烈的法國大革命的鼓舞，公開拒絕在尼德蘭王國中與荷蘭人聯合，並起來反抗。歐洲列強一方面擔心比利時會趁機建立共和國，另一方面又擔心其會併入法國，所以匆匆趕來調停，並擁立薩克森—科堡—哥達王朝的李奧波德一世為比利時國王。同年，義大利和德國也爆發了起義，但都沒能成功。另外，俄屬的波蘭也爆發了起義，而且規模更大。一個反對沙皇尼古拉一世（亞歷山大的繼任者，公元一八二五年繼位）的共和政府，在華沙堅持抗爭了一年的時間，但最終還是被沙皇殘暴地鎮壓了。從此在波蘭，波蘭語被禁，希臘正教取代羅馬天主教成爲波蘭國教。

公元一八二一年，希臘人爆發了反抗土耳其人統治的起義。雙方進行了長達六年的廝殺對峙，但歐洲各國對此卻完全漠視。對於這種袖手旁觀的態度，那些信仰自由的人都提出了強烈的抗議，歐洲各國的志願者組織在一起，加入到起義軍的隊伍中，和希臘人並肩作戰。最後，英國、俄國和法國終於採取了聯合行動。在納瓦里諾之戰（一八二七年）中，土耳其艦隊遭到了英法聯合艦隊的澈底打擊，沙皇入侵土耳其。後來，根據公元一八二九年的《亞得里亞那堡條約》規定，希臘重獲自由，不過卻不能恢復它古代的共和傳統。列強推舉了一個日耳曼人當希臘的國王，這個人便是巴伐利亞的奧托親王。除此之外，在多瑙河諸省（如今的羅馬尼亞）與塞爾維亞（原南斯拉夫的一部分），列強各設了一個是基督教信徒的總督。然而，如果想要將這一片地方的所有土耳其人都趕走，則一定會犧牲更多的人。

第五十七章　科學得到進一步發展

從公元十七世紀至十九世紀初期，歐洲列強和諸侯一直處於敵對狀態，時常爆發衝突。在此期間，《維也納條約》（一八一五年）及其各種補充，逐漸替代了《西發利亞條約》（一六四九年）及其不斷變化的補充和修正條款；那些漂洋過海的船隻，將歐洲的文化傳播至世界各地；人類的知識不斷增長，在歐洲國家或歐化的國家裡，人類對世界的認識也越來越清楚。不過，這種知識的進步與政治生活是沒有聯繫的。

公元十七世紀到十八世紀，這種知識的進步既沒有對政治產生任何直接的、明顯的影響，也沒有對民眾的思想產生太大的刺激。這些進步直到公元十九世紀下半期才逐漸顯現出來，並且主要是在那些繁榮的具有獨立精神的小世界裡默默發展起來的。如果沒有英國人所謂的「有產紳士」，那麼科學方法就不會在希臘開始，其在歐洲的復興也就無從談起了。在這時，雖然學院促進了哲學與科學思想的發展，但它所起到的作用卻不是最主要的。事實上，進行各項研究最主要的是得到資助，而資助的研究往往具有一定的侷限性和保守性，對發明的促進和支持作用不大，除非它受到某種獨立精神的鼓舞。

我們知道，公元一六六二年時倫敦皇家學會的成立以及倫敦皇家學會爲實現培根的《新大西洋島》的夢想而付出的努力。至公元十八世紀時，在物理方面，人們已經能夠很清楚地解釋有關物質與運動的一般概念了；數學方面取得了極大的進展；望遠鏡、顯微鏡等光學設備的應用已經取得了良好的進展；自然史的分類也獲得了更新發展；解剖學的研究越來越受到關注。人們開始進行偉大的地質學研究工作——對岩石紀錄進行闡釋，地質學的設想首先是由亞里士多德提出的，後來李奧納多．達．文西（公元一四五二—一五一九）還做過測試。

對於冶金技術的發展而言，物理學的進步對其影響甚大。物理學的進步，改進了冶金技術，大規模製造原鐵與其他原料也變成了可能，從而也促進了某些實用性的發明的發展。新的各個種類的機器不斷湧現，最終引發了聲勢浩大的工業革命。

公元一八〇四年，瓦特改良的蒸汽機終於得到了有效運用，特里維西克將蒸汽機運用到火車製造中，終於打造了世界上第一台火車頭。公元一八二五年，第一條鐵路建成並開始通車，該鐵路就位於達林頓和斯托科頓之間。後來，斯蒂芬森製造的「火箭」號車頭，能夠拖著重達十三噸的車廂，以每小時四十四英里的速度在鐵路上飛快地跑著。公元一八三〇年之後，鐵路建設迅速發展。等到了十九世紀中期時，鐵路網絡已經遍及歐洲各國。

長久以來始終跟人類的生活息息相關的路上運輸，在速度上突然有了極大的提高。當初拿破崙在俄羅斯慘遭失利後，用了整整三百十二個小時，才從維爾紐斯附近逃回巴黎，行程大約爲一千四百英里。拿破崙用盡了一切便利手段，每小時平均也只能前進五英里。如果這段旅程換由一個普通的旅行者來完成，恐怕此人花費雙倍的時間也無法走完這段路。這個速度和公元前一世紀羅馬與高盧之間的旅行最快速度大致相當。而此時，速度卻得到了巨大的提升，鐵路可以將任何普通旅客的這段旅程縮短至四十八小時之內。這就是說，鐵路將歐洲各主要城市之間的旅行時間縮短了百分之九十，將以前一個政府所管轄的地區擴大了十倍。當然，這種理論上的預測，還需要等歐洲人去實現。在歐洲，跑馬與公路時代所劃分的國界線還在；而在美洲，鐵路所引起的變化效果十分明顯。對於正打算西擴的美利堅合衆國而言，鐵路極大地幫了他們的忙——不管邊境有多遙遠，利用鐵路，人們便能穿越大陸直抵華盛頓。鐵路的出現，使得這個地域遼闊的美利堅合衆國能更好地保持統一。

輪船問世的時間稍早於蒸汽機。公元一八〇二年，在克萊德運河的福斯灣上，一艘名爲「夏洛特・鄧達斯」號的輪船已經航行了。公元一八〇七年，美國人富爾頓駕著他的「克萊蒙」號輪船往來於紐約以北的哈德遜河上，這艘船上裝配著英國的發動機。第一艘航行於海上的輪船是由美國人製造的，名爲「鳳凰」號，從紐約（霍波肯）開往費城。第一艘橫渡大西洋的蒸汽（還要用帆）輪船「薩瓦納」號（一八一九年），還是美國人製造的。以上提到的這些都是明輪船，這種船不適合在波濤洶湧的大海上遠洋，因爲它的輪槳極易被破壞，而輪槳一旦破損，船隻便無法前進了。螺旋槳輪船出現得較晚，人們是在克服了重重困難之後，才使得它能夠應用於實際之中。輪船發展到公元十九世紀中葉，其載重量終於可以超過帆船了，海上的運輸業於是迅速發展起來，人們終於可以大致推算出到港的時間了。以前，人們想要橫渡大西洋，需要花上幾個星期甚至幾個月的時間，而且極爲危險。而此時，船速提高了，時間大大縮減了。到了公元一九一〇年時，最快的船隻僅需要五天就能走完這段路程，而且還可以預報抵達的大約鐘點。

當陸海蒸汽運輸得到快速發展的時候，伏打、賈法尼與法拉第等人也展開了對電現象的研究工作，他們的研究爲人類的生活提供了極大的便利。公元一八三五年，電報誕生；而公元一八五一年第一條海底電纜在英國與法蘭西之間鋪設成功。在短短幾年內，電報體系就已經遍布世界各個文明國度。此前，信息只能從一處傳向另一處，依次遞送；而現在，信息幾乎是在同一個時間被送到世界各個角落。

在公元十九世紀中葉人們的思維中，火車、電報等這一類的東西就已經被視爲驚人的發明了，然而它們其實只是人類偉大發明中最早一批的引人注目但又粗陋的成果。如果用舊眼光來看待這一時期的知識與技術的發展情況的話，顯然這一時期是一個飛速發展的代，而且達到一種非凡的程度，範圍也廣闊了許多。這種情況在起初時並不太明顯，但是當人類對各種材料的掌握能力上升時，它便顯得越來越重要了。公元十八世紀中葉以前，人們所需要的鐵一直是用木炭從鐵礦石中提煉出來，製成小塊，然後再用鐵錘捶打成人類所需要的形狀。鐵是工匠們所掌握的材料，而鐵的質量和工藝在很大程度上往往取決於工匠的經驗和技巧。公元十六世紀，人們所能處理的鐵塊最大不過兩三噸而已，所以大炮的體積也有一個固定的限制。公元十八世紀，鼓風爐問世，隨著焦炭的應用越來越廣泛，鼓風爐也不斷得到改進。公元十八世紀，軋製的鐵板（一七二八年）、鐵桿和鐵條（一七八三年）相繼出現了。至公元一八三八年，奈斯密斯發明了氣錘。

在古代，由於冶金技術太差，所以人們根本無法使用蒸汽的力量。在軋製鐵板出現之前，且不說是蒸汽機的發展受限，就是最原始的抽水機都沒有辦法發展。在我們現在看來，早期的機器不過是一堆粗笨的鐵疙瘩，但那已經是當時最高水準的冶金技術的產物了。至公元一八五六年，貝西默發明了轉爐冶煉法；公元一八六四年，平爐冶煉法問世——這就使得鋼與各種鐵可以用前所未有的方法與規模進行冶煉、精煉和鑄造。現在，我們終於可以看到，就好像在鍋裡翻滾的牛奶一樣，一噸又一噸的白熱鋼水也在熔爐裡沸騰翻滾著。僅從成果上考慮的話，在所有的人類實用技術中，最成功的當屬能夠自由製造巨型鋼鐵並且能控制鋼、鐵的成分和品質。早期的發動機和鐵路，只是冶金技術的最初試用。不久，鋼鐵船舶、鋼鐵橋梁、新式的鋼筋大建築便相繼誕生了。直到這時，人們才發現原來修的那些鐵路顯得有些窄了，假如當初能將軌道設計得再寬一些，那麼人們的旅行必將更加舒服。

公元十九世紀以前，船隻的裝載量沒有超過二千噸的，而現在到處都可以見到載重量爲五萬噸的巨型輪船。對於這種「體積」上的進步，一些人往往忍不住冷嘲熱諷，然而這卻剛好暴露了這些人的淺薄。與這些人想像的不一樣，這些巨型或鋼鐵結構等建築並非過去小型的船隻或建築的放大，其實兩者是性質完全不同的東西。與過去那些靠工匠的經驗和技術而製造出來的產品不一樣，這些新事物，它們更加堅固、更加精巧、材料更優良耐用，是經過設計師以精細和複雜的計算設計出來的。以前，人們在造船或是房屋時，材料往往占據支配地位，人們只能屈從於材料。現在，建造這些輪船和房子的材料都被「馴服」了，人們可以根據自己的意願對其進行改造。我們不妨想想看，從礦井與礦山中開採出來的煤、鐵和沙子，在經過絞、鍛、熔、鑄之後，最終被建成由鋼鐵和玻璃組成的擁有細長塔尖的壯麗輝煌的建築物，以六百英尺的高度巍峨地矗立在繁華的都市裡。

以上我們所提到的鋼鐵冶金技術的進步和成果，只不過是人類在冶金方面所取得的進步中的一個例子而已。事實上，關於銅、錫以及其他很多金屬，例如十九世紀前人們還不認識的鋁和鎳等，也有著類似的認識過程。機械革命的主要成就，就是這種強大且還會越來越強的控制各種物質的能力，即對各種玻璃、岩石、石膏、染料和紡織品的控制能力。然而，即使這樣，人們仍只處於收穫的開始階段。人們有了力量，但還必須學習如何利用這些力量。在如何利用科學賜給我們的禮物方面，人們最初的做法大都是庸俗的、愚蠢的，甚至是可怕的。那個時候，各方面的技術人員還不能夠自如地控制各種物質。

隨著機械製造的可能性的不斷擴大，新電學也迅速發展起來。然而直到公元十九世紀八〇年代，電學研究所產生的效果才逐漸顯現，它使得人們的生活變得更加便利了。後來，電燈與電力牽引突然誕生。於是，力的轉化、輸送能量變成可能，人們可以隨心所欲地將能量轉化為機械運動、光或熱。這就好像是利用水管輸送水一樣，用銅絲把能量輸送過去等一系列的觀念出現在了人們的腦海中。

在這樣一個偉大的發明時代，英國人和法國人是這一領域的先驅者。然後，飽受拿破崙統治屈辱的德國人，開始對科學研究投入巨大的熱情並以一種堅忍不拔的精神努力著，最後終於取得了超越英國人和法國人的成績。而英國的科學成果，往往是由一些身處學術中心之外的英格蘭人或蘇格蘭人取得的。

這一時期，英國的各個大學正迂腐地研究著拉丁和希臘等古典名著，教育水準不斷下降。法國的教育同樣也在耶穌會的古典傳統禁錮之下。而對於德國人而言，組建一個研究機構也不是那麼困難的事，雖然規模可能不大，但與英國、法國只有屈指可數的幾個發明家相比，數量就算很龐大了。英國和法國科學家的研究與實驗，讓他們的國家變成了世界上最富有、最強大的國家，但他們自己卻沒有富裕起來，也沒有獲得額外的權力。他們醉心於研究與實驗，根本沒有時間去考慮和策劃利用研究來賺錢。於是，他們的發明往往就會被一些貪婪者所利用，為其帶來巨額財富。我們發現，英國的每一個科技進步，都讓有錢人趁機撈到好處。雖然他們不會像經院派學者或是極端宗教分子那樣，懷著強烈的情感去侮辱和宰殺為國家產金蛋的雞，但是他們卻對給他們帶來財富的科學家和發明家的貧困熟視無睹。在他們眼中，科學家和發明家生來就是為他們這些更聰明的人賺錢的。

與英國人和法國人比起來，德國人顯然要聰明得多。德國的學者們不僅沒有對新學問表現出反對或憎惡的情緒，相反，他們還支持它繼續發展。當然，德國的商人也與英國的商人不同，他們並不蔑視發明家。他們認爲，知識就好像是農作物，只有勤施肥才能獲得大豐收。所以，他們往往能夠給科學家提供更多的發明空間，在科學研究上投入大量經費。到了公元十九世紀下半葉，由於德國科學工作者的出色表現，使得德語成了各國科研人員必須掌握的一門語言，除非他不想跟上本學科最新發展動向。在某些學科，尤其是化學，德國的發展水準都要遠高於它的西方鄰國。德國科學家在六七十年代所做的努力，終於在八〇年代開始展現出成果來，並在技術和工業領域超越了英國與法國。

公元十九世紀八〇年代，人類發明史又翻開了嶄新的一頁，而它的序曲則是誕生了一種新型的發動機。這種發動機，利用的不再是蒸汽的膨脹力，而是一種爆發性混合物的膨脹力。這種發動機具有更輕便、更高效的優勢，被用於製造汽車。之後，它又不斷獲得改進，越來越輕巧，效率也越來越高，終於使得人類很早之前就設想過的飛行器變成一種眞實的存在。早在公元一八九七年的時候，華盛頓史密森學會的蘭勒教授就已經成功研製出一架飛機了，只不過體積還沒大到能載人的程度。至公元一九〇九年，飛機就已經加入交通工具的行列了。當公路、鐵路設施越來越完善時，人類在提升交通速度方面幾乎是停滯不前了。就在這時，飛機誕生了，這樣人們從一個地方去往另一個地方所需的時間又大大縮減了。公元十八世紀時，人們從倫敦到愛丁堡需要花費八天的時間，而據英國民航運輸委員會一九一八年的報告顯示：數年內，人類用八天的時間便能繞行地球半圈——從倫敦抵達墨爾本。

我們不必過分地強調，人類從一個地方旅行到另一個地方所用的時間有多麼明顯的縮短，因爲這不過是人類可能達到的更深遠、更重大的發展中的一個層面。公元十九世紀，人類在農業科學與農業化學方面也都取得了一定的成就。人們已經懂得如何提升土壤肥力，使得相同面積的土地的產量可以四五倍於公元十七世紀。另外，醫學方面也飛速發展，人類的平均壽命不斷增長，日常工作效率也大大提升，因疾病引起的生命死亡日漸變少了。

總之，科學給人們帶來了便捷的生活，人類進入了一個嶄新的歷史時期，僅用了一百多年的時間就完成了機械革命。就物質方面來說，人類取得了極大的進步，這種進步比舊石器時代到農耕時代或是從古埃及的斐比時代到喬治三世時代的漫長歲月中所取得的一切進步都要大。人類事務的一個新的物質結構已經形成。同時，它也要求我們對政治、經濟、社會各方面做出大幅度的調整，但是這種調整又得依靠機械革命的更進一步的發展，畢竟這不過是初級階段。

第五十八章　工業革命

許多歷史書都會將以上我們提到的機械革命與工業革命混為一談，但其實它們並不是一回事。機械革命是人類社會發展中一種新型的事物，產生於有組織的科學發展，它就好像是農業的發明或金屬的發現一樣，是一個新的階段。然而，工業革命卻是指社會和經濟的發展，它的起源和機械革命的起源完全不同，而且它在歷史上也有過先例。機械革命與工業革命是同時進行並不斷相互作用的，但是它們卻是完全不同的兩個概念。就算沒有煤、蒸汽、機器，工業革命之類的事情還是會發生。但如果是那樣的話，那麼極有可能會緊緊跟隨著羅馬共和國末期的社會和經濟發展路線發展，歷史將重演，失去土地的自由民，集體勞作、龐大地產、金融財富以及破壞性社會經濟會一一重現社會。其實，早在機械和動力問世以前，就已經存在工業生產這樣的生產方式了。所以，工廠並不是機器的產物，而是分工勞動的結果。在水輪尚未被投入到工業生產前，那些訓練有素的備受剝削的工人就已經開始製作家具、硬紙箱、女性裝飾物、彩色地圖及書籍插圖等諸如此類的東西。早在羅馬的奧古斯都時代，工廠就已經出現了。例如，新書就是抄寫者們在出版商的工廠裡按口授筆錄而成的。只要研究過笛福的著作和菲爾丁的政治小冊子的人，就應該知道，早在公元十七世紀的時候，英國的企業就已經開始招募貧民，讓他們為了自己的生計進行集體勞動了。甚至在莫爾的《烏托邦》（一五一六年）一書中，我們就已經可以看到有關工廠的設想了。所以說，工廠是社會發展的產物，而不是什麼機械發展的產物。

事實上，西歐公元十八世紀中葉以後的社會和經濟史，就是公元前最後三個世紀的羅馬城邦歷史的重演。但是，歷史還是轉向了一個全新的方向，這或許與歐洲政治的分裂、反對君主專制所引起的動亂、時不時出現的市民反抗緊密相關，可能還與西歐學者接受了機器與發明有關聯。在這嶄新的歐洲世界裡，因爲有基督教廣泛傳播人類的團結思想，又加上政治權力的分散，一些精力旺盛且有致富願望的人便十分願意轉變觀念，不再緊緊盯著奴隸和集體勞動，而將目光聚焦於機器與機械動力上來。

所謂機器革命，指的是機器的發明和發現的過程。它是人類歷史中一個新生事物，只會一直向前發展，而不會去顧及是否會對社會、政治、經濟和工業帶來什麼樣的後果。而另一方面，工業革命就像其他的社會變革一樣，不斷改變和轉換人類的生活，而這種變化是透過機器革命產生的。公元十八世紀和十九世紀的資本集中，與羅馬共和國最後幾個世紀的財富積聚過程十分相似，許多小農小商都走向了破產。不過，兩者之間還是有著本質上的區別的，機器革命使勞動的性質發生了極大的變化。舊世界的動力來自人力，一切事情都是靠被奴役者的力量來完成的，偶爾也會使用牛和馬等獸力。但是，當時抬重物、鑿岩石都是由人來完成的，就算是耕田種地也是人與牛配合來完成的。在羅馬時期，船隻的行進靠的是流汗划槳的槳手們。在人類文明的早期，大多數人都是被當成機器來使用的。在機器剛出現的那一時期，人類仍沒有從笨重的勞動中解脫出來。爲了開鑿運河、築造河堤以及修建鐵路，大量的勞動力投入其中。另外，礦工的人數也飛速增長，比之增長更快的則是便利的生產設備與商品的產量。隨著公元十九世紀的進程，新形勢下的邏輯才日漸明確，人類不再被當成任意使用的動力之源了。以前靠人力完成的機械性工作，這個時候改用機器來完成了，而且機器還能做得更快更好，人們只需要去完成那些需要發揮智慧與判斷力的工作。從為人類謀求幸福的角度出發，以前那些只知道服從、沒有思想的完成一切的苦力，現在已經沒有作用了。

不管是新興的冶金工業，還是在那些古老的農業、採礦業中，都出現過這種情況。由於機器的應用，耕耘、播種、收穫都能夠用機器來完成，而且以前由十幾個人才能完成的工作，此時只靠一台機器便能輕鬆完成了。羅馬文明是建立在廉價的人力勞動基礎上的，而近代文明則產生於廉價的機械動力。一百年以來，機械動力越來便宜，而勞動力卻越來越昂貴。如果機器是經過了一代人的時間才出現在礦井之中，那麼原因僅是：在此期間，人力比機器廉價。

至此，人類事務發生了極為重要的變化。在古代文明中，統治者以及富人們最關心的便是，如何確保勞動力來源以獲得足夠的勞役苦力。但到了公元十九世紀，那些有頭腦的人越來越清楚地發現：一般貧民遠比那些純粹的苦工更有價值。所以，即便只是為了確保「工作效率」，他們也會讓貧民接受教育，讓他們知道自己到底在幹什麼。從基督教開始傳教的時候起，歐洲的大眾教育就一直發展緩慢。然而在亞洲，伊斯蘭教每傳播到一個地方，這個地方的大眾教育就能夠得到發展，原因是：信徒必須要了解一些使之被拯救的信念，必須閱讀一些與信仰有關的書籍。基督教為爭奪信徒而展開的辯論，實際上起到了一種耕耘大眾教育的作用。比如在英國，十九世紀三四十年代時，英國各教派為了爭奪年輕的教徒產生了紛爭，最終卻因此發展出了一些兒童教育組織，其中有國立教會學校，非國教派的「英國」學校，甚至出現了羅馬天主教小學。公元十九世紀下半葉，整個西方世界的大眾教育的發展都極為迅速，但上層階級的教育卻沒有得到相應的發展。在以往，知識分子與大眾之間存在教育水準的隔閡，但這個時候卻只是程度高低的小差別了。表面看來，這種變化無關於機器革命，但事實上正是機器革命逐漸消除了世界上的文盲階層。

古時候的羅馬公民始終沒有眞正地了解過羅馬共和國的經濟革命，他們從來沒有像我們現在這樣，對自己生活狀況的改變有如此廣泛和透徹的理解。而工業革命在它繼續向十九世紀末期靠近時，受其影響的普通人都能把這一時期看成是一個整體過程，因爲這個時候人們已經能夠讀書、相互探討和交流了，還開始了四處遊歷、觀察事物，經歷過去的平民從來沒有經歷過的事情。

第五十九章　現代政治與社會思想的進程

古代的文明制度、習俗和政治主張，在漫長的無人預見和無人設計的自然狀態下，緩慢地向前演變和發展。直到公元前六世紀，即人類青春期的那個偉大世紀，人類才開始思考彼此之間的關係。人類第一次對那些已經確立的信仰、法律以及執政方法提出了質疑，並且試圖改變它。

我們已經在前面介紹過了，希臘和亞歷山大城是如何在人類早期知識掌握方面取得輝煌成就的，而這一輝煌偉大的開始又是如何被腐朽的奴隸制度、宗教迫害的陰雲和專制政體的黑暗給擋住去路的。公元十五世紀至十六世紀，自由思想始終未能衝破歐洲的黑暗，奔赴光明的未來。當自由精神逐漸重視歐洲的時候，我們還試著介紹了阿拉伯人的好奇心與蒙古人的遠征風暴對清掃歐洲精神上的烏雲所起到的作用。接著，海量的自然知識不斷被輸入人們的大腦中，其中首先進入人腦的是物質方面的知識，人類恢復理性的第一批成果就是認識了物質力量以及物質成就。社會學科，如個體心理學、社會心理學、教育經濟學等，其本身就已經十分複雜微妙了，而它們卻又都與人類的感情緊密相連。不過，這些學科的發展極爲緩慢，而且還常常受到強大的阻力。一般情況下，人們往往能夠平靜地聆聽有關天文和原子的各種說明，但是一聽到有關生活方式的思想時便惶然不安了。

在古希臘，柏拉圖大膽的哲學思維的出現就早於亞里士多德對事實的考察。同樣，在歐洲首先激發人們進行政治探究的，便是柏拉圖的《理想國》和《法律篇》中的烏托邦故事。雖然托馬斯・莫爾爵士的《烏托邦》是對柏拉圖的奇妙模仿，但其卻對新的英國恤貧法起到了一定的作用。而那不勒斯人康帕內拉所著的《太陽之城》，雖然更富於幻想，不過卻沒有對人類發展有過任何實際的影響。

公元十七世紀末，一批社會科學和政治方面的著作相繼問世，而且作品越來越多。在這些作者中，約翰・洛克是他們的開拓者之一。約翰・洛克是英國一位共和主義者的兒子，曾在牛津大學從事過化學和醫藥方面的研究工作。約翰・洛克的許多論文都是有關政治、信仰自由和教育方面的，從中可以確切知道：約翰・洛克相信社會改造將可以實現。與約翰・洛克齊名的是法國思想家、法學家孟德斯鳩（公元一六八九—一七五五年），不過孟德斯鳩稍晚於約翰・洛克。孟德斯鳩對社會、政治和宗教制度的本質進行了深入的探索和研究，撕去了法國君主專制政體虛偽的外衣。這樣，孟德斯鳩和洛克一起，將妨礙人類進行改造社會的思考與嘗試的許多錯誤觀點都清除了——他們也因此獲得了巨大的榮譽。

孟德斯鳩

公元十八世紀中後期，在洛克、孟德斯鳩對道德和理智進行了一番清理後，在思想方面扮演著重要的角色是繼往開來的新一代探索者，他們將在前輩的基礎上進行更大膽的探索。在這些新一代探索者中，許多都是來自耶穌會的具有反抗精神的學者，即「百科全書派」，他們的目標是建立一個全新的世界。與百科全書派同時出現的另一個學派則是經濟學派，該學派對糧食和商品的生產與分配進行了毫無掩飾的大膽的研究。其中，《自然法典》的作者莫雷利，嚴厲批判了私有制，並提出建立共產主義社會組織的設想。他是公元十九世紀齊聚在社會主義旗幟之下的各派集體主義思想家的先驅。

什麼是社會主義？關於這一個問題，我們恐怕無法給出一個明確的答案。世界上恐怕會有數百種社會主義的定義，還會有上千種社會主義者的派別。從本質上來說，社會主義就是要以大衆的利益爲出發點，對私有財產制度做出批判。我們不妨對歷代的財產觀念進行一個簡單的歷史性的回顧。在人類的政治生活中，社會主義與國際主義是兩個基本概念，人類很大一部分政治生活都是以它們爲轉移的。

人類之所以會有財產權的觀念，是源於人類好鬥的本能。在人類進化爲人之前，人類的祖先類人猿就已經開始占據原始財產了。原始財產，即指動物們爭相搶奪的東西，比如狗爭搶的骨頭、母虎爭占的巢穴、群體動物爭搶的領袖權，這些都是極明顯的財產所有權。在舊石器時代初期，部落長老已經擁有妻子、兒女、用具和一些看得見的東西的所有權了。一旦有人企圖奪走他的東西，他就一定會與對方進行戰鬥，盡其所能地去殺死對方。就這樣，部落的傳統代代相傳。在阿特金森的著作《原始法則》中有這樣一句話：「隨著時間的流逝，部落長老們逐漸承認了年輕人的行爲，承認他們從其他部落搶來的妻子、獵殺的動物、製作的飾品等都歸他們自己所有。」正是因爲出現了這種財產權的相互妥協，人類的社會才能夠向前發展。而這種妥協，是一種用武力將其他部落驅逐出自己勢力範圍的本能妥協。如果某處的河流、山脈、叢林既不屬於你也不屬於我，那它就是我們共同的財產，雖然任何一方都想將其據爲己有，但這卻是幾乎不可能的。如果誰那樣做的話，其他人便會消滅他。所以，社會從一開始就呈現出一種對占有權進行調和的形態。相比於文明社會的人，獸類與原始人類的占有欲要強烈得多，因爲它們的占有欲是本能的占有欲望，而不是理性的占有欲望。

對於原始人和今天未受過教育的人來說，他們擁有無限的占有欲望。他們認爲，只要能搶到手的，不管是女人、俘虜、動物、空地、採石場，還是其他什麼東西，都是屬於自己的。於是，隨著人類社會的不斷發展，人類制定了一種防止人類互相殘殺的法則，並且還發展出一套解決所有權爭奪的簡易方法：凡是最先製造、最先獲取或是主張事物所有權的人，就是這一事物的所有者。人們往往認爲：欠債者在無法償還債務之時，其財產理所當然歸債主所有；一個人使用了某塊土地，那麼地主就應該向他收取租金。但是，當人們越來越了解有組織的生活時，人們逐漸開始意識到，這種毫無節制的占有欲望是有害的。難道說，人類自出生起就獲得了占有一切的權利嗎？當然不是。人類先降生於這個世界，然後才開始占據、擁有這個世界。如今再去追尋早期文明的社會鬥爭事實固然是一件十分困難的事情，但從我們已經介紹過的羅馬共和國的歷史來看，當時的人們已經意識到：債權會造成不良的社會影響，應該予以取締；無限占有土地也是一種危害社會的行爲。所以，後期的巴比倫才會嚴格地限制占有奴隸的權利。後來，另一位偉大的革命者耶穌也激烈地抨擊了人類所有權問題，他說：讓一個擁有巨額財富的人進入天堂實在是太難了，比讓駱駝穿過針眼還要難。在世界範圍內，人類對財產所有權進行的批判持續了有二千五百年到三千年之久。直到耶穌在一千九百多年以前出現後，人們逐漸成爲基督教的信徒，也逐漸相信了人可以沒有財產的說法。同時，對與財產權相關的「一個人可以隨意處置自己所占有的東西」的說法產生了質疑。

但是，直到公元十八世紀末，人們對這一問題也只是停留在提出質疑的階段，還沒弄清其根源，更沒有找到任何解決的辦法。當時人們最迫切的想法就是，不讓自己的財產被國王揮霍，被王侯們掠奪。法國之所以爆發大革命，就是平民想要保護自己的私有財產免遭國王的苛捐雜稅的侵呑。但是，平均主義的革命方式，又使革命對其曾保護過的財產進行了批判。然而，如果沒有吃的、穿的、住的地方，只要不勞動就無法從占有者那裡獲得食物和住所，那麼人們又如何獲得眞正的平等和自由呢？窮人們於是就會抱怨說：這樣太過分了。

爲了消除這種不公平，一個重要的政治團體從分配上入手想出了一個「平分」的好辦法。而一些原始社會主義者則主張廢除私有財產，將所有財產都歸國家（應理解爲民主主義國家）所有。

有著追求自由和幸福這同一目標的不同團體，一方主張將財產權絕對化，另一方則堅持廢除財產私有化。這是一個矛盾，但也是一個眞實的存在。從這矛盾上，我們應該可以認識到：所有權並非一樣東西，而是衆多不同事物的結合體。

公元十九世紀以後，隨著社會的不斷進步，人們逐漸認清：財產不是一個單純的東西，而是一種對諸多的不同價值和不同結果的複雜的所有權。於是，人們認識到有一些東西屬於純粹的個人財產，如個人的身體、衣服、牙刷、藝術家的工具；還有一些東西如鐵路、機器、住宅、園地遊艇等，需要經過具體的考慮後才能決定它們在什麼程度上屬於個人財產，在什麼程度上屬於公共財富並由國家管理或出租。在現實生活中，這些問題屬於政治的範疇，屬於如何有效管理國家、維持國家發展的問題。此外，它們也涉及許多心理學或是教育學上的問題。這一時期人們對財產的批判仍是隨性的，而不是科學的。一方面，它是個人主義，企圖用人們已經擁有的東西來保證以及擴大自由權；另一方面，它是社會主義，希望透過集中國家財產而限制個人的財富。我們發現，任何階層的人都處於以下這兩個階層之間：完全否定財產私有的共產主義和反對政府的一切稅收的極端個人主義。今天的社會主義，我們一般可將其視爲一種集體主義。它允許個人持有一定數量的私有財產，但也主張將教育、交通、礦產、土地和其他重要物質生產權交由組織完善的國家所有。最近，一些主張用科學的方法研究和計畫社會主義的人逐漸湧現出來。人們還越來越清楚地意識到，未接受過教育的人，很難在大規模的事業中與人合作。所以，國家在過渡過程中，從私人企業中接管每一項職能的時候，都應該有相應的教育進步與適當的監督、控制的組織機構。現在各國的新聞出版與政治，對於大規模的集團活動來說都顯得不太成熟。

但在一段時間裡，由於雇傭者與被雇傭者——特別是苛刻的雇主與具有反抗精神的雇工之間的那種緊張的關係，使得共產主義以一種顯眼的基本形式廣泛傳播於全世界。馬克思這一名字就與共產主義緊緊相連。馬克思主義理論的基礎是這樣一種信念：人們的思想意識受制於經濟條件，在今天的文明中，富有的剝削階級與被剝削階級之間存在著某種必然的利益衝突。機械革命促進了教育的發展，而教育的發展又提升了被剝削階級的思想覺悟，使之在反抗占據統治地位的剝削階級時更能堅定自己的立場。馬克思曾預言過，覺醒以後的工人階級，一定會找到一種方式奪取政權，並建立一個新型的社會主義國家。對抗、起義進而爆發革命，是完全可以理解的，但這也是社會破壞的過程。馬克思主義在俄國獲得了檢驗，我們稍後可以看到，事實證明它是非常缺乏創造性的。

馬克思一度嘗試以階級鬥爭取代國際對抗，先後提倡建立了第一、第二和第三國際工人組織。但是從近代個人思想出發，馬克思的這種提法也許也能發展爲世界性的思潮。自英國偉大的經濟學家亞當．史密斯時代開始，人們逐漸明白：實現全世界的繁榮，必須先實現世界範圍內自由的、順暢的貿易。實際上，個人主義者對國家的敵意，就是對關稅、國界和以此為法律依據的針對各種自由行為和運動的限制的敵意。這裡出現了兩條思想路線，他們的精神實質具有很大的差異性，這就好像是馬克思主義者所倡導的階級鬥爭的社會主義思想，與維多利亞女王時代英國商人所主張的個人主義的貿易自由的哲學之間的差異——由此可見它們的差異有多懸殊。然而，它們之間的區別儘管如此之大，但它們卻也都宣告：它們要超越所有國家的限制與國界來處理人類事務。如此看來，這兩條思想路線是十分有趣的，現實邏輯打敗了理論邏輯。人們逐漸認識到：個人主義與社會主義理論，其實是站在兩個相反的角度研究同一個問題的，即針對如何才能讓人們共同勞動的問題，找出一個更廣泛的社會和政治性的解釋與解決辦法。當人們開始質疑神聖羅馬帝國和基督教的觀念時，當人們的視線從地中海轉移到全世界時，這種探索在歐洲又得到了加強。

如果想要詳細地向讀者展示從古至今的社會、政治、經濟等各種思想的發展和爭論，那就勢必一一介紹大量爭執不休的觀點，而這些又的確不在本書的意圖和範圍之內。但是，如果我們從宏觀的角度來看待這些事物時，我們就必然會發現：在人們的腦海中重建這些指導思想，還是一個尚未完成的事業。我們甚至很難評估，該項任務究竟完成到了一個什麼程度。縱然如此，一些共同的信念還是在逐漸形成，在今天的政治事件與大眾行動中就能明顯看到它們所帶來的影響。然而，這些信念還不夠清晰，說服力也十分微弱，所以人們還不能堅定而有系統地去實現它們。人們的行為往往在新思想與舊傳統之間搖擺不定，但從總體上來看，人們更容易偏向舊傳統。儘管如此，比起前人的那種思想狀態，此時人們的思想中也逐漸形成一種新的形態。但是，這還只是一個大概的輪廓，在某些方面還顯得有些模糊，在細節和方式上還常常出現變化，但它畢竟日漸清晰起來，其主要輪廓也越來越趨於穩定。

隨著時間的流逝，在日漸增長的人類事務中，人類的認識變得越來越清晰。人類正在慢慢形成一個共同體，而對人類的許多事務進行世界性的共同管理，就顯得越來越必要了。比如，全球其實就是一個經濟共同體，人們需要全面考慮如何對自然資源進行合理的開發。而人類不斷增加的新發現和力量，使得人類現在所用的分散與競爭性的管理方法越來越顯得浪費，也越來越危險。現在，整個世界都開始關注金融和貨幣事務、傳染性疾病、人口增長與移民問題，而這些問題也需要靠全世界聯合起來一起應對。人類活動範圍的不斷擴大，活動能力的不斷增強，使得戰爭造成了極大的擾亂與毀滅，戰爭也不再是解決民族爭鬥與政治問題的有效手段了。所有這一切，都要求出現一個規模更大、控制力更強、更具有權威性的政治實體。

但是解決這些問題，並不能依靠一個透過現存政府聯合而成或是一個世界性的超級政府來完成。人們根據現存制度來進行推測，還試想能夠成立人類議會、世界國會、世界總統或世界皇帝等。這些提議，往往是人們最原始想法的自然反映。然而，經歷了半個世紀的探討和實驗，人們終於放棄了這些想法。倘若人們沿著這條道路實現世界統一的話，那阻礙就實在太多了。現在，人們轉化思維，成立了一些具有一定權力的世界性的特別委員會或是組織，各國政府再向各個事務組織派遣代表，參與指導自然資源的開發，解決世界和平、勞動條件的平等、貨幣、人口、衛生等各方面的問題。

儘管世界至今仍未形成一個世界性的政府，但人類的共同利益已被視爲共同的事業來經營。但是，在人類尚未實現統一之前，在這種國際合作打敗由愛國主義而產生的懷疑和嫉妒之前，要先讓大家形成一種人類統一的理想。「人類是一家」的觀念，應該得到人們的普遍認可，應該得到廣泛宣傳。

在兩千多年甚至更長的歲月中，世界上許多偉大的宗教都在努力地宣傳「人類皆兄弟」的思想。然而直到今天，由於各個國家、部落或民族之間的紛爭而造成的憎恨、憤怒和猜忌，成功地阻擾了一種更為豁達的見解和更為慷慨的衝動的形成，從而阻礙了公僕思想的形成。就像在公元六七世紀那種混亂的局勢裡，基督教為了讓歐洲人從靈魂深處接受基督教而做的努力一樣，現在「人類皆兄弟」的思想也正在努力讓自己活在人類的靈魂深處。當然，要想讓這種觀念得到傳播和普及，必定離不開一大批忠誠的、甘於奉獻的宣傳者的付出。關於這一事業的發展前景，恐怕沒有哪位當代作家可以預測得到。

社會問題和經濟問題總是與國際問題糾纏在一塊，就好像它們是不可分割的整體似的，而各類問題的解決都有賴於同一種可以激勵人們的服務精神。各個國家出現的猜忌、固執、自私，與資產階級與工人在面對共同利益時的猜忌、固執、自私相互反映。個人的貪欲一旦放大，就成了國家與統治者的貪欲，它們都是出自個人原始的欲望，是傳統無知的產物。所謂國際主義，指的就是各國的社會主義。任意一個對此有所研究的人都會認為：至今還沒有哪種有深度、有力量的心理學或是經過精心發酵的教育方法及教育機構，能夠仔細並澈底解決人類之間的交往與合作之謎。公元一八二〇年，人類尚未設計出電動鐵路系統，而我們現在一樣也沒能設計出能有效維護世界和平的組織。但是，我們應該懷抱這樣的信念，相信它即將出現，而且讓我們等待的時間不會太久。

任何思想都無法超越同時代的思想，任何人也都不能超越自身的知識。所以，我們無法猜測並預見，到底需要經過多少代人的戰爭、耗費、恐懼和痛苦後，我們才能結束這漫無目的的動亂生活，才能迎來全人類的和平。與此同時，我們為解決這些問題而提出的辦法還是那樣的粗略和模糊，並一直被激情與質疑包圍著。如今，一項重建知識的偉大任務已經展開，儘管至今為止它依舊不是很完善，但是我們的概念卻是越來越明確和清晰了。至於該項任務的進展速度是快是慢，我們如今還很難做出判斷。不過，當這個概念日益清晰之後，就會在人們心中凝聚一種力量。但是，由於這個概念尚不夠準確也缺乏保證，所以這種力量至今仍未完全形成；又因為其表現形式多變且混雜，所以它又常常遭到誤解。然而有一天，它一旦具備了確定性與精密性後，那麼新的世界國家將會獲得令人信服的力量，而且這種力量的獲得速度是極快的。從邏輯上來說，更清晰理解的結果必定是教育的改造。

第六十章　美國勢力的不斷增大

北美地區的生活方式因爲交通工具的發展而產生了極大的變化，使其受到了世界的矚目。美國的政治體制所體現的是十八世紀中期的自由思想，而美國憲法也是自由的結晶。美國廢除了國家教會和王權，取消了貴族頭銜，不過卻小心謹慎地保護著私有財產，並將它視爲某種自由。在這樣的制度下，幾乎每一個成年男性都被賦予了選舉的權利，只不過剛開始實行的時候各州的情況各不相同。不過，由於選舉方式十分粗陋，所以政治生活很快便落入了高度組織化的政黨機構手中。但這並沒有妨礙這些剛剛獲得解放的人民發揮出巨大的超越同時代任何人群的活力、事業心和公共精神。

接下來，讓我們將目光聚焦到交通工具速度的提高方面。因交通提速而受益最多的國家是美國，但令人驚訝的是美國人自己對此卻沒什麼感覺。在他們看來，鐵路、輪船和電報等這一類東西的出現只是國家發展的一個必然過程。其實不然，這些發明的問世恰恰及時地拯救了合衆國的統一。美國這個遼闊的國家之所以能發展成現在這個樣子，首先是因爲有了輪船，後來又是因爲鐵路的出現。如果不是因爲它們，那麼這個幅員遼闊的大陸國家——美利堅合衆國或許根本就不會存在了；人口西遷的速度會十分緩慢，也許始終無法穿過中部大平原。如果缺少這些交通工具，東海岸移民大概要花費二百年的時間才能到達密蘇里州，而這一段遷徙之路的旅程甚至還不到美國大陸寬度的二分之一。公元一八二一年，密蘇里河對岸第一個州被建立起來了，而它就是「輪船州」密蘇里州，而移民從密蘇里州到太平洋那段剩下的距離，他們僅花了幾十年的時間。

如果用放映機將公元一六〇〇年以後的美國每一年的地圖一一放映出來，那一定十分有趣。在地圖上，我們以小黑圈代表人口，一個黑圈就表示一百個人，一個星號便代表一座十萬人以上的城市。我們便能夠清楚地看到，小黑圈在二百年裡沿著河岸或是可以航行的水域慢慢向前遷徙，當小黑圈移動到印第安納州、肯塔基州後，其行進速度便逐漸減慢了。但是到了公元一八一〇年前後，情況發生了變化：沿著河流的航道，黑圈迅速增加並擴散開來，一改往日慢騰騰的遷徙速度，或許是因爲當時有了輪船。不久，開拓者從沿河的碼頭地區，逐漸擴散到內布拉斯加州及堪薩斯州。

公元一八三〇年左右，代表鐵路的黑線條在美國的地圖上出現了。從這個時候起，小黑圈不再緩慢蠕動了，而是以極快的速度飛奔向前。它們移動的速度實在是太快了，就好像是被噴墨機突然噴出來一樣。突然間，在一些地區出現了代表十萬人以上的城市的星號。起初地圖上只出現了一兩個星號，到後來這種星號便不再是一兩個地出現，而是大量地噴湧而出，而每一個星號都像是不斷延伸的鐵路黑線上的結。

在全世界範圍內，美國的發展道路是從來沒有過的，這是一種嶄新的發展模式。如果是在以前，像美國這樣的社會幾乎不可能出現，即便是出現了，也一定會因爲沒有鐵路而迅速崩潰。如果沒有鐵路和電報，那麼管理加利福尼亞，或許在北京要比在華盛頓還要容易些。美國人口數量急劇增加，但是這個國家卻沒有趨於分裂，反而越來越統一。一個世紀以前，維吉尼亞人和新英格蘭人已經十分相似了，但今天的舊金山人與紐約人比他們還要更相似。而且，這樣的同化作用，仍在不斷進行著。由於鐵路和電報的共同作用，美國逐漸形成一個越來越巨大的統一體，其不管是在語言、思想，還是在行動上，都顯得那樣協調。不久，航空事業誕生，它也加入到爲社會發展貢獻力量的行列中來。

美國這個大共同體絕對是歷史上的一件新生事物。歷史上人口超過一億的大帝國也曾出現過，不過那些都是多民族加在一塊的，除了美國，世界上從來沒有出現過一個由單一民族組成這樣規模的國家。對於這一新生事物，我們希望能找到一個新詞彙來稱呼它。我們將美國稱爲「國家」，就像我們稱法國、荷蘭爲國家一樣。不過，就像汽車和馬匹之間的區別一樣，美國與法國、荷蘭等國也存在天壤之別，美國和它們完全是兩碼事。美國誕生的環境背景與時代背景完全不同於以前那些國家誕生的背景，而且它們各自以不同的速度向不同的方向發展。就規模和可能性而言，美國恰恰是那種介乎歐洲式國家和全世界聯合國家之間的這類國家。

不過，美國人民在擁有今天的強大與安寧之前，也曾經歷過可怕的戰爭。由於輪船、鐵路和電報等相關設施出現得還不夠早，所以還不足以化解美國南部諸州與北部諸州日益加深的利益與思想衝突。當時，美國的南方實行奴隸制度，而北方各州人民則都是自由人。輪船和鐵路剛開始在美國使用的時候，不僅沒有化解其南北矛盾，反而是加深了它們之間的衝突。新的運輸工具使得統一的步伐越來越快，但同時也使得南北方精神發生了激烈的對抗，雙方的關係日益緊張，幾乎沒有調和的可能。美國的南方精神是鼓勵大地主和名門貴族奴役黑奴，而北方精神則極爲重視自由和個人主義。

隨著人口的大規模西遷，州組織逐漸建立，而每一個新加入這個快速發展的國家的州，都成了南北之爭的戰場。每一個新成立的州都面臨一個選擇：是加入崇尚自由和個人主義的北方陣營，還是支持奴隸制度與等級制度？這是完全不同的水火不相容的兩種觀念。自公元一八三三年開始，美國的一個反對奴隸制的協會，為澈底廢除奴隸制度開始在全國範圍內宣傳，並鼓動國人廢除奴隸制度。最終，奴隸制與反奴隸制的這一對抗，由是否要接納德克薩斯州加入合衆國的討論而最終演變為公開的衝突。德克薩斯原來是墨西哥共和國的一部分，不過它卻是由支持奴隸制的美國各州的移居者開闢的，它在一八三五年時脫離墨西哥而獲得獨立，並在一八四四年時被劃入美國領土範圍。根據墨西哥的法律規定，德克薩斯州是禁止役使奴隸的，然而此時南方又聲稱德克薩斯州可以實行奴隸制，並且還眞的付諸行動。

這一時期，由於遠洋航海事業的發展，越來越多的歐洲人移居到了美國，使得北方各州的人口出現了明顯的增長。包括愛荷華、威斯康辛、明尼蘇達、俄勒岡在內的幾乎所有的北方農業區都被提升為州，使得反對奴隸制的北方在參議院與衆議院中很可能在人數上占優勢。作為棉花產地的南方，一方面因為日益強烈的廢除奴隸運動而感到了巨大的威脅；另一方面又因為擔心北方在國會中占據優勢，所以開始商討從聯邦脫離出去。南方人設想著吞併墨西哥和西印度群島，然後建立一個直抵巴拿馬的龐大的奴隸制國家。

公元一八六〇年，堅決反對奴隸制度的亞伯拉罕·林肯當選為美國總統，南方決定脫離聯邦。南卡羅萊納州為此還通過了一項「脫離法令」，並做好了戰鬥準備。之後，包括密西西比、佛羅里達、阿拉巴馬、喬治亞、路易斯安那和德克薩斯在內的南部各州聯合起來，並在阿拉巴馬的蒙哥馬利召開會議。傑佛遜·戴維斯在會議上被選舉為「美國南方各州同盟」的總統，會議還通過了一部擁護黑人奴隸制的憲法。

林肯是美國獨立戰爭以後成長起來的新一代美國人中的典範。在年輕的時候，他曾經是西遷大軍中的一員。他出生於肯塔基州（一八〇九年），童年時代生活在印第安納州，後來又遷至伊利諾州。當時，印第安納州還屬於一個半開墾地區，生活十分辛苦，他們住的房子是隨便在曠野中蓋起的一座木頭小屋。由於學校的教育十分落後，而且時有時無，所以他的母親便自己教他讀書寫字。他十分熱愛書籍，從很小的時候開始就如飢似渴地讀書了。十七歲那一年，林肯成爲一名運動高手，賽跑與摔跤都是他的長項。有一段時間，他曾在一家商店做雇員，後來又跟一個嗜酒如命的人合夥做生意，結果卻欠下了一筆讓他足足還了十五年的巨額債款。公元一八三四年，二十五歲的林肯就已經成爲伊利諾州衆議院的議員。

在當時的伊利諾州，奴隸制問題十分引人關注，因爲議會中主張擴張奴隸制的政黨的黨魁正是伊利諾州的參議院議員道格拉斯。道格拉斯能力出衆，也頗具威望。在若干年裡，林肯一直採用派發小冊子和公開演講的方式和他論戰，並逐漸成爲他的勁敵，最後還戰勝了他。在公元一八六〇年舉行的美國總統選舉中，林肯與道格拉斯的鬥爭達到了最激烈的程度。公元一八六一年三月四日，林肯就任美國總統。而此時，南方各州已經在緊鑼密鼓地準備著，打算一舉脫離華盛頓聯邦政府。

就這樣，美國內戰爆發了，即美國南北戰爭。在這場戰爭中，軍隊大都是臨時招兵組建的，起初是幾萬人，之後逐漸發展到幾十萬人，最後聯邦兵力竟高達百萬人之多。這場戰爭的主要戰場是新墨西哥至東部海洋之間的廣闊區域，雙方爭奪的焦點是華盛頓與里奇蒙。在這裡，我們就不爲大家詳細介紹這場穿越了田納西州與維吉尼亞州的森林與丘陵地帶並在密西西比河沿岸越打越激烈的史詩般的戰鬥。這場戰爭造成了大量物資被摧毀、大批士兵或死或傷，雙方不斷地進行著進攻與反擊，人們時而希望滿懷，時而又失望不已。有時候，華盛頓似乎就要被南方人攻陷了；有時候，北方軍隊也對里奇蒙兵臨城下。南方軍隊在人數和資源上都處於弱勢地位，但是他們的統帥卻是能力出衆的李將軍。而聯邦軍隊雖然在人數上占據了極大的優勢，卻面臨著缺少優秀指揮官的尷尬，統帥像走馬燈似的換來換去，直到由謝爾曼和格蘭特接過北方軍隊的指揮權，北方軍隊才打敗了衣衫襤褸且早已疲憊不堪的南方軍隊。公元一八六四年十月，謝爾曼帶領著一支北方軍隊，突破南方軍隊左翼，從田納西州經喬治亞州直抵海岸，穿過南部聯邦，然後北上越過南北卡羅萊納州，直擊南方軍隊的後方。而此時，南方李將軍的部隊正被格蘭特牽制在里奇蒙附近，直到北方另一將領謝爾曼到來。公元一八六五年四月九日，李將軍和他的部隊在阿波馬托克斯投降。之後不到一個月，南方軍隊的殘餘部隊紛紛投降，南方聯盟解體。

對於美國人民而言，這一場持續四年的戰爭給他們的精神與肉體都帶來了極大的折磨。此時，人們極為重視州的自治，而北方卻強制南方廢除奴隸制。因此，在邊境州裡，兄弟或父子都可能因為主張不同而加入兩個對立的軍隊之中。北方人認為自己的主張是正義的，然而許多人卻認為北方的主張和行為並不代表完美的正義。面對這樣的混亂局勢，林肯始終保持頭腦清醒。他堅持統一並保持持久的和平，反對分裂和對立；他堅持廢除奴隸制。

在南北戰爭的初級階段，北方的議會和軍隊將領們要求在短期內解放南方的黑奴，卻遭到了林肯的反對，由此使得這些人從狂熱的情緒中清醒過來。林肯主張解放奴隸需有步驟地進行，並且還要對奴隸主做出相應的補償。公元一八六五年一月，時機已經成熟，議會提出了一個憲法修正案，要求永久性地廢除奴隸制。當該修正案由各州通過時，戰爭已經結束。

公元一八六二年到一八六三年，戰爭進入了雙方僵持的階段。戰爭初期人們所擁有的熱情，此時已經漸漸退去，人們開始對戰爭產生了極度的厭倦與憎惡情緒。林肯發現，自己周圍充斥著叛徒、被撤了職的將軍、心懷不軌的政治掮客等；而身後則是極度疲憊的美國人民，他們都在質疑這一場戰爭；位於前線的則是暮氣沉沉的軍隊和庸庸碌碌的將領。能帶給他最大安慰的想必是里奇蒙的傑佛遜·戴維斯的境況也好不到哪兒去。而就在這一關鍵時刻，英國政府卻給南方聯邦提供了海上支援，允許三艘快速私掠船在英國下水並配備人員，從而把美國的海上船隻趕走。在這三艘船中，其中「阿拉巴馬」號令人印象最深刻。而此時，駐紮在墨西哥的法軍則肆意踐踏美國的「門羅主義」。里奇蒙方面於是提出了一個微妙的停戰建議，提議美國暫時停止內戰，相關問題留待以後處理，南北雙方先聯起手來一起對付在墨西哥的法國軍隊。但是，林肯卻堅持除非讓聯邦一方擁有最高統帥權，否則他將不考慮南方的這一建議，因爲他認爲美國只能作爲一個整體而不是分

美國南北戰爭中手持刺刀衝鋒陷陣的聯邦軍

裂的兩部分來反抗法國軍隊。

在充滿挫折、失敗、疲勞的漫長歲月中，在彌漫著絕望和分裂的氣氛下，林肯始終將美國緊密地團結在一起，他自始至終都堅持著美國統一，從未動搖過。每當無事可做的時候，林肯總是靜靜地坐在白宮裡，一動也不動，就好像是一座剛毅的雕像。有時候，他也會說一些笑話，或是說一些有趣的事，以緩解自己的緊張情緒。

終於，林肯的聯邦政府獲得了勝利。在南方投降的第二天，他進入里奇蒙，接受李將軍的投降。林肯回到華盛頓之後，於四月十一日發表了最後的公開演說，主題是「兩方和解與在戰敗諸州重建忠實聯邦政府的問題」。四月十四日的晚上，林肯到華盛頓的福特劇院看表演，正當他坐在看臺上觀看演出時，突然腦後中了一槍，當場身亡。兇手是一個叫布斯的演員，因對林肯的政治主張不滿，所以便溜進包廂行刺林肯。不過，林肯的事業已經完成，聯邦和美國已經得救了。

這場南北戰爭剛打起來的時候，美國還沒有修建通往太平洋海岸的鐵路，但戰爭結束之後，鐵路便像蔓藤一般在美國土地上四處蔓延。如今，疆域遼闊的美國，因爲有了鐵路，變成一個無論是在物質上還是精神上都無法分割的統一體。

第六十一章　德國的復甦與對歐洲的控制

在前面章節中我們已經提及，在法國大革命與拿破崙軍事大冒險所引起的大動盪後，歐洲獲得了一種不安的和平，而且還讓五十年前的政治局勢又以某種現代化的面貌重新出現了。公元十九世紀中期，煉鋼技術、輪船和鐵路都沒能產生顯著的政治效果。但是，基於城市工業化程度的迅速加深，社會的壓力不斷增大，此時的法國依然危機四伏。此時，法國又連續爆發了一八三〇年的革命和一八四八年的革命。接著，法國誕生了其歷史上首位總統，他便是拿破崙．波拿巴的侄子拿破崙三世——後來他又在公元一八五二年成爲皇帝。

拿破崙執政之後，著手開始創建巴黎，希望能將巴黎建成一種拉丁風格的城市，而當時的巴黎實際上是一座到處充斥著繪畫、垃圾的十七世紀風格的城市。經過拿破崙的努力，一座寬敞的、到處矗立著大理石建築的拉丁風格的城市終於出現在世人面前，而且依稀保存至今。此外，拿破崙還改造法國，想要將法國打造成一個明亮耀眼的現代化帝國主義國家。他甚至還有某種政治野心，讓歐洲列強再次陷入困頓不安的戰爭狀態。而此時，野心勃勃的俄國沙皇尼古拉一世正大舉南侵土耳其帝國，並緊緊盯著君士坦丁堡的風吹草動。

到了公元十九世紀下半葉，歐洲又爆發了新一輪的戰爭，而這一次的戰爭目的是「均衡勢力」和「爭奪霸權」。法國、英國和薩丁尼亞爲了維持土耳其的現狀，與俄國發生了克里米亞戰爭；爲了掌握德意志的統治權，義大利的同盟普魯士和奧地利爆發了戰爭；法國出兵幫助義大利北部脫離奧地利的統治，而義大利則將薩瓦作爲回報送給法國。此後，義大利逐漸發展成一個統一的王國。當美國發生南北戰爭時，拿破崙三世又乘機對墨西哥進行了一個輕率的大冒險：在墨西哥扶植了一位傀儡皇帝馬克西米利安。然而，當勝利的美國聯邦政府對此提出抗議和威脅後，他又立即拋棄了馬克西米利安，導致後者最終落入墨西哥人之手並遭到槍決。

事實上，法國和普魯士爲了爭奪歐洲霸權在很長時間以來衝突不斷，直到公元一八七〇年雙方再次發生戰爭。對於這一場戰事，普魯士顯然早已預料到，並爲此做了十分充分的準備；而法國方面則因爲財政困難日益加重，而使得軍隊的力量被嚴重削弱了。結果可想而知，法國節節敗退，而且這種潰敗還極富戲劇性。八月，德國進攻法國；九月，拿破崙三世親自指揮的一支法國大軍在色當戰敗投降；十月，另一支法國軍隊在梅斯投降；次年一月，巴黎遭到圍攻和炮轟後最終落到了德國人手中。戰後，交戰雙方在法蘭克福簽訂了停戰協議，法國同意割讓阿爾薩斯與洛林給德國以換取和平。於是，除奧地利外，整個德意志變成了一個統一的帝國了，普魯士王登上德國皇帝的寶座，加入了歐洲皇帝的行列。

在這次德法戰爭之後的四十三年裡，德國始終是歐洲大陸最強大的國家。而在此期間的公元一八七七年至一八七八年，俄羅斯又與土耳其交戰。自此之後三十年間，除了巴爾幹地區有過部分的調整外，歐洲其他國家的國界都不曾發生過變動。

第六十二章　輪船、鐵路時代的新海外帝國

到了公元十八世紀末，歐洲帝國進入了分裂時代，而擴張主義者的擴張夢想也逐漸破滅。這一時期，英國、西班牙等國家與其美洲殖民地由於相隔太遠，從而導致本土與殖民地的自由往來阻礙重重。各殖民地於是紛紛脫離本土控制，逐漸形成有著不同思想、習俗、語言的新的獨立的社會實體。隨著時間的推移，各殖民地也在各自發展，此時本土用以控制它們的航運線便顯得越來越不可靠了。那些設立在荒原之上的貿易站，如法國設在加拿大的商站；或是貿易辦事處，如英國設在印度的貿易公司，爲了勉強維持自己在殖民地的存在，只好依賴給它們提供幫助並給予其存在根據的國家。所以在公元十九世紀初期，許多思想家都覺得，海外殖民統治已經達到了極限。公元一八二〇年之後，歐洲國家中只有俄國還在不斷向東擴張，幾乎要跨越整個亞洲，而其他那些歐洲國家在十八世紀中期於歐洲以外地區所創建的「帝國」，其勢力範圍正一步步緊縮。

公元一八一五年，不列顛帝國的疆域由以下部分組成：人煙稀少的加拿大沿海、河流和湖泊區域、遼闊荒蕪的內陸（哈德遜灣公司的皮貨交易站是當時唯一的移民點）；由東印度公司掌控的印度半島三分之一的土地；黑色人種與具有反抗精神的荷蘭人聚居的好望角沿海地區；西非海岸上的幾個貿易站；直布羅陀；馬爾他島；牙買加；西印度群島上幾塊奴隸制小領土；南美洲的英屬殖民地圭亞那等；在世界另一端的澳大利亞，還有博塔尼灣與塔斯馬尼亞島這兩塊囚犯流放地。

此時，西班牙則掌握著古巴和菲律賓島上的一些領地，葡萄牙則只保有其早年征服的一些非洲土地，荷蘭則擁有印度群島與荷屬圭亞那的幾個島嶼和部分領土，丹麥只控制著西印度群島中的一個小島，法國則統治著西印度群島的幾個小島和法屬圭亞那領地。這些似乎就是歐洲列強所要的，也可以說是它們能夠從世界其他地方所獲得的全部殖民地。此時，它們都停住了擴張的步伐，只剩下東印度公司仍表現出某種擴張意圖。

當歐洲人正忙於應付拿破崙戰爭時，英國的東印度公司卻在其歷任總督的帶領下正在印度扮演著從前突厥人和其他北方侵略者相同的角色——以印度為起點，侵略其他國家。《維也納條約》後，東印度公司依舊不斷發動戰爭、強行徵稅，還往亞洲各國派駐使者，就好像是一個半獨立的國家。不過，它仍然需要將掠奪來的財富送回英國。

在這裡，我們無法向大家詳細說明，東印度公司是如何與各方勢力達成聯盟，最後又打敗了所有的對手而取得霸權的。總之，它的觸角一直伸到信德、奧德、阿薩姆等地。今天英國中小學生所熟悉的印度版圖的輪廓——一個被英國直接掌控的各大行省包圍和聯結的諸土邦的拼集，就是在這一時期逐漸形成的。

公元一八五九年，在印度士兵發起的一次大規模的暴動被鎮壓之後，英國王室便將東印度公司這個「帝國」併入了其王國的統治。依照《改善印度政府管理法案》，印度總督成為代表英王的「副王」，並以印度事務大臣取代東印度公司，前者直接對英國國會負責。到了公元一八七七年，貝肯斯菲爾德勳爵為了完成以上這些改善法令，請英國女王維多利亞在擁有「英國女王」稱號的同時再接受「印度女王」的稱號。

英國和印度就是以這樣一種不同尋常的方式結合在了一塊。雖然此時的印度仍處於蒙兀兒帝國時期，但蒙兀兒大帝的位置已經被大不列顛的「君主共和國」所取代了。由此，印度成了一個沒有專制君主的專制國家，它的統治結合了君主專制的弊端和民主制度的不負責任，使得印度人民的生活水深火熱。印度人無法申訴自己的苦楚和不平，他們沒有眞正的國王，他們的皇帝只是一個金色的象徵，不能給他們做主。迫不得已，他們只好在英國散發宣傳單或是對英國的下院提出抗議。然而，英國的議會總是忙於處理英國內部的問題，使得印度問題備受冷落，最後只能聽任高官的擺布。

在輪船和鐵路還沒有投入使用的時候，歐洲各帝國都沒有出現過什麼大的擴張，而英國在印度的擴張屬於例外。英國有一派政治思想家持有這樣一種觀點：認爲英國日趨衰敗的一個主要原因便是進行海外領土擴張。英國的澳大利亞殖民地的發展十分緩慢，直到澳大利亞分別在公元一八四二年和一八五一年發現了銅礦與金礦，這個殖民地的重要性才逐漸顯現出來。隨著交通運輸方面的發展，澳大利亞的羊毛被源源不斷地送到歐洲並在歐洲越來越受歡迎。與澳大利亞相似，公元一八四九年之前的加拿大的發展也十分不樂觀，因爲它一直深受英國移民與法國移民之間的矛盾的困擾，並發生了多起大暴動。直到公元一八六七年，建立加拿大聯邦自治政府的新憲法頒布，加拿大內部的混亂局勢逐漸得到控制。此外，鐵路的出現也極大地促進了加拿大的發展。和美國的情況十分相似，因爲有了鐵路，加拿大才能夠向西擴展，還能在歐洲市場上出售他們的穀物和其他商品。而且，鐵路的開通還極大地促進了加拿大的統一，使得加拿大各地的人在語言、情感和利益等方面越來越一致。所以說，在殖民地發展的整個過程中，輪船、鐵路和電報都起到了重要的作用。

早在公元一八四〇年以前，英國就已經在紐西蘭建立了殖民地，還組建了一家紐西蘭土地公司。這家公司可對島上一切可利用資源進行開發。公元一八四〇年，紐西蘭最終被納入英國王權的殖民統治範圍。

正如前面所提到的那樣，加拿大是英國的殖民地中第一個採用新的運輸方式並展現出其新經濟能力的地方。緊接著，南美洲的各個共和國也不斷因爲交通的改善而獲利，尤其是阿根廷共和國，其牲畜貿易和咖啡貿易等開始頻繁與歐洲市場接觸。以往，歐洲列強紛紛湧入這片未開發的原始地區，是爲了爭奪黃金和其他貴重金屬、象牙、奴隸、香料等。但是在公元十九世紀的最後二十五年中，歐洲各國人口激增，從而導致國內糧食供應緊張，迫使各國政府不得不向海外尋求糧食供應；科學工業的發展，又加大了各國對各類油脂、橡膠以及其他之前不受人們重視的原材料的需求。顯然，英國、葡萄牙和荷蘭正是因爲控制著許多熱帶和亞熱帶產品，所以才獲得了巨大的收益。公元一八七一年之後，德國、法國、義大利先後開始尋找尚未被吞併的原料產地和有利可圖的現代東方國家。

於是，全世界又展開了新一輪的對沒有政治庇護的地區的爭奪。此時，只有美洲因爲有美國「門羅主義」的庇佑，才免遭塗炭。

與歐洲大陸緊挨著的是非洲大陸，在歐洲人眼中，這裡充滿了朦朧的開發希望。在公元一八五〇年之前，非洲還是一個神祕莫測的大陸，歐洲人對這塊大陸的理解僅限於古埃及和沿海地區，而且了解的程度也並不深。由於篇幅限制，我們在這裡便不再多加介紹有關最早到非洲大陸的探險家與冒險家的驚險故事，也不多講述緊跟探險家與冒險家之後的政客、行政官員、商人、移民和科學家的驚人故事。我只能告訴讀者，在非洲大陸上有：諸如俾格米矮人那樣奇異的人種，諸如俄卡皮鹿之類的奇特野獸，各種奇特鮮花、水果和昆蟲，可怕的疾病，震撼人心的森林山嶽美景，浩渺的內海，寬闊的河流和壯觀的瀑布。這是一個全新的世界。在辛巴威，歐洲的探險家們甚至還發現了一處已經滅絕的某一古代民族的文明遺蹟。當歐洲人闖入這個新世界的時候，發現在這裡經營奴隸販賣活動的阿拉伯商人已經擁有來福槍了，但是黑人還過著毫無秩序的生活。

公元十九世紀後半葉，歐洲列強對非洲全境進行了測繪、勘探和評估，然後將其完全瓜分。在這場瓜分大戰中，根本沒人考慮過當地居民的利益。在這裡的阿拉伯奴隸販子雖然沒有被驅逐出境，但他們販賣奴隸的活動卻遭到了禁止。在被比利時人占領的剛果，由於殖民者對橡膠貪婪的需求，使得他們不斷強迫當地土人去採集野生橡膠。隨著這種貪婪程度的不斷加深，這些毫無管理經驗的歐洲官員和當地土著人的矛盾也進一步加深了，最終演變為可怕的暴行。可以說，所有歐洲列強都在非洲幹了可恥的事。

公元一八八三年，古埃及雖然在名義上是土耳其的屬地，但英國人卻公然入侵了這裡，還在這裡建立了自己的統治勢力範圍。公元一八九八年，馬爾尚上校率軍從西海岸穿越中非，意圖在法紹達搶占尼羅河上游，差點釀成一場英法戰爭。關於這些故事，這裡我們便不為大家一一介紹了。

另外，英國政府原本同意奧倫治河地區與德蘭士瓦兩地的荷蘭移民布爾人，在南非境內建立他們自己獨立的共和國，但後來英國政府卻出爾反爾，在公元一八七七年時吞併了德蘭士瓦共和國。德蘭士瓦人民為了重獲自由，奮起反抗，於公元一八八一年在馬朱巴山與英國軍隊展開激戰，並取得了勝利。關於這一戰，英國的報紙進行了連續的報導，讓英國人深深記住了這一慘敗事實。公元一八九九年，戰爭又在英國和這兩個國家之間爆發，戰爭持續了三年，英國人在付出巨大的代價後贏得了戰爭。

然而，這兩個共和國對英國的屈服只是暫時的。公元一九〇七年，它們的征服者大英帝國主義政府垮臺，英國的自由黨人接手處理南非問題，兩個共和國於是重新獲得自由。它們十分樂意與好望角殖民地、納塔爾組成一個由南非各國組成的聯邦，作為英王治下的一個自主的共和國。

列強用了不到二十五年的時間，幾乎將非洲瓜分一空。最後，僅留下三個小國沒有受到瓜分，它們分別是：摩洛哥，接受穆斯林蘇丹統治的一個小國；賴比瑞亞，西海岸的一個結束了奴隸制的居住地；衣索比亞，信奉基督教某個古老分支的未開化國家，曾為捍衛自己的獨立而在公元一八九六年與義大利發生了阿杜瓦戰役並取得了勝利。

第六十三章　歐洲人掠奪亞洲，日本的復興

我們無法相信有人會接受歐洲人用自己的色彩輕率繪製的這樣一幅非洲地圖，並將它視爲永久性解決世界事務的新辦法。然而，歷史學家的責任就是如實記錄歷史。

在公元十九世紀的歐洲人的頭腦中，只有一種膚淺的歷史背景而缺乏深入批判的習慣。在當時那些對蒙古人的征服一類事件茫然不知的人眼中，因西方機器革命而造成的歐洲人的暫時優勢簡直就是歐洲永久控制人類事務的證據。他們不懂得科學研究及其成果都是可以轉移的，不理解中國人和印度人也能像英國人和法國人那樣進行科學研究。他們總是狹隘地認爲，東方人生性保守、懶散，而西方人具有闖勁和智慧，所以歐洲人會永遠處於世界霸主的地位。

這種糊塗的想法最終造成一個後果，那便是歐洲各國的對外機構不僅竭力與英國爭奪世界上未開化的地方，還想要瓜分亞洲人口衆多的文明國家，就好像那些民族就是供他們開採的原料一般。英國統治階級在印度建立一個徒有虛名的帝國，荷蘭在東印度群島建立了遼闊且有利可圖的殖民地，引得其他列強紛紛遐想著征服日漸衰弱的波斯，占領解體的鄂圖曼帝國，瓜分中國、日本和東印度的領土。

公元一八九八年，歐洲列強對疆域遼闊的中國進行了瓜分，比如德國人搶占了膠州灣，英國人占領了威海衛。次年，俄羅斯侵呑中國的旅順港。歐洲人的野蠻行徑引起了中國人民的強烈憤

慨，於是出現了在華的歐洲人與基督徒被殺事件。公元一九〇〇年時，他們還圍攻了歐洲列強駐紮於北京的使館。歐洲聯軍打著援救使館人員的幌子，對北京進行了報復性的進攻，然後又搶掠了不計其數的奇珍異寶。隨後，俄國人強占了中國東北，而英國人則於公元一九〇四年入侵中國西藏。

在這些不斷爭奪的強盜中，此時又突然冒出了一個新生力量——日本。在此前的歷史上，日本只是一個無足輕重的小角色，這個遙遠而封閉的國家幾乎沒有對人類歷史產生過什麼重大影響，或者說它只是索取而幾乎沒有付出。嚴格說來，日本民族屬於蒙古人種，他們的文明、文字、文學和藝術統統源於中國。日本的歷史頗為有趣，也充滿了傳奇色彩。早在基督開元的頭幾個世紀，日本就已經建立了封建制度並發展了武士傳統。就像英國人入侵法國一樣，日本也不斷對中國和朝鮮發動戰爭。

公元十六世紀，日本第一次接觸歐洲。公元一五四二年，幾個葡萄牙人搭乘中國船隻來到了日本；公元一五四九年，耶穌會傳教士法蘭西斯．薩維爾開始在日本傳教。曾經有一段時間，他們非常歡迎歐洲人，很多日本人還受了歐洲傳教士的影響而改信基督教。當時，有一個叫作威廉．亞當斯的人成了日本人最為信賴的歐洲顧問，他向日本人傳授了建造大型船隻的方法。不久，日本人便能駕著自己造的船隻到印度和祕魯了。

後來，葡萄牙的耶穌會、西班牙的道明會、英國和荷蘭的新教徒在日本進行了激烈而複雜的鬥爭，各派都警告日本人要提防其他教派的政治意圖。與此同時，處於優勢地位的耶穌會殘酷地侮辱和迫害佛教徒。直到這時，日本人突然醒悟：歐洲人都是禍害，尤其是天主教，其不過是教皇與已經占領了菲律賓群島的西班牙國王為達到政治目的而設的一個裝飾門面而已。日本因此展開了一場大規模清洗基督教徒的活動。從公元一六三八年開始，日本對歐洲各國關閉了大門，並且一連堅持了二百多年。這二百多年來，日本好像是生活在另一個星球上，幾乎沒有跟其他國家往來。除了沿海使用的小船，所有大型船隻的建造都遭到了日本政府的禁止。日本人不准到國外去，而歐洲人也無法進入日本。

在長達二百多年的時間裡，日本都不在世界歷史主流之列，獨自生活在風景如畫的世界裡。它是一個封建國家，其中統治階級由武士、貴族及其家族組成，他們人口數量占日本總人口的百分之五，經常肆意對日本平民實施暴政。而此時，外面的廣闊世界卻正在飛速發展，形成了更廣闊的視野，出現了許多新生力量。日本海峽有越來越多的奇特船隻駛過，偶爾也會有遇難的船隻和船員漂到日本。透過聯繫日本與外部世界的唯一橋梁，即荷蘭人在對馬島上的居留地，日本人發現自己已經遠遠落後於西方國家了。

公元一八三七年，一艘桅杆上飄揚著奇異的星條旗的輪船駛進了江戶灣，船上載有數名日本水手，這些水手是在漂流到遙遠的太平洋的某處被救上來的。然而當這艘船靠近日本時，卻遭到日本的炮擊，只好離去。不久，掛著相同旗子的船隻再次出現在日本海域附近。公元一八四九年，又有掛著相同旗子的船隻駛來，要求日本釋放被扣押的十八名美國水手。公元一八五三年，海軍準將佩里率領四艘美國軍艦駛進日本海域。當時日本政府是嚴禁外國船隻停泊在其近海的，然而佩里卻不顧日本的這一禁令，直接將軍艦開入日本海域，並給日本當時的兩位執政者寫了封信。公元一八五四年，佩里再帶領十艘軍艦直逼日本，這些軍艦以蒸汽機爲推動力，艦上架著大炮。佩里提出通商的建議，無力抵抗的日本人只好同意了。隨後，佩里和他的五百名士兵登陸日本島，與日本簽訂了通商條約。看著這些訪問者昂首闊步地從大街上走過，日本人的眼神裡充滿了疑惑。

緊接著，俄羅斯、荷蘭、英國相繼湧入日本。日本的一位貴族，曾試圖用炮擊退外國船隻，結果英國、法國、荷蘭、美國的船艦一齊向他的炮臺發炮，摧毀了他的炮臺，打敗了他的武士。公元一八六五年，各國聯軍艦隊停泊於京都海上，強迫日本簽訂向全世界開放通商的條約。

經歷了此事之後，日本人深深以此爲辱。此後，日本人憑藉其驚人智慧和頑強意志，竭力提高自己國家的文化和組織水準，並逐漸趕上了歐洲人。在人類歷史上，還沒有哪一個國家能像日本那樣，進步速度如此驚人。公元一八六六年的日本就好像是一幅奇妙浪漫的封建制漫畫，一個只有中世紀發展水準的國家，然而到了公元一八九九年時，它卻已經趕上了最先進的歐洲國家，成爲一個完全西方化的國家。這樣，那種認爲亞洲必然不如歐洲的偏見被它澈底擊破，歐洲的進步與之一比便顯得黯然失色了。

儘管日本在公元一八九四年至一八九五年發動的侵華戰爭反映了日本的西化程度，但我們在這裡將不再做詳細敘述。此時，日本已經擁有一支高效的西方化陸軍和一支小而精幹的西方化艦隊。日本的復興引起了英美兩國的注意，它們已經將其視爲歐洲國家了，但這卻沒有引起那些正忙於搶占亞洲新印度群島的其他國家的重視。這一時期，俄國正打算經中國東北入侵朝鮮，而法國已經在遙遠南方的東京*和安南建立了自己的勢力範圍，而德國也正如飢似渴地尋找可以擴張的殖民地。這三大強國聯合起來，阻止日本人在與中國的戰爭中獲得更多的好處——因爲日本在對華戰爭中消耗頗大，三大強國便以戰爭來要挾它，使得它不敢有更大的動作。

然而，日本只是暫時妥協而已，其一回到日本便立即開始積蓄力量，以期日後與各國一爭高

---

*越南北部一地區的舊稱。——譯者注

下。日本準備了整整十年，然後對俄宣戰。而這場日俄戰爭，意味著亞洲的歷史進入了新紀元。至此，歐洲霸權一枝獨秀的時代宣告終結了。對於這一場精心策劃的繞過半個地球的戰爭，俄國人民是懵然無知的。一些富有遠見的俄國政治家認為這場戰爭是愚蠢的，不應該應戰。但是，沙皇卻被一群金融冒險家包圍著，其中不乏大公、沙皇的堂兄弟等，他們為了掠奪大量的財富已經在中國東北投下了大賭注，所以執意不肯退兵。於是，大批日本士兵經海上被送到了旅順口和朝鮮，而無數的俄國農民則透過西伯利亞鐵路被送往前線，死在遠離家鄉的異國戰場上。

戰爭開始後，俄國軍隊指揮不當，又加上糧草與彈藥被扣押在後方，結果不管是在海上還是在陸上都沒能戰勝日本。波羅的海艦隊繞道非洲前來助戰，結果卻在對馬海峽被日軍全殲。在俄國國內，這場毫無意義的戰爭激怒了俄國民眾，並由此爆發了一場大革命，迫使沙皇只好停止戰爭（一九〇五年）。沙皇將公元一八七五年占領的庫頁島南部交給了日本，從中國東北撤兵，並將其在朝鮮掠奪的特權也拱手讓了出去。至此，歐洲人對亞洲的侵略走到了盡頭，歐洲勢力的觸角開始回縮。

第六十四章　大英帝國統治下的和平

接下來，我們即將介紹公元一九一四年的大英帝國各組成部分的不同性質，它們是透過輪船和鐵路被緊密地聯繫在一起的。可以說，在人類歷史上以這樣一個獨特的政治聯邦出現的，只有大英帝國。

對於整個聯邦而言，處於中心地位的和最重要的部分便是不列顛聯合王國的「君主共和國」，其中也包含了愛爾蘭（這一點遭到了許多愛爾蘭人的反對）。不列顛國會由英格蘭和威爾斯議會、蘇格蘭議會、愛爾蘭議會這三個議會組成，其多數決定了政府的性質、政策與內閣首腦。而國會做出這樣的決議，大多數是出自對英國國內政治的考慮。事實上，這個內閣就是管理整個帝國的最高政府，它還掌握著對外宣戰與議和的權力。

在大英帝國中，不列顛最具有政治重要性，排在其後的依次是：澳大利亞、加拿大、英國最早的屬地紐芬蘭、紐西蘭以及南非等「君主共和國」。實際上，它們都是獨立的自治國，不過是與大不列顛結成聯盟，而倫敦政府會往這些自治國派國王代表。

接下來，大英帝國的組成部分還有印度帝國了。印度帝國是大蒙兀兒帝國的擴展，還包括其附屬及「受保護」的各邦，它的領土越來越寬，已經從俾路支斯坦延伸至緬甸，還將亞丁包含在內。在整個印度帝國中，扮演舊時突厥王朝角色的是英王和印度事務部（下屬議會）。

再接下來的大英帝國的組成部分便是古埃及了。其實，古埃及與大英帝國的所屬關係並不太明確——古埃及名義上是屬於土耳其的，還擁有自己的國王，但實際控制它的卻是統治手段近乎專制的英國官員。

大英帝國的組成部分再有就是意義更加含糊的「盎格魯—古埃及」的蘇丹省，它其實是在英國政府和英國控制下的古埃及政府的共同統治之下的。

當時的大英帝國還含一些半自治地區，如馬爾他島、牙買加、巴哈馬群島以及百慕達群島等。這些地區有些原先就屬於英國，而有一些則不是。在這些地區既沒有設立選舉產生的立法機構，也沒有由英國派任的行政長官。

然後，大英帝國還控制著一些直轄的殖民地。在這些殖民地地區，英國政府（透過殖民部）的統治方式十分接近君主專制。這樣的地區包括：錫蘭、千里達、斐濟（英國在此地設立了一個政務會議，人員由英政府任命）、直布羅陀和聖赫勒拿（有一名總督）。

最後是廣大的熱帶地區，亦即未加工原料的產地。這些地區的土著居民都是未開化的，所以其政治大都比較軟弱。它們只是名義上的保護地，由職位高於土著酋長（如在巴蘇陀蘭）或特許公司（如在羅得西亞）的高級專員負責管理。至於這些地區的歸屬部門，實在是難以弄清楚，它們有的歸殖民部門，有的歸外交部，有的歸印度事務部，不過現在大部分責任歸殖民部。

綜上所述，沒有什麼機構也沒有什麼人會將英國視為一個簡單的整體，不過它本來就不是一個簡單的整體，它其實是一個在發展中由各國不斷拼湊起來的混合體。所以說，大英帝國與以前的那些帝國是完全不同的。雖然大英帝國的官方不斷推行苛政，顯示出種種弊端，不過帝國看起來還算穩定和平；雖然其「國內」民眾對這種穩定和平不以為然，但它還是得到許多「隸屬」的容忍與支持。

大英帝國和「雅典帝國」一樣，也是一個海外帝國，帝國各部分的日常聯繫完全是靠不列顛海軍來完成的。與其他的帝國一樣，使大英帝國各部分凝聚在一起的物質保證就是：發達的交通。公元十六世紀到十九世紀，大英帝國之所以能夠輕易實現表面上的穩定和平，完全得益於航海、造船與蒸汽輪船技術的發展。不過，當航空運輸和陸地高速運輸有了新發展後，說不一定哪一天就會動搖了它的穩定和平，而這也是極有可能發生的。

第六十五章　歐洲的軍備階段與世界大戰的爆發

自然科學的進步，成就了一個強大的建立在輪船和鐵路基礎上的美利堅合衆國，也促進了海上霸主英國的對外擴張。然而，擁擠在歐洲大陸上的其他國家，卻並沒有因爲這種科學進步而獲得有效的發展。這些國家的國民被限制在土路和騎馬時代所劃定的國界之內，只能當一名觀衆看大英帝國不斷在海外擴張，而自己卻沒有那個實力。

當時，只有俄國依然存在著某種向東擴張的傾向。俄國人修建了一條橫貫西伯利亞的大鐵路，並且依靠這條鐵路與日本人進行了一場殘酷的戰爭。同時，它不斷向東南方向推進，入侵印度與波斯，並因此惹惱了英國人。而此時，歐洲各國正面臨著人口過剩的問題。人類的生活面臨著重新調整的可能，就是在更爲廣泛的基礎上重新安排各國的事務。而打造這樣的基礎的前提是，實現各國的聯合，不管是出於自願的還是被逼的。當然，從近代思想角度出發，各方肯定更願意接受前一種聯合，然而由於各國傳統政治勢力的介入，歐洲顯然又開始推行後一種強權政策。

由於拿破崙三世帝國的覆滅和新德意志帝國的崛起，使得人們又將希望或擔心都集中在了這種主張上面，即歐洲在德國的領導下結爲一體。在三十六年的時間裡，歐洲始終處於搖搖欲墜的和平之中，歐洲政治家都認爲：德國可能成爲歐洲的主宰者。自從查理曼帝國分裂之後，法國始終是妨礙德國成爲歐洲霸主的主要對手。法國自知實力不足，於是便拉上俄國與自己一起。而德國則嘗試著與奧匈帝國（在拿破崙一世時代裡就已經脫離神聖羅馬帝國了）聯盟，還不太成功地與義大利新王國結盟。

最開始的時候，英國仍以其一貫作風行事，對歐洲事務採用忽冷忽熱的應對姿態。然而，當它發現德國海軍的實力越來越強悍時，它便立即與法國、俄國結成聯盟。後來，由於野心極大的德國皇帝威廉二世過早地推行他的海外冒險政策，從而使得不僅是英國，就連日本和美國也逐漸倒向了與之對立的陣營。

於是，所有這些國家都準備武裝起來，軍事設備、槍炮和戰艦在國民生產中所占的比重一年比一年高。世界局勢更加動盪不安，各國之間火藥味越來越濃，戰爭靠近的速度時急時緩。最終，戰爭還是爆發了。德國和奧匈帝國首先對法國、俄國、塞爾維亞發起了進攻。接著，德國又開始進攻比利時，英國不甘示弱地立即參戰，爲比利時提供幫助，還拉攏日本成爲自己的盟國。沒過多久，鄂圖曼土耳其加入了德國陣營。

公元一九一五年，義大利對奧匈帝國宣戰，而保加利亞則在當年的十月成了德國的盟友。公元一九一六年，羅馬尼亞向德國宣戰，而中國和美國則在次年被迫對德國宣戰。關於裁定這次大戰的責任的這一問題，本書便不做細述了，我們更需注意的不是戰爭爲什麼打起來了，而是爲什麼沒有人預料到這場戰爭的爆發並對其加以制止。對於人類而言，肆意挑起戰爭的一小撮人固然可恨，但更令我們痛心的是：千百萬的人過於「愛國」、愚昧與冷酷，以至於無法發起一個公開的、輻射面廣的歐洲統一運動來阻止這場不幸。

由於此次大戰的細節過於複雜，我們無法一一陳述，但是我們應該注意到：僅在數月之內，現代科學技術的進步就讓戰爭的性質澈底發生了改變。這一事實是顯而易見的。物理學的發展，使人類充分認識了「力量」這一概念，人們利用這種力量冶煉鋼鐵、克服距離、戰勝疾病。然而，人們是用其來行善還是作惡，完全取決於世界道德和政治的認知程度。戰爭爆發後，歐洲各國政府由於受到仇恨與猜忌的舊政策的影響，形成了一種前所未有的破壞力和抵抗力。全世界都彌漫著一股戰爭的氣息，不論是戰勝國還是戰敗國，都遭受了極為重大的損失。

大戰初期，德軍入侵巴黎，俄軍猛烈地攻擊東普魯士，雙方的進攻都遭到了抵禦和反抗。然後，各國開始加強自身的防禦能力，修築堅固的防禦工事。在一段時間裡，對峙的兩方都固守在橫貫歐洲的長長的戰壕之內，每向前推進一步就要付出極大的犧牲。雙方的兵力都十分強大，數以百萬計。在軍隊的後方，所有民眾都被組織起來為前線提供糧食和軍需品。各地全力以赴地為戰爭服務，幾乎被迫停止了所有的生產活動。歐洲所有健康成年男子都被「徵用」了，不是加入了陸軍或海軍，就是到臨時工廠進行軍需生產了。原來工廠的工作則由婦女替代了。大戰期間，歐洲交戰國半數以上的國民都轉換了職業，並且還是以一種社會性的規模來實現這種根本性轉移的。與此同時，科學研究和教育工作或是受到壓制，或是乾脆直接轉向為軍事服務。由於軍事上的審查和強迫性的宣傳活動，使得新聞失去了原來的味道。

當戰爭陷入膠著狀態後，雙方不得不轉變進攻方向，對後方人員進行攻擊：或空襲，或破壞糧食與軍需用品的供給。此外，為了壓制敵軍，交戰雙方都開始加快武器研究的步伐，槍炮的口徑和射程都有了明顯的改進，毒氣彈和小坦克也都開始出現在戰場上。在所有的新方法中，空軍的投入使用最具有革命意義，它使得戰爭從平面戰爭發展為立體戰爭。在以往的戰爭中，戰鬥都是發生在交戰雙方相接的地方；而此時的戰爭，則可以對任何地方進行打擊。最早出現的空中武器是齊柏林飛行器，接著則是轟炸機，它們把戰爭從前線擴大至後方的非戰鬥地區。區別對待戰鬥人員與平民這一古老的文明戰爭傳統被拋棄了，幾乎所有人都成了攻擊對象，不管他的職業是什麼，如農民、裁縫、伐木工人、修房的人甚至車站和倉庫也沒能逃過打擊。空襲的範圍不斷擴大，造成的恐慌也與日俱增。

最後，歐洲的許多地區都成了敵軍夜間空襲的目標和對象，像倫敦、巴黎等重要城市，幾乎每晚都要遭受轟炸。高射炮不斷發出可怕的怒吼聲，消防車、救護車在漆黑無人的大街上疾馳而過。這一切，對老人與孩子的身心健康都造成了極大的傷害。

歷史上，每一次大戰都會引發瘟疫流行，然而這一次一直到公元一九一八年戰爭結束也沒出現過疫情。事實上，在這四年的戰爭中，是醫學有效地阻止了一般流行病的發生。不過，後來還是爆發了世界性的流行性感冒，這種流行感冒來勢洶洶，並奪走了數百萬人的性命。另外，戰爭往往會導致饑荒，這次大戰中有數次驅除了饑荒的來襲，但是到了公元一九一八年年初時，歐洲大部分地區還是不可避免地出現了饑荒。此時，全世界都出現了糧食減產的問題，因爲各國的農民紛紛被招募到軍中，無人耕地；加上當時潛水艇活動猖獗，各國封鎖邊界，使得道路不再暢通以及世界運輸系統混亂，都使得糧食得不到正常的供應。各國所掌握的糧食越來越少，不得不採取定期、定量的糧食分配措施。到了戰爭的第四年，人們不僅要面臨糧食問題，還要應對缺少衣服、房子和大部分的人生活用品問題，商業和經濟異常混亂，大家都憂心忡忡的，大部分人的生活都十分艱難。

直到公元一九一八年十一月，這場戰爭才算眞正結束了。而在這一年的春天，德軍還不惜一切地對巴黎進行了猛攻，還差點攻陷了這座城市。戰後，戰爭中心國終於崩潰了，它們在精力和資源上都已經耗光了。

第六十六章　俄國的十月革命

在前面提到的大戰同盟國瓦解的前一年，那個公開宣稱要繼承拜占庭皇帝之位的半東方國家俄國的沙皇就已經被推翻了。早在戰爭爆發前的數年裡，沙皇俄國已經出現沒落的徵兆了，竟然讓拉斯普丁這個宗教騙子掌管國家大事，國家在軍事和民事上的管理也都顯得極爲腐敗無能。戰爭初期，俄國上下熱情高漲，很快便組織好一支龐大的軍隊。然而，這支軍隊既沒有配備適用的武器裝備，也沒有配備優秀的指揮官或將領。就這樣，這支供給不足、管理不善的軍隊就被匆匆投到德、奧的前線中去。

公元一九一四年九月，在德軍眼見就要取得攻擊巴黎的勝利時，俄國軍隊卻突然出現在了東普魯士，使得德軍將注意力和精力都從對巴黎的首次勝利轉到這裡來。俄軍的此次出征因爲缺少優秀的指揮官而損失慘重，參軍的俄國農民承受著巨大的痛苦，看著數萬戰友犧牲，卻將法國從戰爭的澈底毀滅中拯救出來，讓整個歐洲都對這個偉大而慘烈的民族感激不已。對於這個臃腫的、組織失當的國家而言，並不是其能力不夠，只是戰爭已經大大超出國力的承受範圍。俄國士兵進入戰場時，不僅缺少炮火支援，就連步槍子彈的供應也不充足，最後在長官和將軍們狂熱的軍國主義的欺騙下，白白犧牲了自己的生命。在很長一段時間裡，他們都像牲畜一樣默默承受著這一切巨大的痛苦，然而再老實的人，忍耐力也是有限的。於是，這些被出賣和被屠殺的軍人對沙俄政府產生了憎惡和不滿，他們產生了一種強烈的想法，他們要奮起反抗，改變這樣的命運。公元一九一五年後，俄國成了其西方盟友心中的一個隱憂。至公元一九一六年時，它基本上都處於守勢，稱其與德國單獨媾和的謠言一時間甚囂塵上。

公元一九一六年十二月二十九日，僧侶拉斯普丁在彼得堡的一個晚宴中遇刺身亡。隨後，人們展開了一次早就該執行的整頓沙皇政府的計畫。到了公元一九一七年三月，事態迅速發展，一場革命起義因彼得堡的糧食騷亂而爆發了。起義者試圖推翻政府的代議機構杜馬，並試圖逮捕自由派的領導人，成立一個以里沃夫親王為首的臨時政府。三月十五日，俄國沙皇被迫退位。在一段時間裡，人們似乎將希望寄託於一場溫和有限的革命，就比如換一位新沙皇。不過，事態的發展卻日漸明顯，俄國人民已經對沙皇澈底失去了信心，所以任何相似的調整都無法挽救當時的沙俄政府了。這個時候的俄國人民已經對歐洲秩序、沙皇、戰爭以及列強痛恨不已，他們迫切希望趕快擺脫這種痛苦，他們再也忍受不下去了。

當時協約國的各成員國並不了解俄國國內的形勢，就算是他們的外交官，也對俄國沒有多少了解。這些所謂的高雅之士，只將目光緊鎖在俄國的宮廷內，根本沒有去了解俄國下層階級社會的真實情況。所以，他們對俄國的估計是極其不可靠的。而且，在這些外交官中沒有幾個是不討厭共和政治的，所以毋庸置疑地會對新政府設置各種障礙。

俄國共和政府的領導人是克倫斯基，他是一位雄辯的、風采出眾的人，他當時面臨著兩大難題：第一，俄國國內正進行著一場更澈底的革命運動，而且這股強大的社會革命力量正在衝擊著自己；第二，國外各協約國政府都對自己的新政府表現出極為冷淡的態度。這些協約國禁止他將邊界線外的土地交給俄國農民，又不支持他從境外戰場上撤回俄國軍隊。英國和法國甚至在報紙上大造輿論，糾纏著俄國去發起新的進攻。然而，當德國軍隊從海陸兩方面對里加發起進攻時，英國海軍卻在遠征波羅的海救援俄國的事情上錯失了大好的機會。孤立無援的新俄羅斯共和國只能獨自進行著戰鬥。關於這一次戰爭的海上問題有一點尤其值得我們注意，雖然在海上居於優勢地位的是各協約國，儘管英國海軍上將費希爾勳爵（公元一八四一——一九二〇年）曾對此提出抗議，但英國和協約國在整個戰爭期間只進行了局部的潛艇攻擊，到最後還是將波羅的海的控海權拱手讓給了德國。

俄國人民要求儘快結束這一場殘酷的戰爭，甚至不惜付出任何代價。在彼得堡，一個代表工人階級和普通士兵的組織——蘇維埃政權，成立了。它號召在斯德哥爾摩召開社會主義者的國際大會。與此同時，德國柏林出現了糧荒，德國和奧匈帝國兩國的厭戰情緒再次升級。從後來發生的情況來看，國際大會的召開必然會在公元一九一七年促成以民主原則的方式實現的正義和平以及引起德國的革命。克倫斯基也曾請求西方盟友同意召開此次會議，但是其盟友都擔心該會議會引起世界性的社會主義與共產主義的革命，所以拒絕了，儘管英國的工黨政府以微弱優勢的票數通過了這一要求。在既沒有物質支援又失去協約國道義上的支持的情況下，這個不幸的「溫和的」俄羅斯共和國繼續戰鬥著，並在這一年七月的時候發動了最後殊死的攻勢，雖然一度取得了勝利，但最終還是失敗了。俄國人民再次遭受血腥的屠殺。

至此，俄國人民實在是忍無可忍了，軍隊時常發生兵變，而且這種情況在北方前線表現得尤為明顯。公元一九一七年十一月七日，蘇維埃推翻了克倫斯基政府的統治，並奪取了政權。新政權由列寧領導下的布爾什維克社會主義者所掌握，不管西方列強如何強烈警告，它都不予理睬，誓要實現俄國的和平。公元一九一八年三月二日，蘇維埃領導的俄國和德國簽署了《布列斯特—立托夫斯克和約》。

從本質上來說，布爾什維克社會主義者完全不同於口頭上的立憲主義者和克倫斯基革命黨人，而且這一點很快便明顯顯示出來了。他們都是忠實的馬克思主義者，他們深信他們在俄國奪取政權只是全世界的社會主義革命的開端。憑藉美好的信念，他們在沒有任何經驗的前提下開始改造社會和建設經濟秩序。

對於這個新政府，西歐國家和美國都沒有表現出什麼遠見，同時也沒有什麼力量去干預，所以在這個蘇俄政府所進行的非凡的實驗中，他們都不曾提供過任何幫助，也沒有做過任何引導。然而，新聞媒體不顧自己的名譽地站在了統治階級一邊，並且不擇手段、不惜一切地對這個新勢力進行著攻擊。一種無恥的、令人作嘔的、虛僞的宣傳活動，就這樣在全世界的報紙上公開進行著。它們將布爾什維克的領導人描繪成一群恐怖的、嗜殺成性的、荒淫的強盜與魔鬼。相比之下，拉斯普丁干預下的沙皇宮廷反倒顯得清白純潔多了。這樣一來，這個已經精疲力竭的國家裡，那些叛亂者與偷襲者就得到了鼓勵，獲得了武裝和資助。可以說，爲了搞垮布爾什維克政權，那些叛亂者用盡了所有能用的卑鄙和可怕的手段。

公元一九一九年，這個歷經五年大戰而傷痕累累、混亂不堪的國家，在布爾什維克政權的領導下，又被迫在各條戰線上苦戰：在西伯利亞，他們與俄國舊軍官高爾察克進行戰鬥；在東西伯利亞，他們頑強地抵抗日本侵略軍；在阿爾漢格爾斯克，他們與英國干涉軍展開了軍事較量；在南方，他們還需要應對法國、希臘和羅馬尼亞的軍隊；在克里米亞，他們與法國艦隊所支持的鄧尼金激烈交戰。這一年的七月，彼得堡差點就被一支由尤登尼奇率領的愛沙尼亞軍隊攻下了。公元一九二〇年，波蘭軍隊在法國的煽動下，對蘇俄展開了新一輪攻擊。另外，弗蘭格爾繼承鄧尼金，率領一支新成立的反動叛軍，襲擊、破壞自己的祖國。公元一九二一年三月，喀琅施塔得的水兵也發生了叛亂。在列寧的領導下，蘇俄政府成功擊退了各方的圍攻，充分顯示了這個新政權的頑強的生命力。不論環境多麼惡劣，蘇俄人民始終堅定地支持著自己的政權。至公元一九二一年底，英國和義大利終於率先承認了這個共產黨政權。

與其在反抗外國的侵略和國內的叛亂的努力相比，布爾什維克政府想要在俄國建立一個共產主義的社會秩序，需要付出的努力要大得多。當時的俄國的農民都是有著很少土地的小土地所有者，要想讓他們從思想上和生產方式上都實現共產主義，就好像是讓鯨魚飛天，實在是太難了。革命給他們分了大地主的土地，卻不能讓他們爲了錢以外的東西去進行糧食的生產。

實際上，革命否定了錢的價值。戰爭讓百姓的生活陷入了混亂，鐵路癱瘓了，農業生產遭到破壞，農民生產的糧食減少到僅夠維持他們自己的生活，而城鎮則陷入了飢餓的恐慌中。同時，根據共產主義理念所制訂的恢復工業生產的草率計畫也遭遇了失敗。到了公元一九二〇年，俄國幾乎就要瀐底崩潰了，鐵路被大量廢棄，城鎮變成了廢墟，整個國家到處充斥著一種頹敗的氣息。而這一時期，這個國家還不得不在邊界上與各方敵人糾纏在一起。

公元一九二一年，被戰爭蹂躪得瘡痍滿目的俄國的東南幾省，又連續遭到了乾旱和嚴重的饑荒的襲擊，數以百萬計的人民在飢餓的死亡線上苦苦掙扎。

迄今爲止，關於俄國境況和恢復經濟的問題，各界人士仍存在著不同的意見，本書對此不做過多的討論。

第六十七章　全世界重建政治經濟秩序

由於本書的寫作意圖和範圍的限制，我們在此無法更深層地討論由各種條約引發的複雜、激烈的爭論，特別是《凡爾賽條約》，因爲它是對第一次世界大戰的總結。現在我們終於明白，這場令人憎恨的戰爭，既沒有結束什麼，也沒有開啓什麼，更沒有解決任何問題。它只是讓數百萬人無辜枉死，讓全世界陷入荒蕪頽敗的境地，並完全摧毀了沙皇俄國。其充其量不過讓我們意識到：我們正愚蠢而混沌地生活在這個危險重重又毫無憐憫之心的世界中，我們的生活既沒有計畫也沒有遠見。而使人類陷入這場戰爭悲劇的自我中心論、國民熱情和帝國主義無限的貪欲，則在戰爭中澈底暴露出來，然而卻沒有因爲戰爭而受到任何削弱，一旦世界從大戰的損耗與疲倦中恢復過來，他們必然會招來一場更大的風暴。

對人類而言，戰爭與革命並不能爲其帶來什麼，最大的作用就是以最野蠻和最痛苦的方式摧毀了那些古老的障礙物。第一次世界大戰消除了德意志對歐洲的威脅，摧毀了俄國的帝國主義，還消除了一大批君主政體。然而，仍然有許多旗幟在歐洲上空肆無忌憚地飄揚著，各國的國界線上仍然爭端不斷，軍隊實力仍然十分強大，而且所使用的武器越來越先進。

《凡爾賽條約》所具有的權限只是對戰爭衝突及戰敗事宜做出某種結論，然而它卻十分不合理地超越了這一權限。一些沒有參加會議資格的國家只能聽憑會議對它們做出裁決，如德國、奧地利、土耳其和保加利亞。從人類幸福的角度來看，會議地點的選擇就存在很大的問題。公元一八七一年，德意志帝國就是帶著凱旋者的驕狂在凡爾賽宣告自己的成立，同樣還是在凡爾賽的明鏡大廳，又上演了一出類似的劇目，但劇情卻顚倒過來了。人們在心裡不可能不這麼聯想。

此時此刻，戰爭初期各國所表現出的慷慨不知去了哪裡，戰勝國全然不顧戰敗國人民同樣在戰爭中飽受苦難的事實，一味地強調他們自己所遭到的痛苦與損失。戰爭爆發，其實是由於歐洲各國的國家主義與競爭力量缺乏有效的協調。在一塊這麼小的地方，擁堵著如此之多政權獨立的國家，而且它們又都擁有強大的軍事實力，那麼戰爭也就無法避免了。總之，戰爭不是以這種方式爆發，就是以其他相似的形式爆發。

據此推斷，如果得不到政治上統一的預防，那麼在未來的二十至三十年裡必然會發生一場更可怕的戰爭。就像母雞會下蛋一樣，爲戰爭而組織起來的各種社會關係也必然會引起戰爭。然而，在戰爭中遭受傷害、損失的國家和民族卻忽略了這樣一個事實：如果戰敗國的所有人民都要在道義和物質上爲這場戰爭災難負責，那麼如果戰爭的結局正好相反，自己是不是也應該遭受同樣的對待呢？當時，英國和法國認爲應該由德國人來爲這場戰爭負主要責任，而德國人則認爲這個責任應該由英國、法國和俄國三國共同承擔。只有少數有識之士意識到，引發戰爭的眞正原因是支離破碎的歐洲政治結構。

《凡爾賽條約》的眞正目的是懲罰戰敗國，讓已經破產的國家又背上沉重的戰爭債務。坦白來說，這種透過建立反戰聯盟來重新組織國際關係的做法，是虛僞和不恰當的。

從有關歐洲國家的所作所爲來觀察，我們很懷疑它們是否持有爲實現永久的和平而調整國際關係的想法。美國總統威爾遜建議在國際間建立一個國際同盟，並將其帶入到現實的政治活動中，美國對這一建議是十分贊同的。在此以前，美國這個新型的近代國家，除了提出旨在保護美洲新大陸免遭歐洲干擾的「門羅主義」外，再沒有對國際關係進行過任何明確表態。而如今，它被邀請來對當代最重大的政治問題提供精神上的指導，這是聞所未聞的。

美國人民一直對世界性的永久和平充滿嚮往，而對「舊世界」的政治充滿質疑，並總是遠離「舊世界」的紛爭。正當美國人準備為解決世界問題而提出自己的見解時，德國的潛艇將美國拖入了這場戰爭，美國被迫加入了德國的對立陣營。

威爾遜總統所提出的建立國際聯盟組織的計畫，是建立獨特的美國式世界的臨時性嘗試，是一個不夠周詳甚至十分危險的計畫。但是歐洲方面卻將其視為美國政府深思熟慮後的提案。公元一九一八年至一九一九年，戰爭已經讓人們身心俱疲了，幾乎所有的人都願意為防止戰爭再度爆發而付出一切。但是，任何一個舊世界的政府都不願意為了和平放棄其任何一點權力。威爾遜總統提倡建立國際聯盟的公開演講，越過了歐洲各國政府，而直接進入了世界各國人民的耳朵裡，並引起了共鳴。各國人民都誤以為這是美國的一個成熟提案，都為此表現得十分興奮。然而，與威爾遜總統打交道的不是這些人民，而是歐洲各國政府。威爾遜總統是一個具有非凡想像力的人，然而他在努力實現這一實驗的時候卻在處處考慮自己的利益，所以他所引起的這股熱情狂潮也就很快消退了。

狄龍博士在其作品《和會》一書中曾經提道：「當威爾遜總統抵達歐洲的海岸時，這裡就像是一塊被一位極富創造力的製陶匠捧在手心的黏土。各國人民迫不及待地想要跟隨摩西去那個沒有戰爭、沒有封鎖的理想王國，而威爾遜就是他們此時心中的摩西。法國人民滿懷熱情又充滿敬意地向他鞠躬。巴黎的一位勞工領袖告訴我，在看到威爾遜的時候，他們都忍不住流下了欣喜的眼淚，他和他的同志們就算是赴湯蹈火，也要實現威爾遜那一偉大的計畫。而在義大利，威爾遜的名字就是勞苦大衆的心中預報新世界來臨的號角。德國人則認爲，威爾遜和他所提倡的主義是他們和平的保障。無畏的米爾隆說：『如果威爾遜到德國進行演講，並且用最嚴厲的詞來批判德國人，德國人也不會因此而有絲毫怨言，而是在欣然接受後立即投入工作。』對德意志人民、奧地利人民而言，威爾遜的名字就好像是一個救星，只要一提到這個名字，苦難之人便能夠得到解脫，悲傷之人便能得到安慰……」

這就是威爾遜所帶來的無限希望，然而他卻又那樣令人失望，他創建的國際聯盟又是如此軟弱無能。提到這些，只會讓人感到厭煩和不快。威爾遜誇大了人類的悲劇，他擁有偉大的夢想，但他卻幾乎沒有爲這一夢想而努力。美國人民反對威爾遜的做法，拒絕加入歐洲人所期待的國際聯盟。美國民衆終於醒悟過來，他們正被捲入某些他們毫無準備的事端當中。而此時，歐洲方面也逐漸發現，美國並不能在解決歐洲這種混亂局面上產生價值。

實際上，國際聯盟根本還沒達到實現的成熟時機，雖然經過精心設計卻又不切實際的章程、受到明確的限制的權力，這些種種不利都成了阻礙國際關係有效重建的障礙。如果國際聯盟根本就沒存在過，許多問題或許還更容易解決些。然而，最初歡迎國際聯盟這個計畫的，全世界的民衆——是民衆而不是政府——都紛紛加入反戰行列。對此，不管哪一部歷史書都應該進行認眞的記載。當那些鼠目寸光的政府正在不斷製造分歧並錯誤地估計著人類事務時，在其身後，一支爲實現世界的統一、建立世界秩序的眞正力量正在蓬勃發展。

公元一九一八年以後，世界開始進入會議時代。從此以後，國際事務往往透過會議來解決。在各種會議中，以美國總統哈丁於公元一九二一年召集的華盛頓會議最具創意，也最成功。此外，另一個會議也成爲焦點，那便是日內瓦會議，因爲俄國和德國的代表也參加了會議。關於種種會議的過程和各種嘗試，我們在這裡便不多做介紹了。我們可以明確的是，假如世界大戰和世界性的屠殺能夠避免，那麼人類就會開展大範圍的重建活動。

像國際聯盟這樣匆忙組建起來的組織，或是由國家集團臨時拼湊組成的協調機構，它們看似可以解決所有問題，其實卻解決不了任何問題，完全無法滿足新時代複雜的政治要求。而此時，人類應該儘快系統地發展一些新興學科，比如人際關係學、個人和群體心理學、金融學、經濟學和教育學等，並儘快讓其進入應用階段，以滿足新時代的要求。那些狹隘的、腐朽的、已滅亡或快要滅亡的道德和政治觀念，必然會被人類的起源是相同的、命運是一致的這一更明朗、更簡捷的思想所取代。

如果說如今人類所面臨的困惑、危險與災難比任一時期都嚴重，那是因爲科學給人們帶來的力量也是空前的。無所畏懼的科學方法、明確清晰的闡釋、澈底批判性的計畫，都爲人類帶來了各種難以控制的強大力量，但同樣也給了人們駕馭這些力量的希望。人類還處於青春期階段，我們所碰到的苦難並非由於遲暮衰敗而引起，而是源於未經訓練且無法控制的強盛力量。就像本書一樣，我們應當把歷史視爲一個過程，當我們看到人類爲了希望、理想而努力奮鬥時，我們就能認清當代「希望」和「危險」的眞正比例關係。

至今，人類尚處於偉大的晨曦時刻，但是在鮮花或落日的美麗中，在可愛的小動物的玩耍中，在各種秀美的景致中，我們總能感受到生命所賦予我們的某種暗示。此外，在雄渾的音樂篇章中，在繪畫和雕刻中，在雄偉的建築與令人心醉的庭院中，我們依然可以體會物質帶來的啓示。我們擁有夢想，還擁有越來越強大的力量，世界性的永久和平與統一終會到來，我們的後世子孫將會擁有一個更美好的世界。迄今爲止，人類只獲得了一些小小的成就，而我們所講述的整個歷史，不過是人類偉大事業的一支序曲而已。

世界大事年表

公元前	
八〇〇年	興建迦太基。
七九〇年	衣索比亞人征服古埃及，建立第二十五王朝。
七七六年	第一屆奧林匹克競技會開始。
七五三年	羅馬成立。
七四五年	提革拉特·帕拉沙爾三世征服巴比倫，創建新亞述帝國。
七二二年	薩爾貢二世用鐵質的武器武裝亞述部隊。
七二一年	以色列人被薩爾貢二世驅逐出境。
六八〇年	亞述王愛沙哈頓攻占古埃及的底比斯（衣索比亞人的第二十五王朝被推翻）。
六六四年	薩美提克一世恢復古埃及的自由，創建第二十六王朝（至公元前六一〇年）。
六〇八年	在米吉多戰役中，古埃及王尼科擊敗猶太王約西亞。
六〇六年	米底亞人和迦勒底人征服尼尼微，創建迦勒底帝國。
六〇四年	尼科攻擊幼發拉底河，被尼布甲尼撒二世打敗（尼布甲尼撒將猶太人掠往巴比倫）。
五五〇年	居魯士繼承米底亞人塞克薩里斯，並征服克里薩斯。
五五〇年	大概生活在這個時期的有：釋迦牟尼、孔子和老子。
五三九年	巴比倫被居魯士奪回，創建波斯帝國。
五二一年	大流士一世征服了從多瑙河至印度河的廣大地區，並遠征塞西亞。
四九〇年	馬拉松戰役爆發。
四八〇年	塞爾比雷戰役與撒拉米斯戰役。
四七九年	普拉多戰役與麥卡利戰役，結束了波斯進攻之患。
四七四年	西西里的希臘人殲滅伊特魯里亞船隊。
四三一年	伯羅奔尼撒戰爭（至四〇四年）。

四〇一年	希臘「萬人軍」班師回國。
三五九年	菲利普當上馬其頓的君主。
三三八年	凱羅尼亞之戰。
三三六年	馬其頓軍隊抵達亞洲，菲利普遭暗殺。
三三四年	格拉尼卡斯河之戰。
三三三年	伊蘇斯之戰。
三三一年	艾爾比勒之戰。
三三〇年	大流士三世遇害。
三二三年	亞歷山大大帝去世。
三二一年	旃陀羅笈多在旁遮普興起，撒姆尼人在科丁山路之戰大敗羅馬人。
二八一年	皮洛士向義大利進軍。
二八〇年	赫拉克利亞之戰。
二七九年	奧斯庫盧姆戰役。
二七八年	高盧人進入小亞細亞，在加拉西亞定居。
二七五年	皮洛士離開義大利。
二六四年	第一次布匿戰爭的開始（阿育王開始統治比哈爾一直到公元前二三七年）。
二六〇年	密拉戰役的開始。
二五六年	埃克諾馬斯之戰。
二四六年	秦始皇成為秦國的統治者。
二二一年	秦始皇統一中國。
二一四年	中國修築長城的開始。

二〇二年	札馬之戰。
一四六年	迦太基淪陷。
一三三年	阿塔羅斯將王國交給羅馬人。
一〇二年	馬略戰勝日耳曼人。
一〇〇年	馬略凱旋。中國漢武帝征服西域。
八九年	義大利人全部成為羅馬市民。
七三年	斯巴達克率奴隸起義。
七一年	斯巴達克奴隸起義兵敗。
六六年	羅馬軍在龐培的帶領下來到裡海及幼發拉底河，與阿雷奈人交戰。
四八年	凱撒在法舍拉斯戰勝龐培。
四四年	凱撒被刺身亡。
二七年	奧古斯都·凱撒當上執政元首（直至公元一四年）。
四年	耶穌的出生公元（西曆紀元由此開始）。

公元	
一四年	屋大維去世，提比略當上羅馬皇帝。
三〇年	耶穌遭受十字架刑去世。
四一年	克勞狄在卡利古拉遭暗殺後被禁衛軍擁立為帝（羅馬軍團首位皇帝）。
六八年	尼祿自殺，加爾巴、奧托、維泰利烏斯相繼登上羅馬皇位。
六九年	韋斯帕西安當上皇帝。
一〇二年	班超通過西域抵達裡海。
一一七年	哈德良繼圖拉真後成為皇帝。羅馬帝國的勢力範圍最大的時期。
一三八年	印度塞西亞破壞希臘人統治印度的最後痕跡。
一六一年	馬可·奧理略繼承安東尼奧·庇烏稱帝。
一六四年	大瘟疫蔓延，延續至一八〇年奧理略逝世時。亞洲因瘟疫遭到重創（羅馬帝國開始約一個世紀的戰爭與混亂）。
二二七年	阿爾達希爾一世（薩桑波斯的第一個君王）滅波斯的安息王朝。
二四二年	摩尼開始傳教。
二四七年	高盧人越過多瑙河，大肆劫掠。
二五一年	高盧人獲得勝利。羅馬皇帝德西烏斯戰敗去世。
二六〇年	第二位薩桑波斯王撒波一世占領安堤奧克，並擄走羅馬瓦勒安皇帝，但在從小亞細亞回來的路上被帕爾米拉的奧迪尼林斯殲滅。
二七七年	摩尼在波斯遇難。
二八四年	戴克里先當上羅馬皇帝。
三〇三年	戴克里先虐殺基督教徒。
三一一年	伽萊里烏斯停止虐殺基督教徒。

三一二年	君士坦丁大帝當上羅馬統治者。
三二三年	君士坦丁召開尼西亞的宗教大會。
三三七年	君士坦丁大帝臨終前接受洗禮。
三六一—三六三年	尤里安（背教者）下令禁止基督教，恢復太陽神崇拜教。
三九二年	狄奧多西成為東、西羅馬帝國的統治者。
三九五年	狄奧多西去世。霍諾留及阿卡丟把羅馬帝國再次瓜分為東、西兩部分，以斯底利哥與阿拉列作為它的保護者。
四一〇年	阿拉列帶領西哥德人攻占羅馬城。
四二五年	汪達爾人在西班牙南部定居，匈奴人攻占潘諾尼亞，哥德人定居達爾馬提亞，蘇維匯人與西哥德人抵達葡萄牙和西班牙北部，盎格魯人向不列顛入侵。
四三九年	迦太基被汪達爾人占領。
四五一年	阿提拉向高盧進軍，在特魯瓦被羅馬人、法蘭克人、西哥德人打敗。
四五三年	阿提拉去世。
四五五年	汪達爾人洗劫羅馬。
四七六年	鄂多亞克向君士坦丁堡報告西方已經沒有皇帝，西羅馬滅亡。
四九三年	義大利被東哥德人狄奧多里克征服，當上義大利國王，但在名義上稱臣於君士坦丁堡。
五二七年	查士丁尼稱帝。
五二九年	查士丁尼關閉已有一千年歷史的雅典學校，他的一位部下占領拿波里。
五三一年	科斯洛埃斯一世繼承王位。
五四三年	君士坦丁堡瘟疫蔓延。
五五三年	查士丁尼把哥德人驅逐出義大利。

五六五年	查士丁尼逝世，倫巴底人征服北義大利大部分。
五七〇年	穆罕默德出生。
五七九年	科斯洛埃斯去世，倫巴底人控制了義大利。
五九〇年	瘟疫在羅馬橫行，科斯洛埃斯二世繼承王位。
六一〇年	赫拉克利烏斯繼承王位。
六一九年	科斯洛埃斯二世占有古埃及、大馬士革、耶路撒冷，駐兵海拉斯龐特。唐朝已經建國一年。
六二二年	穆罕默德從麥加遷到麥地那。
六二七年	赫拉克利烏斯在尼尼微大敗波斯軍。唐太宗成為中國皇帝。
六二八年	卡瓦特二世廢黜並把其父科斯洛埃斯二世殺死。穆罕默德致信各國君主。
六二九年	穆罕默德榮返麥加。
六三二年	穆罕默德逝世，艾卜·伯克爾當上哈里發。
六三四年	亞莫克河之戰，穆斯林占領敘利亞，奧馬爾當上第二位哈里發。
六三七年	卡迪西亞戰役。
六四二年	赫拉克利烏斯逝世。
六四三年	奧斯曼當上第三代哈里發。
六五五年	穆斯林戰勝拜占庭。
六六八年	摩阿維亞哈里發從海上攻打君士坦丁堡。
六八七年	赫里斯塔爾的不平做了宮相，重新征服了奧斯特拉西亞、紐斯特里亞。
七一一年	穆斯林軍隊從非洲向西班牙入侵。
七一五年	哈里發瓦利德一世的統治範圍西抵庇里牛斯山，東邊抵達中國。
七一七—七一八年	蘇里曼向君士坦丁堡進攻，但失敗了。

七三二年	查理・馬特於普瓦捷大破穆斯林軍隊。
七五一年	丕平當上法蘭克國王。
七六八年	丕平去世。
七七一年	查理曼當上法蘭克君主。
七七四年	查理曼征服倫巴底。
七八六年	哈倫・阿爾・拉希德當上巴格達的阿巴斯王朝的哈里發（至八〇九年）。
七九五年	利奧三世當上教皇（至八一六年）。
八〇〇年	利奧教皇為查理曼舉行加冕儀式。
八〇二年	艾格伯特被查理曼封為威塞克斯王。
八一四年	查理曼逝世。
八二八年	艾格伯特成為首個英格蘭國王。
八四三年	加洛林王朝瓦解。
八五〇年	北歐人留里克開始在此時統治諾夫哥羅德和基輔。
八五二年	包里斯成為保加利亞首位基督教國王。
八六五年	俄羅斯（諾曼）人的艦隊對君士坦丁堡造成威脅。
九〇四年	俄羅斯艦隊撤離君士坦丁堡。
九一二年	羅倫當上諾曼底大公。
九一九年	亨利（獵鳥人）成為德意志王。
九三六年	奧托一世繼承亨利的德意志王位。
九四一年	俄羅斯艦隊再次對君士坦丁堡構成威脅。
九六二年	德意志王奧托一世由約翰十二世加冕為皇帝（為撒克遜王朝之始）。

九八七年	休·卡佩當上法蘭西王，加洛林王朝覆滅。
一〇一六年	卡紐特統治英格蘭、丹麥、挪威。
一〇四三年	俄羅斯艦隊對君士坦丁堡構成威脅。
一〇六六年	英格蘭被諾曼底公爵威廉占領。
一〇七一年	伊斯蘭教在塞爾柱突厥人中復興，墨拉斯格德戰役。
一〇七三年	希爾德布蘭德當上教皇（格列高利七世），延續到一〇八五年。
一〇八四年	諾曼人羅伯特·奎斯卡特掠奪羅馬。
一〇八七年	烏爾班二世當上教皇（至一〇九九年）。
一〇九五年	烏爾班二世發動第一次十字軍東征。
一〇九六年	民衆十字軍大遭屠戮。
一一四七年	第二次十字軍東征的開始。
一一六九年	薩拉丁當上古埃及蘇丹。
一一七六年	腓特烈·巴巴羅薩認可教皇亞歷山大三世在威尼斯的優越權。
一一八七年	薩拉丁征服耶路撒冷。
一一八九年	第三次十字軍東征的開始。
一一九八年	英諾森三世當上教皇（至一二一六年），並成為四歲的腓特烈二世的監護人。
一二〇二年	十字軍第四次向東羅馬帝國進攻。
一二〇四年	君士坦丁堡被拉丁人奪回。
一二一四年	成吉思汗占領北京。
一二二六年	利那留三世當上教皇。
一二二七年	成吉思汗駕崩（其統治範圍從裡海到太平洋），一年後窩闊台繼承汗位。

一二二八年	腓特烈二世挑起第六次十字軍東征，奪取耶路撒冷。
一二四〇年	蒙古人擊毀基輔，俄羅斯向蒙古人進貢。
一二四一年	在西里西亞的利埃格尼茲戰役中，蒙古人取得勝利。
一二五〇年	腓特烈二世（霍亨斯陶芬家族最後一位帝王）去世，從此開始了日耳曼時代，帝位始終虛懸至一二七三年。
一二五一年	蒙哥當上蒙古大汗，忽必烈在九年後繼承王位。
一二五八年	旭烈兀攻克巴格達。
一二六一年	希臘人從拉丁人手中奪取君士坦丁堡。
一二七三年	魯道夫被選為皇帝，瑞士建立永久性聯盟。
一二九三年	實驗科學的提倡者羅傑·培根逝世。
一三四八年	黑死病流行。
一三六八年	中國元朝滅亡，明朝成立（直至一六四四年）。
一三七七年	教皇格列高利十一世回到羅馬。
一三七八年	教皇分立開始，克勒芒七世在亞維農，烏爾班六世在羅馬。
一三九八年	胡斯在巴格達傳播威克利夫的教義。
一四一四—一四一八年	康士坦茲宗教大會，胡斯在一四一五年被燒死。
一四一七年	教會結束分立。
一四五三年	鄂圖曼土耳其人在穆罕默德二世的率領下奪取君士坦丁堡。
一四八〇年	伊凡三世（莫斯科大公）掙脫蒙古的統治。
一四八一年	蘇丹穆罕默德二世在準備攻打義大利時去世。
一四八六年	狄亞斯繞好望角航行。
一四九二年	哥倫布越過大西洋，抵達美洲。

一四九三年	馬克西米利安一世成為神聖羅馬帝國皇帝。
一四九八年	達·伽馬繞過好望角，抵達印度境內。
一四九九年	瑞士成為獨立的共和國。
一五〇〇年	查里五世誕生。
一五〇九年	亨利八世當上英格蘭君主。
一五一三年	利奧十世當上教皇。
一五一五年	法蘭西斯一世當上法蘭西國王。
一五二〇年	蘇里曼成為蘇丹（直至一五六六年），其統治範圍東到巴格達，西至匈牙利。查理五世當上皇帝。
一五二五年	在尼巴特之戰中，巴布爾取得勝利，奪回德里，創建蒙兀兒帝國。
一五二七年	在義大利的德軍由波旁族的將軍統率占領並掠奪羅馬。
一五二九年	蘇里曼圍攻維也納。
一五三〇年	查理五世由教皇加冕，亨利八世與教皇發生爭執。
一五三九年	耶穌會成立。
一五四六年	馬丁·路德去世。
一五四七年	伊凡四世稱俄國沙皇。
一五五六年	查理五世退位，阿克巴當上蒙兀兒帝國君主。
一五五八年	查理五世去世。
一五六六年	蘇里曼去世。
一六〇三年	詹姆士一世當上英格蘭及蘇格蘭君主。
一六二〇年	「五月花」號遠航到達美洲，創建新普利茅斯，黑奴首次在維吉尼亞的詹姆斯敦登陸。
一六二五年	查理一世成為英格蘭君主。

一六二六年	法蘭西斯·培根去世。
一六四三年	路易十四繼承王位，統治長達七十二年。
一六四八年	《西發利亞和約》簽訂，瑞士與荷蘭被承認為自由共和國，普魯士逐漸強大，皇帝與國王都沒贏得澈底的勝利。弗隆德戰爭，法蘭西王全勝。
一六四九年	英王查理一世被處死。
一六五八年	奧朗則布當上蒙兀兒帝國君主，克倫威爾去世。
一六六〇年	查理二世成為英格蘭統治者。
一六七四年	新阿姆斯特丹根據條約成為不列顛領地，改名紐約。
一六八三年	土耳其人最後一次向維也納發起進攻，被波蘭約翰三世擊敗。
一六八九年	俄國彼得大帝成為沙皇（直至一七二五年）。
一七〇一年	腓特烈一世當上第一位普魯士國王。
一七〇七年	奧朗則布去世。蒙兀兒帝國瓦解。
一七一三年	腓特烈大帝誕生。
一七一五年	路易十五當上法蘭西統治者。
一七五五－一七六三年	不列顛與法蘭西爭奪印度和美洲，法蘭西聯合奧地利、俄國抗擊普魯士、英格蘭，發動了七年戰爭（公元一七五六－一七六三年）。
一七五九年	不列顛將軍沃爾夫占領魁北克。
一七六〇年	喬治三世成為英王。
一七六三年	《巴黎和約》簽訂，加拿大歸英國，英國管理印度。
一七六九年	拿破崙·波拿巴誕生。
一七七四年	路易十六繼承王位。
一七七六年	美利堅合衆國發表《獨立宣言》。

一七八三年	英國和美國簽訂和約。
一七八七年	費城憲法會議成立聯邦政府，法蘭西面臨破產危機。
一七八八年	在紐約召開第一次美國聯邦會議。
一七八九年	召開法蘭西各級會議。巴士底獄被攻克。
一七九二年	法蘭西宣戰奧地利，普魯士宣戰法蘭西，瓦爾米之戰，法蘭西共和國成立。
一七九三年	路易十六被處死。
一七九四年	羅伯斯庇爾被處死，雅各賓共和國瓦解。
一七九五年	督政府成立，拿破崙平定暴亂，任總司令率大軍抵達義大利。
一七九八年	拿破崙出征古埃及，尼羅河之役。
一七九九年	拿破崙返回法國，成為第一執政官，掌管大權。
一八〇四年	拿破崙稱帝。
一八〇五年	法蘭西斯二世贏得奧地利皇帝稱號。
一八〇六年	神聖羅馬帝國皇帝稱號不復存在，自此神聖羅馬帝國消亡。
一八〇六年	在耶拿戰役中，普魯士被澈底打敗。
一八〇八年	拿破崙的哥哥約瑟夫被封為西班牙君主。
一八一〇年	西班牙的美洲屬地改成共和制。
一八一二年	拿破崙向莫斯科發動戰爭。
一八一四年	拿破崙退位，路易十八繼承王位。
一八二四年	法蘭西查理十世繼承王位。
一八二五年	俄國尼古拉一世成為沙皇，最早的鐵路開始通車，以斯托克頓為起點抵達林敦。
一八二七年	納瓦里諾戰役。

一八二九年	希臘獨立。
一八三〇年	路易．菲利普趕走查理十世自封為王。比利時從荷蘭劃分出來，薩克森－科堡－哥達的李奧波德一世當上比利時的國王，俄屬波蘭革命失敗。
一八三五年	第一次使用「社會主義」一詞。
一八三七年	維多利亞女王繼承王位。
一八四〇年	維多利亞與薩克森－科堡－哥達的亞爾伯特親王步入婚姻的殿堂。
一八五二年	拿破崙三世成為法蘭西皇帝。
一八五四－一八五六年	克里米亞戰爭。
一八五六年	亞歷山大二世當上俄國沙皇。
一八六一年	伊曼紐爾當上義大利建國後第一位國王，林肯當選為美國總統，美國南北戰爭爆發。
一八六五年	美國南方軍隊在阿波馬托克斯投降，南北戰爭結束。日本對外開放。
一八七〇年	拿破崙三世向普魯士宣戰。
一八七一年	巴黎在一月投降，普魯士國王威廉當上德意志皇帝。《法蘭克福和約》簽訂。
一八七八年	《柏林和約》簽訂，西歐開始三十六年的短暫和平時期。
一八八八年	三月，腓特烈三世當上德意志君主；六月，威廉二世當上德意志君主。
一九一二年	中華民國成立。
一九一四年	第一次世界大戰爆發。
一九一七年	俄國革命開始，創建布爾什維克政權，開始統治俄國。
一九一八年	第一次世界大戰結束。
一九二〇年	國際聯盟召開首次會議，德、奧、俄、土被排斥在外，美國沒派代表莅會。

一九二二年	希臘全然不顧國際聯盟的調解，進攻土耳其，發動戰爭。
一九二三年	希臘在小亞細亞被土耳其打敗。

赫伯特・喬治・威爾斯年表

Herbert George Wells, 1866-1946

一八六六年	九月二十一日出生於英國肯特郡的布朗利（Bromley）。
一八八〇年	由於家境貧寒，威爾斯被迫輟學，送去布店做學徒。
一八八三年	學徒生活令威爾斯無法忍受，最終離去。而後在米德赫斯特文法學校（Midhurst Grammar School）擔任實習教師。他獲得獎學金進入了倫敦南肯辛頓科學師範學校（Normal School of Science，英國皇家科學學院前身），他的生物學老師是著名的進化論科學家湯瑪斯．赫胥黎（Thomas Henry Huxley）。
一八八七年	他離開了學校，在接下來的幾年中從事教學和寫作工作。
一八九〇年	獲得倫敦大學帝國理工學院的動物學學士學位。
一八九五年	發表第一部科幻小說《時光機器》（*The Time Machine*）。此書一出版便引起轟動，威爾斯因此聲名大噪，也奠定了他在科幻小說界的地位。
一八九六年	《莫羅醫生之島》（*The Island of Doctor Moreau*）出版。
一八九七年	威爾斯在美國贏得了科幻小說作家的聲譽，並為《科夢波丹》（*Cosmopolitan*）雜誌撰稿。
一八九八年	《世界大戰》（*The War of the Worlds*）出版。
一九〇〇年	發表《月球上的第一批人》（*The First Men in the Moon*）。
一九〇一年	他開始以非小說形式撰寫有關政治、科技和未來的作品。
一九〇二年	發表《發現未來》（*The Discovery of the Future*）。
一九〇三年	加入費邊社（Fabian Society）。
一九〇八年	威爾斯退出費邊社，但繼續積極參與社會主義活動。
一九一二年	和小說家蕾貝卡．韋斯特（Rebecca West）結識相戀。
一九一四年	儘管威爾斯對第一次世界大戰的爆發感到震驚，但與許多其他社會主義同儕不一樣，他支持英國的介入。
一九一七年	俄國革命令威爾斯印象深刻。

一九二〇年	訪問俄羅斯，並透過友人高爾基（Maxim Gorky）見到列寧。 出版《世界史綱》（*The Outline of History*），認為世界只能靠教育來改善，而非靠革命。這部廣受大眾歡迎的通史作品，展現了他作為歷史學家的一面。
一九二二年	《世界史綱》以節略的形式出版，名為《世界簡史》。威爾斯在一九二〇年代之後成為著名的政論作家。
一九三三年	出版未來主義小說《未來事物的形貌》（*The Shape of Things to Come*）。
一九三四年	到美國訪問羅斯福總統，並赴蘇聯採訪史達林。
一九四六年	威爾斯在倫敦去世，享年八十歲。辭世前仍筆耕不輟。

名詞索引

國家圖書館出版品預行編目資料

世界簡史／赫伯特．喬治．威爾斯(Herbert George Wells)著；唐婉譯. －－初版. －－臺北市：五南, 2020.10
面；　公分
譯自：A Short History of The World

ISBN 978-957-763-917-2 (平裝)

1.世界史
711　　　　　　　　109002638

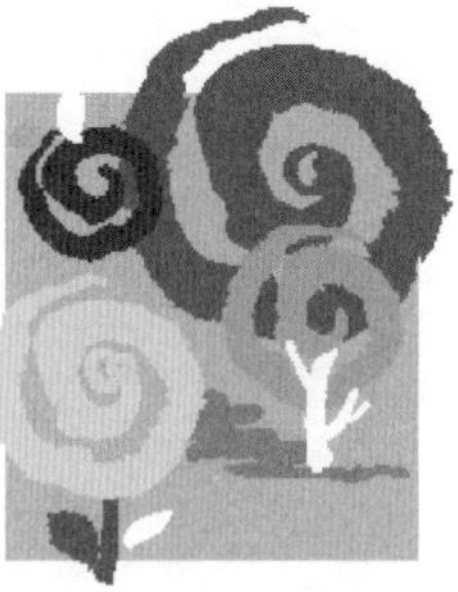

1W0Q

世界簡史

A Short History of The World

作　　者 — 赫伯特．喬治．威爾斯
Herbert George Wells

譯　　者 — 唐婉

發 行 人 — 楊榮川

總 經 理 — 楊士清

總 編 輯 — 楊秀麗

副總編輯 — 蘇美嬌

特約編輯 — 郭雲周

封面設計 — 姚孝慈

出 版 者 — 五南圖書出版股份有限公司

地　　址：106台北市大安區和平東路二段339號4樓

電　　話：(02)2705-5066　　傳　　真：(02)2706-6100

網　　址：http://www.wunan.com.tw

電子郵件：wunan@wunan.com.tw

劃撥帳號：01068953

戶　　名：五南圖書出版股份有限公司

法律顧問　林勝安律師事務所　林勝安律師

出版日期　2020年10月初版一刷

定　　價　新臺幣520元

五南
WU-NAN
全新官方臉書
五南讀書趣
WUNAN
Books
since1966
Facebook 按讚
1 秒變文青
五南讀書趣 Wunan Books
★ 專業實用有趣
★ 搶先書籍開箱
★ 獨家優惠好康
不定期舉辦抽
贈書活動喔！！